Harvey Karp
Das glücklichste Baby der Welt

So beruhigt sich
Ihr schreiendes Kind –
so schläft es besser

Aus dem Amerikanischen
von Karin Wirth

GOLDMANN

Alle Ratschläge in diesem Buch wurden vom Autor und vom Verlag sorgfältig erwogen und geprüft. Eine Garantie kann dennoch nicht übernommen werden. Eine Haftung des Autors beziehungsweise des Verlags und seiner Beauftragten für Personen-, Sach- und Vermögensschäden ist ausgeschlossen.

Sollte diese Publikation Links auf Webseiten Dritter enthalten, so übernehmen wir für deren Inhalte keine Haftung, da wir uns diese nicht zu eigen machen, sondern lediglich auf deren Stand zum Zeitpunkt der Erstveröffentlichung verweisen.

Dieses Buch ist auch als E-Book erhältlich.

Dieses Buch ist bereits unter der Titelnr. 16562 im Goldmann Verlag erschienen.

Verlagsgruppe Random House FSC® N001967

Dieses Buch ist auch als E-Book erhältlich.

18. Auflage
Vollständige Taschenbuchausgabe Oktober 2016
Wilhelm Goldmann Verlag, München,
in der Verlagsgruppe Random House GmbH,
Neumarkter Str. 28, 81673 München
© 2016/2003 der deutschsprachigen Ausgabe
Wilhelm Goldmann Verlag, München,
in der Verlagsgruppe Random House GmbH
© 2002 der Originalausgabe Harvey Karp
Originaltitel: *The Happiest Baby on the Block*
Originalverlag: Bantam Books, a division of Random House, Inc.
Umschlaggestaltung: Uno Werbeagentur, München
Covermotiv: gettyimages/Ramón Espelt Photography
Illustrationen/Innenteil: © Jennifer Kalis
Redaktion: Susanne Lötscher
Satz: Buch-Werkstatt GmbH, Bad Aibling
Druck und Bindung: GGP Media GmbH, Pößneck
KW · Herstellung: CF
Printed in Germany
ISBN 978-3-442-17613-7
www.goldmann-verlag.de

Besuchen Sie den Goldmann Verlag im Netz

*Für all die großherzigen jungen Eltern
und für unsere süßen Babys,
die mit so viel Vertrauen auf die Welt kommen.*

Inhalt

Vorwort 11

Einleitung
Wie ich die alten Geheimtipps zur Beruhigung
schreiender Babys wieder entdeckte 15

TEIL EINS
Kuck mal, wer da schreit: Warum Babys weinen – und warum manche so viel weinen

1 Endlich Hoffnung: eine einfache Methode
  zur Beruhigung schreiender Babys 21

2 Schreien: die uralte Überlebensstrategie
  unserer Babys 42

3 Die gefürchteten Koliken:
  eine Krise für die ganze Familie 54

4 Die fünf wichtigsten Koliktheorien
  und weshalb sie nicht zutreffen 65

5 Die wahre Ursache der Koliken:
  das fehlende vierte Trimester 106

TEIL ZWEI
Die alte Kunst des Beruhigens erlernen

6 Die Frau, die ihr Baby mit einem Pferd verwechselte: moderne Eltern, die nichts mehr vom vierten Trimester wissen 131

7 Der »Aus«-Schalter für das Schreien Ihres Babys: der Beruhigungsreflex und die fünf »S« 144

8 Das erste »S«: Strammes Einwickeln – eine wahre Wonne 166

9 Das zweite »S«: Seiten-/Bauchlage – die Wohlfühlposition Ihres Babys 197

10 Das dritte »S«: Schhhhh – der bevorzugte Beruhigungslaut Ihres Babys 209

11 Das vierte »S«: Schaukeln – rhythmische Bewegung nach den Bedürfnissen Ihres Babys 227

12 Das fünfte »S«: Saugen – der Zuckerguss auf dem Kuchen 253

13 Die Kuscheltherapie: Die fünf »S« – das perfekte Rezept für das Wohlbehagen Ihres Babys 269

14 Andere Koliktherapien: Massage, Behandlung von Ernährungsstörungen und einige umstrittene Heilmethoden 280

15 Das magische sechste »S«: Süße Träume! 304

SCHLUSSFOLGERUNG
Das Licht am Ende des Tunnels

Ihr Baby ist endlich bereit, geboren zu werden! 337

Anhang A
Warnsignale: Wann Sie den Arzt rufen sollten 341

Anhang B
Überlebenshandbuch für frisch gebackene Eltern 350

Register 373

Vorwort

> Die wahre Entdeckungsreise besteht nicht darin,
> neue Landstriche zu suchen, sondern darin, sie
> mit neuen Augen zu sehen.   Marcel Proust

Ich bin Kinderarzt – und ich bin es sehr gern. Ich habe das Privileg, auf einem Fachgebiet der Medizin zu praktizieren, bei dem ich gleichzeitig Biologe, Psychologe, Anthropologe, Tierimitator und vor allem Großvater sein kann.

Auch in diesem Buch schlüpfe ich in all diese Rollen. Ich will nicht nur zeigen, was die besten Eltern in der Geschichte getan haben, um ihre Babys zu beruhigen, sondern auch erklären, warum es funktioniert und wie man etwas Spaß dabei haben kann! Dabei ist es mein wichtigstes Anliegen, Eltern, Großeltern und allen, denen Kinder wichtig sind, zu vermitteln, wie sie ihre Liebesbotschaft in eine Sprache übersetzen können, die alle Babys verstehen.

Für die Vorbereitung dieses Buches habe ich einige Jahre gebraucht, und ohne die Unterstützung und Ermutigung einer kleinen Gruppe von Menschen, denen gegenüber ich tiefe Dankbarkeit und Wertschätzung empfinde, wäre es vielleicht nie zustande gekommen. Mein Dank gilt:

- ♦ Allen freundlichen Müttern und Vätern in meiner Praxis, die mir erlaubt haben, ihre wunderbaren Kinder zu berühren,

Teil ihrer Familie zu sein und mit ihnen zusammen zu lernen.
- Meiner geliebten Mutter Sophie, die mich gelehrt hat, die Schönheit und Ordnung in der Welt zu bestaunen, und meinem Vater Joe, dessen Geduld ich mir zum Vorbild nehme und der mir mit selbstloser Großzügigkeit Geborgenheit gegeben und mir meine Ausbildung ermöglicht hat.
- Meiner außergewöhnlichen Frau Nina, meiner Seelenverwandten, die mir Herz und Augen geöffnet hat und meine beste Freundin, Lehrerin und Wegweiserin ist. Meiner Schwiegermutter Desa, einer ganz besonderen und mutigen Frau. Und meiner Tochter Lexi, die meine langen Arbeitsstunden großzügig toleriert hat.
- Meinen Lehrern Arthur H. Parmelee jun. und T. Berry Brazelton. Ihr außergewöhnliches Talent, komplizierte Dinge einfach erscheinen zu lassen, hat mir geholfen, Kinder beobachten und verstehen zu lernen. Der wissenschaftlichen Neugier von Ronald Barr, Julius Richmond, Tiffany Field, Barry Lester und vielen anderen ehrlichen Wissenschaftlern, deren Fingerzeige mich auf dieser wundervollen Reise in die innere Welt von Babys geleitet haben.
- Meinen Kollegen, die dieses Buch durchgesehen und großzügig ihre Zeit und ihr Wissen zur Verfügung gestellt haben: Marty Stein, Jim McKenna, Neal Kaufman, Sandra Steffes, Constance Keeffer und Stan Inkelis.
- Meinen Freunden, die mich während des langwierigen Entstehungsprozesses dieses Buches beraten und unterstützt haben: Toby Berlin und Michael Grecco, Laurie Davie, Eric Weissler, Peter Gardner, Bart Walker, Richard Grant, Sylvie

Rabineau, Katy Arnoldi, Laurel und Tom Barrack und Jonathan Feldman.
♦ Der stellvertretenden Verlegerin der Originalausgabe Nita Taublib für ihre kompetente Unterstützung, meinem amerikanischen Lektor Robin Michaelson für seinen scharfen Verstand und seine Korrekturen, Jennifer Kalis für ihre Fantasie und meiner Agentin Suzanne Gluck für ihre hilfreichen Ratschläge.

Euch allen sei gedankt!

Einleitung
Wie ich die alten Geheimtipps zur Beruhigung schreiender Babys wieder entdeckte

Als ich Anfang der 70er Jahre mein Studium der Kinderheilkunde begann, war ich mir sicherlich nicht darüber im Klaren, wie einfach es ist, schreiende Babys zu beruhigen. Während meines Medizinstudiums am Albert Einstein College of Medicine lehrten mich meine Professoren, dass Babys wegen Blähungen schreien und dass es daher zwei Möglichkeiten gibt, sie zu beruhigen. Erstens: Man befolge Omas Rat – halten, wiegen und Schnuller geben. Falls das nicht hilft, versuche man es mit Arznei: *Beruhigungsmitteln* (um das Baby zum Schlafen zu bringen), *krampflösenden Medikamenten* (um Bauchkrämpfe zu behandeln) oder *Tropfen gegen Blähungen* (um das Aufstoßen zu fördern).

Ende der 70er Jahre wurden diese drei medizinischen Ansätze jedoch infrage gestellt. Man hielt es nicht mehr für angemessen, Babys Beruhigungsmittel zu verabreichen. Die Ärzte setzten keine krampflösenden Medikamente mehr ein, nachdem mehrere damit behandelte Babys in ein Koma gefallen und gestorben waren. Und Tropfen gegen Blähungen waren nicht mehr attraktiv, weil wissenschaftliche Untersuchungen ergeben hatten, dass sie nicht wirksamer sind als Wasser.

Obwohl ich eine hervorragende medizinische Ausbildung genossen hatte, fühlte ich mich hilflos, wenn es darum ging, Neugeborene mit Koliken zu behandeln. Als Assistenzarzt arbeitete ich drei Jahre lang am Kinderkrankenhaus von Los Angeles, einer der betriebsamsten Kinderkliniken der Welt. Ich war ein voll ausgebildeter »Babyarzt«, konnte aber gestressten Eltern nicht helfen, ihr schreiendes Baby zu beruhigen. 1980, während ich als Stipendiat für das Fachgebiet Kindliche Entwicklung an der UCLA School of Medicine tätig war, wurde aus meiner Frustration Entsetzen und Sorge. Als Mitglied des UCLA Child Abuse Teams behandelte ich mehrere schwer verletzte Babys, die von ihren Eltern schrecklich misshandelt worden waren, nachdem es ihnen nicht gelungen war, sie zu beruhigen.

Ich war wütend darüber, dass unser hoch entwickeltes medizinisches System keine wirkungsvolle Lösung für Babys mit diesem verbreiteten, aber schrecklich beunruhigenden Problem anbieten konnte. Während meiner zwei Jahre als Stipendiat las ich alles, was ich zum Thema Koliken finden konnte. Ich war entschlossen, jedem Hinweis nachzugehen, der eine Erklärung dafür liefern konnte, warum so viele Kinder von dieser rätselhaften Störung betroffen waren. Bald stieß ich auf zwei Tatsachen, die aus meiner Sorge Hoffnung werden ließen.

Zunächst erfuhr ich etwas über den grundlegenden Unterschied zwischen dem Gehirn eines drei Monate alten Babys und dem eines Neugeborenen. In einem 1977 veröffentlichten hervorragenden Aufsatz eines der renommiertesten amerikanischen Kinderärzte, Dr. Arthur H. Parmelee jun., wurde beschrieben, wie stark sich das Gehirn eines Babys in den ersten Lebensmonaten weiterentwickelt. Der Autor verdeutlichte diesen Punkt mithilfe von Zeichnungen zweier Babys: eines weinenden Neugeborenen und eines lächelnden drei Monate alten

Kindes (siehe oben). Dr. Parmelee erläuterte, dass die meisten werdenden Eltern davon träumten, ein lächelndes Baby wie das auf der linken Seite zu bekommen, obwohl sie tatsächlich während der ersten Monate ein unruhiges, »fötusähnliches« Neugeborenes bekamen, wie auf der rechten Seite zu sehen.

Diese Bilder zeigen sehr deutlich, welchen enormen Entwicklungssprung Babys während der ersten drei Monate vollziehen und wie groß die Diskrepanz zwischen den Erwartungen von Eltern in unserer Gesellschaft und dem tatsächlichen Verhalten von Neugeborenen ist.

Meine zweite ausschlaggebende Entdeckung machte ich, als ich mich über Kinder»aufzucht« in anderen Kulturen informierte. Während ich in den staubigen Regalen der Universitätsbibliothek zwischen alten Büchern und Zeitschriften stöberte, erfuhr ich mit Staunen, dass das krampfhafte Schreien, das so viele meiner Patienten an den Tag legten, bei Babys mehrerer anderer Kulturen auf der Welt *nicht vorkam!*

Einleitung

Je länger ich mich mit diesem Thema befasste, desto klarer wurde mir, dass unsere in vielerlei Hinsicht so fortschrittliche Kultur im Hinblick auf die Bedürfnisse von Babys recht rückständig war. Aus irgendeinem Grund hatten wir an einem bestimmten Punkt einen falschen Weg eingeschlagen. Sobald ich erkannt hatte, dass unsere Vorstellungen von den Ursachen des Schreiens auf jahrhundertealten Mythen und Fehleinschätzungen basierten, stand die Lösung des prähistorischen Rätsels, weshalb Babys schreien und wie man sie beruhigen kann, plötzlich sonnenklar vor meinen Augen. Unsere Babys werden drei Monate zu früh geboren.

Ich möchte Sie einladen zu erfahren, wie Ihr Baby die Welt erlebt, und die äußerst wirksamen Techniken kennenzulernen, mit denen im Lauf der letzten zwanzig Jahre Tausende meiner Patienten beruhigt wurden. Diese Techniken mögen Ihnen am Anfang etwas merkwürdig vorkommen, aber sobald Sie sich damit vertraut gemacht haben, werden Sie merken, wie wunderbar einfach sie sind. Eltern auf der ganzen Welt beruhigen ihre Babys seit Tausenden von Jahren nach diesen Methoden ... und bald werden Sie es auch tun!

Harvey Karp

TEIL EINS

*Kuck mal, wer da schreit:
Warum Babys weinen –
und warum
manche so viel weinen*

1 Endlich Hoffnung: eine einfache Methode zur Beruhigung schreiender Babys

Wichtige Punkte:
- Alle Babys weinen, aber die meisten jungen Eltern haben keine Erfahrung darin, sie zu beruhigen.
- Das Grundproblem: In vielerlei Hinsicht werden Babys drei Monate zu früh geboren.
- Der Beruhigungsreflex: Der »Aus«-Schalter der Natur für das Schreien eines Babys.
- Die fünf »S«: Wie Sie den Beruhigungsreflex Ihres Babys auslösen.
- Die Kuscheltherapie: Wie mit der Kombination der fünf »S« jedem unruhigen Baby geholfen werden kann.

Suzanne war besorgt und erschöpft. Ihr zwei Monate altes Baby Sean schrie ununterbrochen. Es konnte stundenlang brüllen. Eines Nachmittags kam ihre Schwester vorbei, um sich um das Baby zu kümmern, und Suzanne eilte ins Badezimmer, um heiß zu duschen und eine kurze »Auszeit« zu nehmen. 45 Minuten später erwachte sie zusammengerollt in der Duschwanne, während ein eiskalter Sprühregen auf sie niederprasselte!

Währenddessen brachte auf der anderen Seite der Erde, in der rauen Kalahari im Norden Botswanas, Nisa ein winziges Mädchen namens Dana zur Welt. Dana war dünn und zart, aber trotz ihres zerbrechlich wirkenden kleinen Körpers war auch sie ein schwieriges Baby, das oft weinte.

Nisa trug Dana in einer Tragehilfe aus Leder immer bei sich. Im Gegensatz zu Suzanne beunruhigte es sie nicht, wenn Dana schrie, weil sie wie alle Mütter des !Kung San-Stammes genau wusste, wie sie ihr Baby – innerhalb von Sekunden – beruhigen konnte.

Warum fiel es Suzanne so schwer, Sean zu beruhigen?

Welche uralten Geheimnisse kannte Nisa, die ihr halfen, ihr Baby so leicht zu beruhigen?

Während Sie die Antworten auf diese beiden Fragen erfahren, wird sich die Art und Weise, wie Sie über Babys denken, für immer ändern! Sie werden lernen, die Welt durch die Augen Ihres Babys zu sehen, und vor allem werden Sie lernen, Ihr Baby innerhalb von Minuten zu beruhigen und seinen Schlaf zu verlängern.

Ihr Baby kommt zur Welt

> Vollkommen trocken, mit seinem süßen, reinen Körper,
> ist es das liebenswerteste Geschöpf auf der Welt.
> Marion Harland, *Common Sense in the Nursery*, 1886

Herzlichen Glückwunsch! Sie haben etwas Großartiges geleistet! Sie haben Ihr Baby vom Augenblick der Empfängnis bis zu seinem »Geburts«tag genährt. Ein Baby zu bekommen, ist eine wundervolle – und wunder-volle – Erfahrung, die Sie zum Lachen, Weinen und Staunen bringt ... alles zur selben Zeit.

Ihr Baby kommt zur Welt

Ihre Hauptaufgabe als Mutter oder Vater besteht darin, Ihr Baby wie verrückt zu lieben. Nachdem Sie es mit Liebe überhäuft haben, bestehen Ihre beiden nächstwichtigen Aufgaben darin, es zu füttern und es zu beruhigen, wenn es schreit.

Aus meiner fünfundzwanzigjährigen Erfahrung als Kinderarzt kann ich Ihnen versichern, dass Eltern, denen es gelingt, diese beiden Aufgaben zu erfüllen, stolz, voller Selbstvertrauen sind und sich wie die Größten fühlen! Sie haben die glücklichsten Babys und fühlen sich wie die besten Eltern weit und breit. Aber Mütter und Väter, denen diese Aufgaben Probleme bereiten, sind oft sehr verunsichert.

Glücklicherweise ist das Füttern eines Babys *normalerweise* recht einfach. Die meisten Neugeborenen saugen, als ob sie einen Doktortitel darin erworben hätten. Ein schreiendes Baby zu beruhigen, kann dagegen unerwartet schwierig sein.

Kein Paar rechnet damit, dass sein Neugeborenes »schwierig« sein wird. Wer hört schon wirklich hin, wenn Freunde und Verwandte Horrorstorys erzählen? Wir gehen davon aus, dass *unser* Kind ein »einfaches« Baby sein wird. Darum sind so viele junge Eltern schockiert, wenn sie feststellen müssen, wie schwierig es sein kann, ein Baby zu beruhigen.

Bitte verstehen Sie mich nicht falsch. Ich sage nicht, dass Schreien etwas Schlimmes ist. Genau genommen ist es genial! Nur die Natur konnte eine so wirkungsvolle Methode entwickeln, mit der hilflose Babys unsere Aufmerksamkeit erregen können. Und sobald Ihr Baby Ihre Aufmerksamkeit hat, gehen Sie wahrscheinlich eine Checkliste mit Fragen und Lösungsversuchen durch:

- Ist es hungrig? Füttern.
- Ist es nass? Wickeln.
- Fühlt es sich einsam? Hochnehmen.
- Hat es Blähungen? Aufstoßen lassen.
- Friert es? Einpacken.

Schwierig wird es, wenn *nichts* davon funktioniert.

Es gibt Schätzungen, wonach eines von fünf Babys immer wieder *ohne erkennbaren Grund* Schreianfälle hat. Das heißt, dass beispielsweise in den USA fast eine Million süßer Neugeborener pro Jahr stundenlang mit rotem Gesicht und zusammengekniffenen Augen brüllen.

Deshalb sind Eltern unzufriedener Babys solche Helden! Das Schreien eines Babys ist ein unglaublich herzzerreißendes Geräusch. Völlig erschöpfte und ratlose Mamas und Papas wiegen ihre schreienden Babys stundenlang im Arm und versuchen sie zu beruhigen, aber dieses unaufhörliche Brüllen kann ihr Selbstvertrauen untergraben: »Hat mein Baby Schmerzen?«, »Verwöhne ich es?«, »Fühlt es sich im Stich gelassen?«, »Bin ich eine schlechte Mutter?«

Diese bangen Fragen können selbst die liebevollste Mutter in Frustration und Depression stürzen. Das unablässige Schreien eines Babys kann verzweifelte Eltern sogar zum Äußersten treiben – in die Tragödie der Kindesmisshandlung.

Erschöpften Eltern wird oft gesagt, sie müssten abwarten, bis ihre Babys »herausgewachsen« seien. Aber die meisten von uns fühlen, dass dies nicht der richtige Weg sein kann. Es muss eine Möglichkeit geben, unseren Babys zu helfen.

Hilfe gesucht: An wen wenden sich frisch gebackene Eltern, wenn ihr Baby viel schreit?

Obwohl es ein ganzes Netzwerk von Kliniken und Spezialisten gibt, die für Ernährungsprobleme bei Babys zuständig sind, gibt es nur wenig Unterstützung für Eltern von »Schreikindern«. Das ist schlecht, da der Drang, ein Baby zu beruhigen, zwar instinktgesteuert ist, die Fähigkeit, es zu tun, aber erlernt werden muss.

Eltern von heute haben weniger Erfahrung in der Säuglingspflege als jede vorausgegangene Generation. (Erstaunlicherweise ist in unserer Kultur mehr Training für den Erwerb eines Führerscheins erforderlich als dafür, ein Baby zu bekommen.)

Das heißt nicht, dass unerfahrene Mütter und Väter völlig im Stich gelassen werden. Im Gegenteil: Sie werden mit Ratschlägen überhäuft. Nach meiner Erfahrung ist die beliebteste Freizeitbeschäftigung der Amerikaner nicht Baseball, sondern das unaufgeforderte Erteilen von Ratschlägen für junge Eltern. »Es ist Langeweile.« – »Es ist die Hitze.« – »Setz ihm eine Mütze auf.« oder: »Es sind Blähungen.«

Es kann so verwirrend sein! Wem soll man glauben?

Aus Sorge und Frustration wenden sich Eltern oft an ihren Arzt. Untersuchungen haben gezeigt, dass eines von sechs Paaren wegen des andauernden Schreiens seines Babys einen Arzt aufsucht. Wenn diese Babys untersucht und für völlig gesund befunden worden sind, haben die meisten Ärzte nicht mehr anzubieten als Mitgefühl. »Ich weiß, dass es schwer ist, aber haben Sie Geduld. Es geht irgendwann vorbei.« Solche Ratschläge führen oft dazu, dass besorgte Eltern in Babybüchern Rat suchen.

Eltern von Kolikbabys durchsuchen stundenlang Bücher nach »der Antwort« auf das Problem ihres Kindes. Aber auch hier finden sie oft verwirrende Empfehlungen: »Halten Sie Ihr Baby im Arm – aber achten Sie darauf, dass Sie es nicht zu sehr verwöhnen.« – »Geben Sie Ihrem Baby Liebe – aber lassen Sie es sich in den Schlaf weinen.«

Selbst diese Experten gestehen ein, dass sie für *wirklich* unruhige Babys keine Lösung anzubieten haben:

Sehr oft wird es Ihnen vielleicht nicht einmal gelingen, das Schreien zu beenden. Eisenberg, Murkoff und Hathaway, *What to Expect the First Year*

Die ganze Episode dauert mindestens eine Stunde und manchmal drei oder vier Stunden. Penelope Leach, *Die ersten Jahre deines Kindes*

Es ist völlig in Ordnung, das Baby in die Wiege zu legen und das Geschrei mit dem Geräusch des fließenden Wassers einer heißen Dusche zu übertönen.

Vicki Iovine, *Du wirst das Kind schon schaukeln: das erste Jahr mit deinem Baby*

Aber eine heiße Dusche ist kein rechter Trost für die Eltern eines schreienden Babys.

Viele erschöpfte Eltern, mit denen ich zu tun habe, haben sich gegen ihr eigenes Gefühl davon überzeugen lassen, dass sie nur abwarten und das Schreien ertragen können. Aber ich sage ihnen etwas anderes. Unzufriedene Babys *können* beruhigt werden – und zwar innerhalb von Minuten!

Die vier Prinzipien des Babytröstens

Menschen in primitiven Kulturen sind im Vergleich zu westlichen Gesellschaften in mancherlei Hinsicht rückständig. Aber in manchen Bereichen verfügen sie über eine große Weisheit ..., und wir sind die »Primitiven«. Das gilt besonders, wenn es um das Beruhigen schreiender Neugeborener geht.

Ich habe der Vergangenheit ein paar Geheimnisse entlockt und sie mit den modernsten Forschungsergebnissen und einigen ganz speziellen Beobachtungen verknüpft, die ich während meiner langjährigen Erfahrung mit mehr als fünftausend Babys machen konnte. Daraus habe ich vier Prinzipien abgeleitet, die für jeden, der Babys besser verstehen, sie schnell beruhigen und ihren Schlaf verbessern will, von größter Wichtigkeit sind:

- das fehlende vierte Trimester
- der Beruhigungsreflex
- die fünf »S«
- die Kuscheltherapie

Das fehlende vierte Trimester:
Viele Babys schreien, weil sie drei Monate zu früh
auf die Welt gekommen sind!

Haben Sie schon einmal ein Fohlen oder ein Kalb beobachtet? Die neugeborenen Tiere können bereits an ihrem ersten Lebenstag laufen, ja sogar rennen. Sie müssen auch schnell laufen können – ihr Überleben hängt davon ab.

Im Vergleich dazu sind unsere Neugeborenen sehr unreif. Sie können weder rennen noch gehen noch sich auf die andere Seite drehen. Eine englische Mutter erzählte mir, dass ihre neugeborene Tochter so wenig für die Welt bereit zu sein schien, dass sie und ihr Mann sie liebevoll ihr »kleines Geschöpfchen« nannten. Nicht nur diese beiden sehen Babys auf diese Weise. Im Spanischen wird das Wort *criatura*, was so viel wie *Geschöpf* bedeutet, für Babys verwendet.

Ihr Neugeborenes ist in vielerlei Hinsicht eher ein Fötus als ein Baby. Es verbringt die meiste Zeit mit Schlafen und Gefüttertwerden. Hätten Sie Ihre Niederkunft um drei Monate hinauszögern können, wäre Ihr Baby mit der Fähigkeit zu lächeln, zu flirten und zu brabbeln auf die Welt gekommen. (Wer würde sich *das* nicht am ersten Lebenstag seines Babys wünschen!) Leider ist es mir nie gelungen, eine Frau dazu zu überreden, ihr Baby drei weitere Monate in ihrem Bauch zu behalten ... aus gutem Grund. Schon nach neun Monaten ist es recht beschwerlich, den Kopf eines Babys herauszubekommen. Nach zwölf Monaten wäre es unmöglich.

Warum sind unsere Babys bei der Geburt so unreif? Dafür gibt es einen einfachen Grund. Anders als bei Fohlen, deren Überleben von ihrem großen, starken Körper abhängt, ist das Überleben eines Menschenbabys von einem großen, klugen Gehirn abhängig. Das Gehirn unserer Babys ist so groß, dass wir Föten – lange bevor sie bereit für die Welt sind – aus dem Uterus »vertreiben« müssen, damit ihr Kopf nicht im Geburtskanal stecken bleibt.

Neugeborene besitzen einige Fähigkeiten, die ihre Bereitschaft zum Leben außerhalb des Mutterleibs demonstrieren, aber dennoch sind sie während der ersten drei Monate so unreif, dass es wirklich ein Vorteil wäre, wenn sie wieder hineinschlüpfen könnten, sobald sie von unangenehmen Gefühlen überwältigt werden. Da wir aber keine Kängurus sind, ist das Mindeste, was wir als liebevolle, mitfühlende Eltern tun können, damit sich unsere kleinen *criaturas* zu Hause fühlen, sie mit den wohltuenden Empfindungen zu umgeben, die sie im Mutterleib vierundzwanzig Stunden am Tag genießen konnten. Damit Eltern ihren Babys jedoch ein viertes Trimester geben können, müssen sie eine wichtige Frage beantworten: Wie war es da drinnen?

Im Bauch war das Baby eng zusammengerollt in einer Fötushaltung. Es war von der warmen Wand der Gebärmutter umgeben und wurde den größten Teil des Tages hin und her geschaukelt. Außerdem war es ständig von einem zischenden Geräusch umgeben, das einen Staubsauger noch etwas an Lautstärke übertraf!

Eine einfache Methode zur Beruhigung schreiender Babys

Jahrtausendelang wussten Eltern, dass es Neugeborene beruhigt, wenn man dieselben Bedingungen wie im Mutterleib für sie schafft. Deshalb ahmt fast jede traditionelle Babyberuhigungstechnik das nach, was Babys im Uterus spüren. Mit Elementen wie strammem Einwickeln, Schaukeln und Schhhh-Lauten werden Babys in eine angenehme, rhythmische, uterusähnliche Welt zurückversetzt, bis sie bereit sind, zu brabbeln, zu lächeln und Teil der Familie zu werden. Ist diese Vierttrimestererfahrung schon für ruhige Babys hilfreich, so ist sie für unruhige geradezu *unerlässlich*.

Die meisten Eltern gehen davon aus, dass diese Nachahmung der Uterusbedingungen ihr Baby einfach deshalb beruhigt, weil es sich wieder »zu Hause« fühlt. Tatsächlich lösen diese Erfahrungen eine tief greifende neurologische Reaktion aus, die noch nie zuvor erkannt oder beschrieben wurde – bis heute. Dieser alte und sehr starke Babyreflex ist der sogenannte *Beruhigungsreflex*.

Der Beruhigungsreflex:
Mutter Naturs genialer »Aus«-Schalter
für das Schreien Ihres Babys

Dieser automatische Rücksetzschalter beruhigt ein schreiendes Baby und ist wirklich der beste Freund eines Babys (und der Eltern). Warum hat die Natur die Nachahmung der Uterusbedingungen als Auslöser für diesen segensreichen Reflex gewählt? Der Grund wird Sie vielleicht überraschen: So wichtig es für unsere Vorfahren gewesen sein mag, ihre Babys beruhigen zu können – es war dreimal so wichtig für sie, ihre *Föten* beruhigen zu können!

Stellen Sie sich vor, wie es sich anfühlen würde, wenn Ihr Fötus einen Tobsuchtsanfall in Ihrem Bauch hätte. Nicht nur könnten Sie von boxenden Fäusten und kickenden Füßen wund werden, sie könnten auch die empfindliche Plazenta beschädigen oder die Nabelschnur zerreißen und so eine tödliche Blutung verursachen. Noch schwerwiegender als das Risiko einer zufälligen Verletzung wäre vielleicht sogar die Möglichkeit, dass sich ein strampelndes Baby im Uterus querlegen könnte und nicht mehr in der Lage wäre herauszurutschen, was den Tod des Babys und der Mutter zur Folge hätte.

Ich bin davon überzeugt, dass das Überleben unserer Föten und vielleicht sogar unserer Spezies von diesem uralten Beruhigungsreflex abhing. Während Millionen von Jahren schlugen Föten, die von wohltuenden Empfindungen eingelullt waren, nicht um sich und konnten so überleben. Unsere heutigen Babys sind direkte Nachfahren jener »Zen«-Föten, die sich im Mutterleib so leicht beruhigen ließen.

Die fünf »S«:
Fünf Schritte zur Auslösung
des Beruhigungsreflexes

Was hat ein Staubsauger mit einem Wiegenlied gemeinsam? Was hat ein Volvo mit einer Flanelldecke gemeinsam? Sie alle helfen, den Beruhigungsreflex Ihres Babys auszulösen, indem sie eine Eigenschaft des Uterus nachahmen.

Obwohl unsere Vorfahren intuitiv wussten, wie sie ein schreiendes Baby beruhigen konnten, wurde der Beruhigungsreflex an sich nicht identifiziert, bis ich ihn Mitte der 90er Jahre beim Studium der Merkmale Hunderter schreiender Babys in meiner Praxis erkannte.

Mir fiel auf, dass viele traditionelle Beruhigungstechniken nur dann erfolgreich waren, wenn sie *genau richtig* ausgeführt wurden. Mir wurde klar, dass, ebenso wie der Kniesehnenreflex mit einem präzisen Schlag eines Hämmerchens ausgelöst werden kann, der Beruhigungsreflex nur durch ganz bestimmte Aktionen auslösbar ist. Bei korrekter Ausführung hatten die an den Uterus erinnernden Geräusche und Empfindungen eine so starke Wirkung, dass sie ein eben noch schreiendes Baby im Handumdrehen zur Ruhe bringen konnten.

Eltern und Großeltern haben traditionell fünf verschiedene Merkmale der Uteruserfahrung zum Beruhigen ihrer Babys genutzt. Ich bezeichne diese althergebrachten »Zutaten des Beruhigungscocktails« als die fünf »S«:

1. Strammes Einwickeln – Einpacken vom Hals bis zu den Füßen (wird auch als »Pucken« bezeichnet).
2. Seiten-/Bauchlage – Ablegen des Babys auf der Seite oder auf dem Bauch.
3. »Schhhh«-Laut – lautes »weißes Rauschen« (ein natürliches Phänomen im höheren Frequenzbereich).
4. Schaukeln – rhythmische Schüttelbewegung.
5. Saugen – an allem (von der Brustwarze über den Finger bis hin zum Schnuller).

Diese fünf Methoden sind sehr wirkungsvoll, aber nur, wenn sie *genau* richtig ausgeführt werden. Ohne die richtige Technik und Intensität bewirken sie gar nichts. (Ausführliche Beschreibungen der einzelnen »S«-Techniken finden Sie in den Kapiteln 8 bis 12.)

Die Kuscheltherapie: Wie die fünf »S« zu einem perfekten Rezept für das Wohlbehagen Ihres Babys kombiniert werden können

Sie müssen keine Wissenschaftler sein, um gute Eltern zu sein, aber es gibt ein paar Tricks, die Ihnen Ihren Job erleichtern. Diese Beruhigungstipps sind in den meisten Babybüchern aufgelistet, aber das ist ungefähr so hilfreich wie eine Liste der Zutaten eines Kochrezepts ohne Anweisungen zum Zusammenfügen und Garen dieser Zutaten.

Jedes »S« ist für sich allein hilfreich, um ein leicht unzufriedenes Baby zu beruhigen. Ihr »einfaches« Baby muss vielleicht einfach nur saugen oder tanzend im Raum herumgeschaukelt werden, um sich zu beruhigen. Aber alle fünf zusammen kön-

Ein Schichtkuchen aus Beruhigung und Geborgenheit

nen den Beruhigungsreflex so unwiderstehlich auslösen, dass sich selbst ein völlig untröstliches Neugeborenes davon beeindrucken lässt. Das Aufeinanderschichten der »S«-Techniken trägt so wirksam dazu bei, dass sich unzufriedene Babys behaglich und ruhig fühlen, dass eine meiner Patientenmütter es »Kuscheltherapie« genannt hat.

Wenn man die Kuscheltherapie wirklich als Kuchenrezept betrachten wollte, das sich aus den fünf »S« zusammensetzt, wäre sie, glaube ich, eine Schichttorte.

Das stramme Einwickeln ist der erste Schritt zur Beruhigung und die erste Schicht dieser Trosttorte. Als Nächstes kommt die Seiten-/Bauchlage. Durch diese ersten beiden »S«-Techniken wird Ihr Baby darauf vorbereitet, sich zu beruhigen.

Durch das stramme Einwickeln wird der Boden bereitet: Es hindert das Baby daran, mit den Armen herumzufuchteln und sich übermäßig zu stimulieren. Auch die Seitenlage verhindert das Herumfuchteln, da sie das Gefühl des Fallens verschwinden lässt und den Beruhigungsreflex aktiviert. Die nächste Schicht besteht aus dem Schhhh-Laut, gefolgt von Schaukeln. Durch beides wird der Beruhigungsreflex ausgelöst, sodass Ihr Baby auf Sie und das wunderbare Kuscheln, das Sie ihm anbieten, aufmerksam wird. Dadurch wird es zunehmend ruhiger.

Zu guter Letzt folgt das Saugen, sozusagen als Zuckerguss auf der Torte. Es funktioniert am besten, wenn Ihr Baby durch die anderen Schichten der Torte schon etwas beruhigt wurde. Es löst ebenfalls den Beruhigungsreflex aus und sorgt dafür, dass er aktiviert bleibt, sodass Ihr Baby ein Gefühl tiefen Friedens empfindet. (Aus der Sicht Ihres Babys backen Sie natürlich keinen Kuchen, sondern es fühlt sich so, als hätten Sie es noch einmal »in den Ofen geschoben«, damit es noch ein wenig vom vierten Trimester abbekommt!)

Die Kuscheltherapie als letzte Rettung: Seans Geschichte

Diese fünf Prinzipien stellen das wirkungsvollste Beruhigungsprogramm für unruhige Babys dar, das je entdeckt wurde. Es funktioniert sogar in den schwierigsten Fällen, wie zum Beispiel bei Sean ... Erinnern Sie sich noch an Sean? Er ist der Junge, dessen Schreien seine Mutter so erschöpfte, dass sie unter der Dusche einschlief.

Eine einfache Methode zur Beruhigung schreiender Babys

Don und Suzanne hatten damit gerechnet, dass das Leben mit einem Neugeborenen manchmal wie eine Fahrt über eine holprige Straße sein würde, aber sie hätten sich nie vorgestellt, dass es wie ein Sturz von einer Klippe sein könnte! Sean war ein typisches Kolikbaby, und seine Eltern waren die typischen liebevollen, verunsicherten, erschöpften Eltern eines Kolikbabys.

Und so beschrieb Suzanne die ersten Tage mit Sean:

»Als ich noch ein Kind war, hat mir meine Mutter oft erzählt, dass ich ein typisches Kolikbaby war. Kurz nach Seans Geburt wusste ich, dass jetzt der Spieß umgedreht würde. Mein hübscher dunkelhaariger Junge kam eine Woche zu früh zur Welt, aber er stürmte los wie ein Rennpferd!

Fast von der zweiten Lebenswoche an hatte er jeden Tag stundenlang unkontrollierte Schreianfälle. Ich fühlte mich wie eine schreckliche Mutter, wenn ich zusehen musste, wie er sich vor Schmerz krümmte. Nichts konnte ihn beruhigen, und am Ende weinte ich meistens mit ihm zusammen.

Ebenso beunruhigend war meine Befürchtung, dass Seans Schreien auf eine Verletzung zurückzuführen sein könnte, die er bei der Geburt erlitten hatte. Seine Geburt war sehr schwierig. Nach eineinhalb Stunden Presswehen zerrte der Arzt ihn mit einer Saugglocke heraus. Das erste Bild, das ich von Sean in Erinnerung habe, ist sein armes Köpfchen, das wie eine schwarz angelaufene Banane aussah.

Im ersten Monat erklärte uns der Kinderarzt, dass Seans Schreien von seinem Bedürfnis herrührte, ›etwas Dampf abzulassen‹. Er warnte uns, dass wir ihn zu sehr verwöhnen könnten, wenn wir immer darauf reagierten, und dass es ihn sogar dazu bringen könnte, noch mehr zu schreien! Sein Rat klang für uns logisch, aber wenn wir Sean schreien ließen, geriet er noch mehr außer sich – und für uns war es fast unerträglich.

Don und ich lasen jedes Babybuch, das wir finden konnten. Jeden Tag probierten wir etwas Neues aus: strammes Einwickeln – ein Fehlschlag; Schnuller – nutzlos; eine andere Ernährung für mich – zwecklos; eine Schaukel – als ob man einem Flugzeug in 10 000 Metern Höhe zuwinkte. Wir versuchten es sogar mit einem Gerät, das das Geräusch und die Vibrationen eines Autos nachahmte. Auch das misslang.

Erschöpft und demoralisiert suchten wir wieder unseren Arzt auf. Er zeigte Mitgefühl, beharrte aber darauf, dass wir keine andere Wahl hätten, als Seans Schreien zu ertragen, bis er über diese Phase hinausgewachsen sei. Als Don und ich an diesem Nachmittag nach Hause kamen, waren wir uns darin einig, dass Abwarten sowohl für unser leidendes Baby als auch für uns nicht infrage kam.

Auch der nächste Morgen war schrecklich. Wir waren mit unserer Weisheit am Ende und gingen mit unserem sechs Wochen alten Baby zu einem neuen Kinderarzt. Dr. Karp stellte uns viele Fragen, und sobald er davon überzeugt war, dass Seans Schreien keine ernste medizinische Ursache hatte, brachte er uns eine Technik bei, die er als ›Kuscheltherapie‹ bezeichnete.

Die Kuscheltherapie war eine ganz spezielle Mischung aus strammem Einwickeln, heftigem Schaukeln und einem lauten Schhhh-Geräusch. Dr. Karp erklärte uns, dass diese Dinge das Baby an das Leben im Mutterleib erinnerten. Er sagte: ›Die meisten Babys schreien, weil sie noch nicht bereit dafür waren, auf die Welt zu kommen. In gewisser Weise müssten sie noch weitere drei Monate in der Geborgenheit des Mutterleibs verbringen.‹

Ehrlich gesagt, war ich zunächst etwas skeptisch. Ich dachte: *Das ist zu einfach, um wahr zu sein.* Ich hatte Einwickeln, Schaukeln und weißes Rauschen ausprobiert und jedesmal eine völlige Niederlage erlitten. Aber nachdem ich Dr. Karp dabei beobachtet hatte, wie er diese Techniken ausführte, wurde mir klar, dass ich sie nicht konsequent genug praktizierte.

Don und ich beschlossen, die Kuscheltherapie auszuprobieren. So unglaublich es klingen mag, aber an diesem Nachmittag hatte Sean seinen letzten unkontrollierbaren Schreianfall. Durch die Kuscheltherapie wurde Sean von seinem Schreien geheilt. Immer wenn er außer sich geriet, führten wir alle Schritte der Kuscheltherapie durch, und er begann sich innerhalb von Minuten zu entspannen und sich in unsere Arme zu kuscheln. Endlich konnten wir ihm das Wohlbehagen verschaffen, um das er wochenlang gebettelt hatte.«

Die Kuscheltherapie hatte beim Baby von Suzanne und Don schnell Erfolg. Aber wie die meisten Techniken kann sie etwas Übung erfordern. Doch keine Sorge: Wenn Sie die Ratschläge in diesem Buch Schritt für Schritt befolgen, müssten Sie sie nach fünf bis zehn Versuchen beherrschen.

Manche Eltern, mit denen ich spreche, haben gewisse Bedenken, die fünf »S« einzusetzen. Sie sind davor gewarnt worden, ihre Neugeborenen zu verwöhnen, und fürchten, dass ihre Kinder durch die fünf »S« schlechte Gewohnheiten entwickeln könnten. Ist das möglich? Können aus kleinen Babys unversehens verwöhnte Bälger werden, die ständige Aufmerksamkeit und Zuwendung fordern?

Glücklicherweise lautet die Antwort auf diese Frage: NEIN! Während der ersten drei Lebensmonate (dem vierten Trimester) ist es unmöglich, ein Baby zu verwöhnen, indem man es saugen lässt oder stundenlang im Arm hält. Überrascht Sie das? Das sollte es nicht, wenn Sie bedenken, dass Sie Ihrem Baby – bis zum Augenblick der Geburt – vierundzwanzig Stunden am Tag diese Empfindungen gegönnt haben. Selbst wenn Sie es zwölf Stunden am Tag herumtragen, ist das aus *seiner* Sicht eine dramatische Reduzierung. Sie werden feststellen, dass es mit drei oder vier Monaten zunehmend in der Lage ist, sich mit Brabbeln, Hin- und Herbewegen und Saugen an den Händen selbst zu beruhigen. Da es nicht mehr so viel Hilfe von Ihnen braucht, können Sie es zu diesem Zeitpunkt schnell von den fünf »S« entwöhnen.

Betreuung von »Schreibabys« im 21. Jahrhundert

Ich hoffe, Sie freuen sich schon darauf, dass es tatsächlich schnelle und wirkungsvolle Methoden zur Beruhigung unzufriedener Babys *gibt*. Mein Ziel ist es, Ihnen die Tricks beizubringen, die die besten Eltern auf der ganzen Welt schon seit Jahrhunderten einsetzen.

Im ersten Teil des Buches werden folgende Fragen beantwortet:
- Warum schreien Babys?
- Was sind Koliken und woran erkennen Sie, ob Ihr Baby sie hat?
- Warum sind Blähungen, Angst, Unreife und Temperament selten die Ursache von Koliken?
- Was versteht man unter dem fehlenden vierten Trimester und weshalb ist es die wahre Ursache von Koliken?

Im zweiten Teil des Buches werden folgende Themen behandelt:
- Der Beruhigungsreflex und wie er durch Nachahmen der Uterusbedingungen ausgelöst werden kann.
- Die fünf »S« und warum sie sehr intensiv sein müssen, um zu wirken.
- Genaue Anweisungen, die Ihnen helfen, Experten für strammes Einwickeln, Seiten-/Bauchlage, das Erzeugen von Schhhh-Lauten, Schaukeln und Saugen zu werden.
- Die Kuscheltherapie und wie Sie wahre Wunder vollbringen können, indem Sie alle fünf »S« miteinander kombinieren.
- Andere Techniken, mit denen Sie Ihr unzufriedenes Baby beruhigen können.
- Tricks und Tipps, mit denen Sie Ihr Baby dazu bringen, nachts länger zu schlafen.
- Gesundheitliche Probleme, die Koliken vortäuschen können.

Sobald Sie das Bedürfnis Ihres Babys nach einem vierten Trimester, die fünf »S« und die Kuscheltherapie verstanden haben, können Sie zahllose Schreistunden verhindern. Ich habe die ernsthafte Hoffnung, dass man das Wort *Drei-Monats-Koliken* nur noch in Wörterbüchern finden wird, sobald dieses Wissen Verbreitung gefunden hat.

Sie haben eine der erstaunlichsten Erfahrungen machen dürfen, die einem Menschen beschieden sein können – die Geburt eines Babys. Sie haben eine aufregende Fahrt vor sich, also schnallen Sie sich an ..., und genießen Sie sie. Bitte machen Sie sich keine Sorgen, wenn Ihr Baby schreit. Sehen Sie es als eine Gelegenheit, Ihre neuen Fähigkeiten zu perfektionieren und zu lernen, wie man aus einem unzufriedenen Baby *das glücklichste Baby weit und breit* macht!

2 Schreien: die uralte Überlebensstrategie unserer Babys

Wichtige Punkte:
- Der Schreireflex: Ein geniales Mittel zum Erregen von Aufmerksamkeit.
- Welche Gefühle das Schreien eines Babys bei Ihnen auslösen kann.
- Haben unterschiedliche Schreiarten unterschiedliche Bedeutungen? Manche Babys schreien auch schon bei geringfügigen Problemen.

Bei der Geburt ist ein kräftiger Schrei Ihres Babys ein willkommenes Zeichen dafür, dass Sie ein gesundes Kind zur Welt gebracht haben. Wenn Ihr Baby allerdings nach ein oder zwei Wochen immer noch schreit, ist sein Schrei möglicherweise das Letzte, was Sie hören wollen! Dennoch sollten wir dankbar sein für das Schreien unserer Babys – es ist eine ihrer wunderbarsten Fähigkeiten.

Während der ersten Lebensmonate kommt Ihr Baby problemlos klar, ohne auch nur die blasseste Vorstellung davon zu haben, wie man lächelt oder spricht. Aber es wäre in Gefahr, wenn es Sie nicht rufen könnte. Ihre Aufmerksamkeit zu gewinnen ist so wichtig, dass Ihr Neugeborenes schreien kann, sobald bei der Geburt sein Kopf zum Vorschein kommt. Diese großartige Fähigkeit wird als »Schreireflex« bezeichnet.

Der Schreireflex:
Mutter Naturs geniales Mittel zum
Herbeirufen einer Steinzeitmutter

> Der Schrei eines Babys ... schreit danach,
> zum Verstummen gebracht zu werden.
> Peter Ostwald, *Soundmaking: The Acoustic
> Communication of Emotion*

Ich schätze, dass vor Millionen von Jahren ein Steinzeitbaby geboren wurde, das ein perfektes Mittel besaß, seine Mutter herbeizurufen – das Schreien. Selbst wenn es nur kurze Laute von sich gab, weil es Schluckauf hatte oder sich erschreckt hatte, erschien seine Mutter innerhalb von Sekunden.

Auch Tierkinder müssen die Aufmerksamkeit ihrer Mütter schnell auf sich lenken, aber sie würden nie danach *schreien*. Lautes Schreien könnte für einen jungen Hasen oder Affen tödlich sein, weil das Geräusch einem hungrigen Raubtier seinen Aufenthaltsort verraten könnte. Deshalb miauen kleine Katzen leise, Seidenäffchen machen leise Piepsgeräusche, wenn sie vom Baum fallen, und Gorillas wimmern kaum hörbar, wenn sie mütterliche Zuwendung brauchen.

Menschenbabys dagegen haben solche Vorsichtsmaßnahmen vor langer Zeit aufgegeben. Wann immer sie die Aufmerksamkeit ihrer Steinzeitmutter brauchten, schrien sie. Vielleicht waren so fordernde Babys sicher, weil ihre Eltern gefährliche Tiere vertreiben konnten. Oder vielleicht war ein lauter Schrei das einzige Geräusch, das bis zum Ohr der Mutter drang, wenn sie außerhalb der Höhle arbeitete oder sich mit Freundinnen unterhielt. Einige Wissenschaftler sind sogar der

> **Warum werden Babys mit einem Schreireflex geboren, aber nicht mit einem Lachreflex?**
>
> Wäre es nicht nett, wenn Babys lachend zur Welt kämen? Natürlich wäre es nett, aber es gibt zwei sehr gute Gründe dafür, dass Babys brüllen können, dass die Wände wackeln, aber nicht in der Lage sind zu kichern.
> Zum einen ist Schreien einfacher als Lachen. Es erfordert weniger Koordination, da es ein kontinuierlicher Laut ist, der mit jedem Atemzug erzeugt wird. Gelächter ist dagegen eine Reihe schneller, kurzer Töne, die wie Perlen auf einem einzigen Atemzug aufgereiht sind.
> Und während das Lachen später für kommunikative Zwecke hilfreich ist, ist das Schreien vom ersten Lebenstag an unerlässlich für das Überleben eines Babys.

Auffassung, dass nachfolgende Generationen von Babys immer lauter schrien, weil solche Babys mehr Nahrung und Zuwendung erhielten, um sie ruhig zu halten, und so bessere Überlebenschancen hatten.

Auch wenn wir wahrscheinlich nie genau wissen werden, wann oder wie Babys in der Urzeit zu schreien anfingen, so ist doch eines klar: Die Steinzeitbabys, die überlebten und ihre Gene weitergaben, waren diejenigen, die »Rabatz machen« konnten.

Der schrille Schrei Ihres Babys ist durchdringend genug, um Sie aus dem Bett oder von der Toilette zu reißen. (Nicht schlecht für einen fünf Kilo schweren Winzling!) Allerdings ist es ein Irrtum zu glauben, Ihr Baby schreie, *um* Sie herbeizurufen.

Der Schreireflex

Während der ersten Monate könnte Ihrem Baby nichts ferner liegen, als Ihre Aufmerksamkeit auf sich zu lenken. Ihr Baby hat nicht die geringste Ahnung, dass es Ihnen überhaupt eine Botschaft sendet.

Wenn Sie das zwei Wochen alte Baby schreien hören, erhalten Sie keine Mitteilung von ihm. Vielmehr *belauschen Sie zufällig* seine Unterhaltung ... mit sich selbst. Seine Schreie sind wie aufgeregte Beschwerden bei sich selbst: »Oh, Mann, bin ich hungrig.«, oder: »Mir ist ganz schön kalt.« Da Sie ganz in der Nähe sind, hören Sie sein Jammern und möchten liebevoll darauf reagieren: »Was ist los, Liebling? Du klingst aufgeregt.«

In einigen Monaten wird Ihr Baby herausfinden, dass sein Schreien Sie anlockt. Mit vier bis sechs Monaten entwickelt Ihr

Baby einen Wortschatz aus Gurr- und Klagelauten und Schreien, um bestimmte Bedürfnisse mitzuteilen. Zu diesem Zeitpunkt können Sie zum ersten Mal das Gefühl haben, dass Ihr Baby »unecht« schreit, um Sie herbeizurufen. Aber im Augenblick brauchen Sie nicht zu fürchten, dass es schlechte Gewohnheiten annimmt, wenn Sie auf sein Schreien reagieren. Sich nicht manipulativ zu verhalten ist eine wichtige Lektion, die Ihr Kind im zweiten Lebenshalbjahr lernen muss. Im Augenblick *soll* es lernen, dass Sie kommen, wenn es schreit. Immer wieder zu erfahren, dass Ihre Liebe und Unterstützung berechenbar und zuverlässig ist, ist *genau* das, was sein Vertrauen in Sie wachsen lässt.

Welche Gefühle das Schreien eines Babys bei Ihnen auslösen kann

> Und immer noch schrie Caroline, und Marthas Nerven vibrierten in einer starken Reaktion darauf, als ob das Kind durch unzählige unsichtbare Fasern mit ihrem Fleisch verbunden sei.
> Doris Lessing, *Eine richtige Ehe*

Ebenso wie Ihr Baby mit bestimmten automatischen, angeborenen Reflexen (wie dem Schreien) ausgestattet ist, haben auch Sie zahlreiche automatische, nicht unterdrückbare Gefühle für Ihr Baby. Wissenschaftler haben vor Jahren nachgewiesen, dass Erwachsene sich auf natürliche Weise von einem Babygesicht angezogen fühlen. Das herzförmige Gesicht eines Babys, die Stupsnase, die großen Augen und die runde Stirn wecken den Drang in Ihnen, es stundenlang zu herzen und zu küssen!

Sie haben spezielle Instinkte, mit deren Hilfe Sie unterscheiden können, ob Ihr Baby nur vor sich hin brabbelt oder Sie dringend braucht. Nicht nur Ihr Gehirn erhält die Botschaft, sondern auch Ihr Körper. Deshalb können Ihnen die Schreie Ihres Babys wirklich »unter die Haut gehen«. In Ihrem Nervensystem wird Alarmstufe Rot ausgelöst, während Ihr Herz zu rasen beginnt, Ihr Blutdruck steigt, Ihre Handflächen schwitzen und sich Ihr Magen wie eine Faust zusammenkrampft. Studien haben gezeigt, dass der durchdringende Schrei eines Babys das Nervensystem der Eltern durchzuckt wie ein Stromschlag.

Wie zu erwarten haben Wissenschaftler auch nachgewiesen, dass Eltern, die noch auf andere Weise belastet sind, beispielsweise durch Müdigkeit, Einsamkeit, Eheprobleme, finanzielle Schwierigkeiten, Hormonschwankungen, Probleme in der Familie oder mit Nachbarn oder andere schwere Formen von Stress, besonders in Gefahr sind, sich durch das Schreien ihres Babys völlig aus der Fassung bringen zu lassen.

Es ist nicht nur das *Geräusch* des Schreiens, das Ihren Wunsch zu helfen weckt, sondern auch das Aussehen Ihres Babys. Der Anblick seiner kleinen Fäuste, die in die Luft boxen, und sein offenbar schmerzverzerrtes Gesicht können Ihr Herz durchbohren wie ein Pfeil. Jede liebevolle Faser Ihres Körpers zwingt Sie, Ihr schreiendes Baby zu trösten. Dieser starke biologische Impuls ist *genau* der Grund dafür, dass es sich so falsch anfühlt, vor der Kinderzimmertür zu warten, bis das Baby von allein zu schreien aufhört.

Nicht nur Eltern reagieren auf das Schreien eines Babys. Auch alleinstehende Erwachsene und Kinder finden das Schreien eines Babys beunruhigend. Aber frisch gebackene Eltern, besonders solche, die keinerlei Erfahrung im Umgang mit Babys haben, empfinden das Schreien ihres Babys als außerordentlich beunruhigend.

Das Schreien Ihres Babys kann sogar vergessene emotionale Traumata aus Ihrer Vergangenheit wieder in Erinnerung rufen. Vielleicht erinnern Sie sich plötzlich an frühere Niederlagen oder Demütigungen, als jemand Sie unfair behandelt hat, als Sie kritisiert oder angegriffen wurden. Das Schreien kann Ihnen das Gefühl geben, dass Sie für eine frühere Missetat bestraft werden. Für manche Eltern ist dieses Gefühl von Hilflosigkeit so unerträglich, dass sie sich von ihrem Baby abwenden und die eigenen Bedürfnisse ignorieren. (Anhang B enthält einige Empfehlungen dazu, wie Sie diese schwierigen Tage durchstehen können.)

Natürlich versucht Ihr Baby nicht absichtlich, Schuld- oder Minderwertigkeitsgefühle bei Ihnen zu wecken. Während der ersten Lebensmonate sind seine Schreie *niemals – wirklich niemals* – manipulativ, böse, rücksichtslos oder abwertend. Dennoch können diese Gefühle in Ihnen hochkommen, wenn das Baby endlos weiterschreit.

»Sag Mami, was los ist«: Das Drei-Wort-Vokabular Ihres Babys

> Das erste Wort unseres kleinen Babys war nicht Mama oder Papa. Es klang mehr wie ... na ja, ein Rauchmelder! Sie heulte einfach los! Es machte uns Angst, weil wir nicht wussten, was genau sie uns sagen wollte.
>
> Marty und Debbie, Eltern der zwei Wochen alten Sarah Rose

Wenn Sie Ihr Baby aus dem Krankenhaus nach Hause bringen, klingt jeder Laut nach einem Problem und jeder Schrei wie ein dringender Alarm. Alle Eltern widmen sich der Befriedigung der Bedürfnisse ihres Neugeborenen, aber wissen Sie genau, was es Ihnen sagen will, wenn es schreit? Sollten Sie an der Art des Schreiens erkennen können, was Ihr Baby beunruhigt? Unterscheidet sich der »Ich bin müde«-Schrei eines vier Wochen alten Babys von seinem »Ich sterbe vor Hunger«-Gebrüll?

In manchen Babybüchern steht, dass man bei sorgfältiger Beobachtung am Schreien des Babys seine Botschaft erkennen kann. Aber die Studien, die von führenden Kolikforschern der Welt in den letzten vierzig Jahren durchgeführt wurden, haben uns gezeigt, dass das nicht wirklich stimmt.

In einer Studie, die 1990 an der Universität Connecticut durchgeführt wurde, hörten sich Mütter die auf Band aufgenommenen Schreie zweier Babys an. Bei dem einen handelte es sich um ein hungriges, vier Wochen altes Baby, bei dem anderen um ein Neugeborenes, das gerade beschnitten worden war. Sie wurden gefragt, ob die Babys hungrig, müde, zornig, erschrocken oder nass seien oder Schmerzen hätten. Nur fünfundzwanzig Prozent der Mütter erkannten das Schreien des nicht gefütterten Babys als Hungergeschrei (vierzig Prozent hielten es für Schreien aus Müdigkeit). Nur vierzig Prozent der Mütter identifizierten das Schreien des gerade beschnittenen Babys als Schmerzensschreie (dreißig Prozent hielten es für ein erschrecktes oder zorniges Schreien).

Vielleicht fragen Sie sich, ob diese Mütter das Schreien ihrer Babys besser verstehen würden, wenn sie mehr Erfahrung hätten. Die Erfahrung zeigt jedoch, dass auch dies nicht zutrifft. Finnische Forscher baten achtzig erfahrene Säuglingsschwestern, sich Bandaufnahmen von Babygeschrei anzuhören. Dazu waren Babys bei der Geburt, hungrige Babys und solche, die Schmerzen hatten oder vor Vergnügen gurgelten, aufgenommen worden. Überraschenderweise erkannten sogar diese Profis den wahren Grund für das Schreien nur in etwa fünfzig Prozent der Fälle – das ist kaum besser, als wenn man die Gründe nach dem Zufallsprinzip zugeordnet hätte.

Mit drei Monaten hat das Baby gelernt, viele verschiedene Laute von sich zu geben, sodass es leichter wird, einige Mitteilungen allein am Klang des Schreis zu erkennen. Aber bei der Geburt ist im kleinen Gehirn Ihres Babys einfach noch nicht genug Platz für ein ganzes Repertoire von Grunz- und Klagelauten. Deshalb geben die meisten Babys während der ersten Monate nur drei einfache, aber klar unterscheidbare Laute von sich: Wimmern, Schreien und schrilles Schreien.

♦ *Wimmern:* Dieses leise Jammern klingt eher nach einer Forderung als nach einer Klage – wie der Besuch eines Nachbarn, der etwas Zucker borgen möchte.

Das Drei-Wort-Vokabular Ihres Babys

- *Schreien:* Diese starke Lautäußerung fordert Ihre Aufmerksamkeit, so als ob Ihr Küchenwecker klingelt.
- *Schrilles Schreien:* Diese »Wortmeldung« ist ein durchdringendes Geheul, das Glas zerspringen lassen kann, so schrill und unerträglich wie eine Alarmanlage.

Wenn Sie gefragt würden, was die einzelnen Lautäußerungen bedeuten, würden Sie wahrscheinlich vermuten, dass Wimmern Ausdruck einer leichten Unzufriedenheit ist, wie beispielsweise bei Hunger oder beginnender Müdigkeit, während Schreien auf ein tieferes Unbehagen, wie beispielsweise großen Hunger oder Durst, hindeutet und schrilles Schreien ein Zeichen für Schmerzen, Angst, Zorn oder Ärger (wenn auf vorherige Schreie keine Reaktion erfolgte) ist.

Wenn Ihr Baby ein einfaches, relativ ruhiges Baby ist, sind Ihre Vermutungen wahrscheinlich zutreffend. In der Regel gilt Folgendes: Die Wahrscheinlichkeit, dass Ihr Baby Schmerzen hat oder sofort Hilfe braucht, ist umso größer, je intensiver und schriller seine Schreie sind und je schneller sie zu schrillem Schreien eskalieren.

Sie können die Treffgenauigkeit erhöhen, indem Sie ein paar optische Hinweise zu den Lautäußerungen Ihres Babys hinzunehmen:

- Öffnet das Baby den Mund und macht suchende Bewegungen? (Dies könnte auf Hunger hindeuten.)
- Gähnt es, reibt die Augen, bewegt den Kopf hin und her oder blickt unter halb geschlossenen Lidern hervor? (Dies könnte auf Müdigkeit hindeuten.)
- Scheint es absichtlich den Blick von Ihnen abzuwenden oder

bekommt es Schluckauf? (Das könnte auf Überstimulation hindeuten.)
♦ Verzieht es das Gesicht und versucht zu drücken? (Das könnte auf Verdauungsbeschwerden hindeuten.)

Kurz gesagt: Wenn ein *einfaches* Baby ein wenig unzufrieden ist, wimmert es wie ein Welpe vor der Tür. Sein Protest wird nur dann lauter, wenn es ignoriert wird oder wenn es sich sehr unbehaglich fühlt.

Die Bedürfnisse *unruhiger* Babys sind jedoch anhand des Schreiens allein oft nicht zu erkennen. Diese Kleinen besitzen – besonders wenn sie müde oder überreizt sind – nicht die Selbstbeherrschung, um geduldig ihr Drei-Wort-Vokabular durchzuarbeiten. Sie lassen das Wimmern und Schreien aus und verfallen sofort in schrilles Geschrei, was es unmöglich macht zu erkennen, ob sie ein dringendes Problem haben oder nicht. Diese Babys sind oft von ihrem eigenen Geschrei so irritiert, dass ein Schneeballeffekt eintritt und sie schließlich schreien, weil sie schreien! Die Blähungen oder das laute Geräusch, durch das das Schreien ursprünglich ausgelöst wurde, sind fast vergessen.

Selbst wenn Wissenschaftler das Schreien unruhiger Babys mit hochentwickelten akustischen Analysegeräten untersuchen, können sie keinen Unterschied zwischen Hungergeschrei, Schmerzensschreien, Schreien aus Überreizung oder Langeweile, Schreckensschreien oder Schreien vor Ungeduld erkennen. Diese Babys geben immer dasselbe schrille Einheitsgebrüll von sich – *unabhängig davon, was sie beunruhigt.*

Pam, Mutter zweier energiegeladener Jungen namens Matthew und Austin, berichtete mir, dass sie, als ihre Kinder noch Babys waren, manchmal mit ihrem Mann gescherzt habe, dass sie sich wie Rauchmelder anhörten. Sie sagte: »Wenn ein Rauchmelder anschlägt, kann man unmöglich erkennen, ob es sich um ein geringfügiges Problem (zum Beispiel verbrannten Toast) oder eine Katastrophe (das Haus steht in Flammen) handelt. So war es uns auch bei unseren Jungs unmöglich, an der Intensität ihres Schreiens zu erkennen, ob sie sehr krank waren oder nur einen Rülpser ankündigten.«

In den meisten Fällen wollen Ihnen selbst die schrillsten Schreie eines Babys nur mitteilen, dass es hungrig, nass oder einsam ist, und es wird sich beruhigen, sobald es bekommt, was es braucht. Was aber, wenn Ihr Baby weiterschreit, obwohl seine Windel trocken ist und Sie es auf dem Arm halten? Was passiert, wenn Sie *alles* versucht haben, und es hört trotzdem nicht auf zu schreien?

Das ist der Augenblick, in dem Eltern sich fragen, ob ihr Baby eine KOLIK hat.

3 Die gefürchteten Koliken: eine Krise für die ganze Familie

Wichtige Punkte:
- ♦ Was sind Koliken?
- ♦ Die zehn wichtigsten überlieferten Koliktheorien.
- ♦ Die Kolikanzeichen: zehn universelle Fakten zu Koliken.
- ♦ Die fünf wichtigsten Koliktheorien von heute.

Das Geräusch eines schreienden Babys ist nahezu das beunruhigendste, forderndste, aufwühlendste Geräusch, das wir hören können. Im Schreien des Babys gibt es weder Zukunft noch Vergangenheit, nur das Hier und Jetzt. Es gibt keine Besänftigung, keine Verhandlungen, keine Vernunft. Sheila Kitzinger, *Wenn mein Baby weint*

Waaaa ... waaaa ... waaaaaa ... WAAAAAAAAAAAAAAAAAAAA AAAAAA!!!!!!!!

Das englische Wort für Säugling, *infant*, kommt vom Lateinischen *infans* und bedeutet »nicht sprechend, stumm«. Aber viele Kolikbabys schreien so laut, dass ihre Eltern etwas wie »*mega*-fant« für eine treffendere Bezeichnung halten würden.

Zweifellos können Kolikbabys lauter und länger schreien als jeder Erwachsene. Wir würden nach fünf Minuten Schreien in voller Lautstärke vor Erschöpfung umfallen, aber diese kleinen Wonneproppen können schier endlos weitermachen – mit der Ausdauer des Energizer-Bunny.

Das Wort *Kolik* kommt vom griechischen *kolike (nosos)*, das so viel wie »Darmleiden« bedeutet. Im alten Griechenland glaubten Eltern, dass Babys wegen Bauchschmerzen schrien. (Blähungen können zwar einen Schreianfall auslösen, aber dieselben Babys können zu anderen Zeiten Blähungen und geräuschvolle Darmaktivitäten haben, ohne dass sie auch nur einen Pieps von sich geben. Mehr dazu in Kapitel 4.)

Alle Babys haben kurze Schreiphasen, die meist einige Minuten dauern und pro Tag insgesamt etwa eine halbe Stunde ausmachen. Diese Babys beruhigen sich, wenn sie gefüttert, hochgenommen oder herumgetragen werden. Kolikbabys dagegen können, mit kurzen Unterbrechungen, stundenlang brüllen, wenn sie erst einmal damit angefangen haben.

Woran erkennen Sie, dass Ihr Baby Koliken hat?

1982 bat Dr. T. Berry Brazelton 82 junge Mütter aufzuzeichnen, wie oft ihre normalen, gesunden Babys während der ersten drei Lebensmonate pro Tag schrien.

Die Ergebnisse dieser Untersuchung sind in der nachfolgenden Abbildung dargestellt. Bei der Auswertung der Ergebnisse stellte Dr. Brazelton fest, dass 25 Prozent der Babys im Alter von zwei Wochen pro Tag mehr als zwei Stunden lang schrien. Mit sechs Wochen schrien 25 Prozent mehr als drei

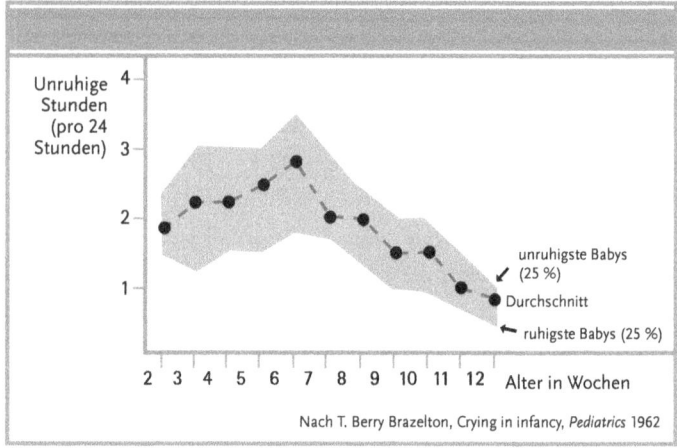

Nach T. Berry Brazelton, Crying in infancy, *Pediatrics* 1962

Stunden am Tag. Beruhigenderweise stellte sich heraus, dass mit drei Monaten fast alle diese unruhige Phase überwunden hatten und nur noch wenige mehr als eine Stunde pro Tag schrien. (Die Neigung zu anhaltendem Schreien verliert sich normalerweise nach drei Monaten, weshalb manche Ärzte von der »Drei-Monats-Kolik« sprechen.)

Wenn ein Baby wegen Schreianfällen zu mir gebracht wird, frage ich zunächst nach der Familiengeschichte der Eltern, nach der Geburt des Babys, Ernährungsgewohnheiten und allgemeinem Verhalten. Anschließend untersuche ich das Baby, um sicherzugehen, dass es gesund ist und gedeiht. Sobald ich mir sicher bin, dass keine gesundheitliche Störung vorliegt, überlege ich, ob das Schreimuster der »Dreierregel« der von Dr. Morris Wessel, einem Kinderarzt aus Connecticut, formulierten formalen medizinischen Definition von Koliken entspricht.

Die »Dreierregel« besagt, dass ein Kind Koliken hat, wenn es mindestens drei Wochen hintereinander ... an drei Tagen pro Woche ... drei Stunden pro Tag schreit.

Manche Ärzte sprechen auch dann von Kolikbabys, wenn die »Dreierregel« nicht zutrifft, sie aber dennoch häufig unkontrolliert und ohne erkennbaren Grund schreien.

Manche Eltern in meiner Praxis denken ebenfalls, dass die »Dreierregel« korrigiert werden sollte. Ihrer Meinung nach sollte die Definition von »Koliken« in Wirklichkeit so lauten: Ein Baby hat Koliken, wenn seine arme Mama drei Kindermädchen, drei Margaritas und ... sechs Hände braucht! (Na ja, keine Regel ohne Ausnahme!)

Ich werde oft von Eltern gefragt, ob man vorhersagen kann, welche Babys Koliken bekommen werden. Viele Ärzte haben zwar versucht, ein Muster zu finden, aber es gibt keinen eindeutigen Zusammenhang zwischen Koliken und dem Geschlecht, der Geburtsreife, der Position innerhalb der Geschwisterfolge eines Babys oder Alter, Einkommen und Bildung der Eltern. Koliken können jeden treffen. Es ist wirklich ein elterlicher Albtraum mit voller Chancengleichheit!

Was ist die wahre Ursache von Koliken?

In neun von zehn Fällen glauben Eltern von Kolikbabys, dass ihr Kind an irgendeiner Art von Schmerzen leidet. Das scheint eine nahe liegende Vermutung zu sein, da Kolikbabys
♦ durch Füttern und Herumtragen keine Erleichterung finden,
♦ sich oft winden und ächzen,

- sehr abrupt anfangen und aufhören zu schreien,
- schrill schreien wie in Situationen, in denen sie Schmerzen haben (beispielsweise nach einer Injektion).

An Schmerzen dachte auch Sherry, als sie mit ihrem Baby wegen lang anhaltender Schreianfälle zu mir kam.

Charlie, ein robustes zwei Monate altes Baby, zeigte bei der Untersuchung keine Auffälligkeiten. Das überraschte seine Mutter, die davon überzeugt war, dass seine täglichen Schreianfälle auf Schmerzen zurückzuführen sein mussten. Als ich sie fragte, wie sie so sicher sein konnte, gestand sie verlegen, dass sie Charlie einmal versehentlich den Telefonhörer gegen den Kopf geschlagen hatte. Sie berichtete: »Als das passierte, fiel mir auf, dass sein Schreien nach dem Schlag genauso klang wie sein normaler nachmittäglicher Schreianfall. Für mich war das der Beweis dafür, dass er die ganze Zeit Schmerzen gehabt hatte.«

Hatte Sherry recht? Wurde Charlies Schreien durch Schmerzen verursacht? Oder hatte sie die Situation falsch interpretiert? Wie Sie sich vorstellen können, haben Eltern schreiender Babys seit undenklichen Zeiten das Brüllen ihres Kindes analysiert und eine Erklärung dafür zu finden versucht, weshalb ihr zufriedenes kleines Baby manchmal plötzlich zu einem der unglücklichsten Geschöpfe weit und breit »mutiert«.

Der »böse Blick« (und andere Theorien): Wie unsere Vorfahren Koliken bei Babys erklärten

> Bevor ich heiratete, hatte ich sechs Theorien
> darüber, wie man Kinder großzieht. Jetzt habe
> ich sechs Kinder und keine Theorien mehr.
> John Wilmot

Es ist noch gar nicht so lange her, dass man glaubte, Blutegel könnten Krankheiten heilen und Babys kämen blind zur Welt. Ebenso stellten unsere Vorfahren zahlreiche Vermutungen darüber an, weshalb manche Babys so viel weinen. Wer das Schreien eines Steinzeitbabys zu entschlüsseln versuchte, war vielleicht mit der ersten Multiple-Choice-Frage in der Geschichte konfrontiert. Ihr Höhlenbaby schreit, weil es

- hungrig ist,
- friert,
- ein frisches Lendentuch braucht,
- von einer Hexe verzaubert wurde.

Im Lauf der Jahrhunderte kamen wilde Theorien über die Ursachen anhaltenden Schreiens auf. Hier einige davon. Die zehn wichtigsten überlieferten Koliktheorien:

1. Jemand, der die Mutter nicht mag, hat das Baby mit dem »bösen Blick« verhext.
2. Das Baby hat sich erkältet.
3. Der Geist des Babys ist unglücklich, weil sein Vater die Vaterschaft bestreitet.
4. Das Baby ist vom Teufel besessen.

5. Das Baby kommuniziert mit den Geistern ungeborener Babys.
6. Tagsüber dürfen Erwachsene Krach machen, nachts sind die Babys an der Reihe.
7. Das Schreien des Babys ist eine Strafe für die Ursünde von Adam und Eva.
8. Die Muttermilch ist zu dünn.
9. Die Muttermilch ist zu reichhaltig.
10. Ein Trauma während der Schwangerschaft hat das Baby ängstlich werden lassen.

Selbst Shakespeare hat sich zu der Frage geäußert, weshalb Babys schreien. In *König Lear* mutmaßt er: *Wenn wir geboren werden, schreien wir, weil wir auf diese Bühne voller Narren kommen.* Babys sind zwar erstaunliche Geschöpfe, aber ich fürchte, dass Shakespeare ihnen da doch etwas zu viel zutraut.

Der Mythos vom »Dampfablassen«

> Schreien ist für die Lunge so gut wie Bluten für die Venen!
> Lee Salk

Eltern haben früh bemerkt, dass unruhige Kinder sich irgendwann in den Schlaf brüllen. Einige Fachleute haben die Vermutung geäußert, dass diese Babys schreien müssen, um ihre Lungen zu trainieren oder die Anspannung des Tages loszuwerden, bevor sie sich dem Schlaf hingeben.

Dem kann ich überhaupt nicht zustimmen. Die Vorstellung,

dass Schreien gut für Babys ist, ist sowohl vom biologischen als auch vom evolutionären Standpunkt aus unlogisch. Zum einen sind die Lungen ruhiger Babys ebenso gesund und kräftig wie die von Kolikbabys. Zum anderen hätten sich Kolikbabys in grauer Vorzeit selbst in Gefahr gebracht. Ihr Geschrei hätte Feinde zum Versteck ihrer Familie locken können. Und es hätte ihre Neandertal-Eltern so in Rage bringen können, dass sie es hätten im Stich lassen, misshandeln oder gar töten können. Nun, ich gebe zu ...

- dass Babys nach einem aufregenden Tag »aufgedreht« sein können,
- dass manche Babys die besten Beruhigungsversuche ihrer Eltern ignorieren,
- dass schreiende Babys irgendwann aus schierer Erschöpfung einschlafen.

Aber Ihr Baby ist kein kleiner Dampfkochtopf, der vor dem Abkühlen etwas »Dampf ablassen« muss. Ihr Baby schreien zu lassen, ist genauso sinnvoll, wie die Alarmanlage Ihres Autos zu ignorieren und darauf zu warten, dass die Batterie leer wird.

Vielleicht denken Sie jetzt, dass Sie sich manchmal tatsächlich besser fühlen, nachdem Sie sich ausgeweint haben. Das stimmt natürlich, aber während Erwachsene vielleicht minutenlang schluchzen, können Kolikbabys stundenlang brüllen!

Ich glaube, dass Eltern, die ihre Babys bis zum Zusammenbruch brüllen lassen, es nur aus Verzweiflung und Erschöpfung tun. Es ist ein letzter Ausweg, der jedem elterlichen Instinkt zuwiderläuft. Führt er dazu, dass das Schreien aufhört? Ja. Aber die Frage ist, ob Ihr Baby lernen soll, diese Unsicherheit (manchmal reagieren Sie auf sein Schreien, manchmal nicht) von Ihnen zu erwarten. Die meisten Eltern beantworten diese Frage mit einem klaren Nein.

Alle Babyexperten sind sich darin einig, dass es für unsere Kinder am besten ist, wenn wir *immer gleich* reagieren. Sie wissen selbst, wie frustrierend es sein kann, wenn Sie Ihr Baby an manchen Tagen beruhigen können, aber an anderen Tagen gar nichts funktioniert. Nun, genauso fühlt es sich für Ihr Baby an, wenn sein Schreien morgens eine schnelle Belohnung in Form von Berührungen und warmer Milch bringt, aber nachmittags ignoriert wird.

Ist es überhaupt jemals in Ordnung, Ihr Baby brüllen zu lassen? Ich glaube nicht, dass es eine Tragödie ist, wenn Ihr Kleines zehn Minuten schreit, während Sie im Bad sind oder das Abendessen zubereiten. Die Liebe und Zuwendung, die Sie ihm den ganzen Tag gegeben haben, wiegen diese vorübergehende Frustration mit Leichtigkeit auf. Aber unzufriedene Babys sind nicht wie Kleinkinder. Wenn Ihre Zweijährige schreit, weil sie an Ihren Ohrringen ziehen will, müssen Sie sie vielleicht schreien lassen, damit sie lernt, dass Sie es auch so meinen, wenn Sie »Nein!« sagen. Es wird eine Zeit kommen, in der Lektionen und Disziplin wichtig, ja, sogar lebensrettend sein können. Aber Sie sind viel zu früh dran, wenn Sie glauben, Ihrem zwei Monate alten Baby Disziplin beibringen zu müssen!

Während der ersten Lebensmonate sollten Sie Ihr Baby immer trösten, wenn es schreit. Babys schreien nur, wenn ihnen etwas Unbehagen verursacht, und es ist unsere Pflicht herauszufinden, was sie brauchen und wie wir es ihnen geben können.

Die Kolikanzeichen:
Zehn allgemeine Fakten zu Koliken

Um verstehen zu können, wodurch Koliken verursacht werden, müssen wir uns erst einmal darüber einig werden, was damit gemeint ist. Forscher auf der ganzen Welt, die sich mit Babys befassen, haben zehn grundlegende Merkmale von Koliken und Kolikbabys herausgearbeitet:

1. Die Schreianfälle fangen meist im Alter von zwei Wochen an, erreichen mit sechs Wochen ihren Höhepunkt und enden mit drei bis vier Monaten.
2. Frühgeborene sind nicht anfälliger für Koliken als Babys, die voll ausgetragen wurden. (Und ihre Koliken fangen erst etwa zwei Wochen nach dem errechneten Geburtstermin an.)
3. Kolikbabys haben ein verzerrtes Gesicht und schreien durchdringend, als ob sie Schmerzen hätten. Oft verlaufen die Schreianfälle in Wellen (wie Krämpfe) und enden abrupt.
4. Das Schreien beginnt oft während des Fütterns oder kurz danach.
5. Sie krümmen sich oft, pressen und scheinen Erleichterung zu spüren, wenn Blähungen abgehen oder sie Stuhlgang haben.
6. Koliken sind in den Abendstunden oft viel schlimmer.
7. Die Wahrscheinlichkeit, dass bei einem Baby Koliken auftreten, ist beim fünften Kind eines Paares genauso hoch wie beim ersten.
8. Die Schreianfälle werden durch Wiegen, Im-Arm-Halten, Schhhh-Laute und leichten Druck auf den Bauch oft gelindert.

9. Die Babys sind zwischen den Schreianfällen gesund und zufrieden.
10. In vielen Kulturen auf der Welt bekommen Babys nie Koliken.

Als die Wissenschaftler die Kolikanzeichen ermittelt hatten, verglichen sie sie mit verbreiteten Koliktheorien, um herauszufinden, welche davon die Kolik am besten erklärte. Die Forscher schlossen viele abwegige Vorstellungen sofort aus. Übrig blieben die fünf wichtigsten Koliktheorien von heute:

1. *Leichte Verdauungsprobleme* – die Babys fühlen sich wegen leichter Verdauungsprobleme (wie Blähungen, Verstopfung, Krämpfen) sehr unbehaglich.
2. *Starke Verdauungsprobleme* – die Babys haben wegen echter Erkrankungen des Verdauungstrakts (wie Nahrungsmittelunverträglichkeiten oder Rückfluss von Magensaft) heftige Schmerzen.
3. *Angst der Mütter* – die Babys schreien wegen Angstgefühlen, die ihre Mütter auf sie übertragen.
4. *Unreife des Gehirns* – die Unreife des Nervensystems führt dazu, dass sich das Baby von seinen Sinneseindrücken überwältigt fühlt und schreit.
5. *Schwieriges Temperament* – das heftige oder zu sensible Temperament eines Babys führt dazu, dass es auch auf kleinere Störungen mit schrillem Schreien reagiert.

Jede der Theorien hat ihre Anhänger, aber ist irgendeine davon die wahre Ursache der Koliken? Kann eine Theorie alle zehn allgemeinen Merkmale der Drei-Monats-Koliken erklären?

4 Die fünf wichtigsten Koliktheorien und weshalb sie nicht zutreffen

Wichtige Punkte:
- Blähungen, Verstopfung und überaktive Eingeweide: Weshalb diese leichten Verdauungsprobleme nicht die Ursache heftiger Schreianfälle sind.
- Nahrungsunverträglichkeiten und Rückfluss von Magensaft: Weshalb diese schweren Verdauungsprobleme selten die Ursache heftiger Schreianfälle sind.
- Weshalb mütterliche Ängste nicht die Ursache der Koliken sind.
- In welcher Hinsicht das Gehirn eines Babys unreif ist und weshalb das nicht die Erklärung für unkontrollierbares Schreien sein kann.
- Was unter einem schwierigen Temperament zu verstehen ist und weshalb es nicht das Auftreten von Koliken erklärt.

Theorie Nr. 1: Verursachen leichte Verdauungsprobleme Koliken?

Jahrtausendelang hatten Eltern »das Gefühl«, dass ihre Babys wegen heftiger Bauchschmerzen schrien. Die drei Probleme, die hauptsächlich im Verdacht standen, Koliken zu verursachen, waren Blähungen, Verstopfung und »überaktive« Einge-

Aufstoßen wie die Weltmeister

Babys schlucken beim Trinken oft Luft. Hier einige Tipps, wie Sie Ihrem Baby dabei helfen können, weniger Luft zu verschlucken und die verschluckte Luft wieder loszuwerden:

1. Ihr Baby sollte nicht flach auf dem Rücken liegen, während es gefüttert wird. (Stellen Sie sich vor, wie schwierig es für Sie wäre, im Liegen zu trinken, ohne viel Luft zu schlucken.)
2. Wenn Ihr Baby beim Trinken viele Geräusche macht, unterbrechen Sie die Mahlzeit oft und lassen Sie es aufstoßen.
3. Setzen Sie Ihr Baby vor dem Aufstoßen in Ihre rechte Hand, und halten Sie die linke Hand unter sein Kinn. Lassen Sie es ein paarmal »auf und ab hüpfen«. Dadurch steigen die Luftblasen im Magen nach oben, was das Aufstoßen erleichtert. (Keine Sorge, es wird deswegen nicht spucken.)
4. Die beste Aufstoßposition: Setzen Sie sich mit Ihrem Baby auf dem Schoß hin. Sein Kinn sollte bequem in Ihrer Hand liegen. (Ich lasse Babys nie über meiner Schulter aufstoßen, weil sonst das, was sie ausspucken, direkt über meinen Rücken fließt.)

Neigen Sie es jetzt nach vorn, sodass es ein wenig gebeugt ist. Geben Sie ihm zehn bis zwanzig kräftige Klapse auf den Rücken. Der Magen eines Babys ist wie ein Glas Mineralwasser – mit kleinen Luftbläschen an den Seiten. Also klopfen Sie ihm auf den Rücken wie auf eine Trommel, um diese Bläschen zu lösen.

weide. Sehen wir sie uns einzeln an, und dann möchte ich erklären, weshalb keine dieser Störungen die wahre Ursache der Koliken ist.

Schreien Babys wegen »Darmgasen«, oder ist das einfach nur heiße Luft?

Bei den meisten Babys bilden sich Darmgase, und zwar ziemlich oft. Sicher haben Sie schon mehrmals am Tage eindrucksvolle Rülps-, Pups- und Grunzdarbietungen erlebt. Viele Eltern sind davon überzeugt, dass dieses Rumoren in den Eingeweiden die Ursache des Schreiens ist.

Eltern, die glauben, dass Koliken ein Blähungsproblem sind, haben zwei starke Verbündete: Großmütter und Ärzte. Generationen von Großmüttern haben jungen Müttern geraten, die Koliken ihrer Babys durch Meiden blähender Lebensmittel, gutes Aufstoßen und Einflößen darmberuhigender Tees zu behandeln. Jahrzehntelang haben Ärzte Müttern empfohlen, ihre eigene Ernährung oder die des Babys umzustellen oder das Aufstoßen fördernde Tropfen zu verabreichen, um die Darmgasbildung zu reduzieren.

Aber bei allem Respekt vor Großmüttern und Ärzten: Unruhige Babys haben nicht mehr Gas in ihren Eingeweiden als ruhige. 1954 verglich Englands renommiertester Kinderarzt, Dr. Ronald Illingworth, die Röntgenaufnahmen der Mägen »normaler« Babys mit denen von Kolikbabys und fand *keinen* Unterschied hinsichtlich der Gasmenge bei ruhigen Babys und bei unzufriedenen Babys auf dem Höhepunkt eines Schreianfalls. Außerdem haben wissenschaftliche Experimente wiederholt gezeigt, dass Tropfen, die das Aufstoßen fördern sollen, für schreiende Babys nicht hilfreicher sind als pures Wasser. Das Gas in Babyeingeweiden scheint in erster Linie auf verdaute Nahrung zurückzuführen zu sein.

Aa-Probleme: Kann Verstopfung zu Schreianfällen führen?

Manche Eltern befürchten, dass die Koliken ihres Babys durch Verstopfung verursacht sein könnten. Babys, die sich bemühen, ihren Darm zu entleeren, können aussehen, als ob sie an einem Ringkampf teilnehmen. Aber Verstopfung ist eigentlich gleichbedeutend mit hartem Stuhl, und nur wenige, unruhige, mit Fertigmilchprodukten ernährte Babys leiden daran. Die meisten haben weichen oder sogar flüssigen Stuhl, obwohl sie stöhnen und sich winden.

Warum müssen sich Babys beim Stuhlgang so anstrengen, auch wenn sie keine Verstopfung haben?

1. Zur Darmentleerung müssen Babys gleichzeitig den Bauch anspannen und den Anus locker lassen. Das kann für ein kleines Baby schwierig sein. Manche spannen versehentlich beide Körperregionen gleichzeitig an und versuchen, den Stuhl durch einen geschlossenen Anus zu pressen.
2. Sie liegen flach auf dem Rücken. Stellen Sie sich einmal vor, wie schwer es Ihnen fallen würde, in dieser Position Stuhlgang zu haben!

Babys grunzen beim Stuhlgang und schneiden Grimassen, weil es so anstrengend für sie ist, diese beiden Schwierigkeiten zu bewältigen, *nicht* weil sie Schmerzen haben! (Näheres zu Verstopfung bei Babys finden Sie in Kapitel 14.)

Von schwarzem Teer zu Rührei:
Wie sieht normaler Babystuhl aus?

Die wenigsten frisch gebackenen Eltern sind darauf vorbereitet, wie merkwürdig Babystuhl aussehen kann. Es fängt mit einem nahezu außerirdischen Stuhl an, dem Kindspech oder Mekonium. (Robin Williams hat seine teerige Beschaffenheit als eine Mischung aus Klettmaterial und Giftmüll beschrieben!) Innerhalb weniger Tage geht seine schwarzgrüne Farbe in Hellgrün und schließlich in helles Senfgelb mit samenartiger Struktur über. (Die »Samen« sind winzige Milchklümpchen.)

Bei Stillbabys nimmt der Stuhl, der vier- bis zwölfmal am Tag ausgeschieden wird, die Beschaffenheit von flüssigem Rührei an. Im Lauf von ein oder zwei Monaten wird der Stuhl allmählich dicker, wie Haferbrei, und kommt nur noch einmal pro Tag oder seltener. (Die längste Zeitspanne ohne Stuhlgang, die ich je bei einem gesunden Stillbaby erlebt habe, waren 21 Tage. Falls Ihr Baby allerdings länger als drei Tage keinen Stuhlgang hat, sollten Sie sich an Ihren Kinderarzt wenden, um sicherzugehen, dass alles in Ordnung ist.)

Bei Babys, die mit der Flasche ernährt werden, kann der Stuhl in den ersten Wochen weich, tonartig oder hart sein. Die Beschaffenheit des Stuhls kann von der speziellen Art der Flaschennahrung abhängen. Manche Babys bekommen von Flaschennahrung auf Kuhmilchbasis Verstopfung, während bei anderen die Verdauung bei Sojaprodukten zum Erliegen kommt. Für manche macht es sogar einen Unterschied, ob die Fertignahrung aus Pulver oder Konzentrat besteht.

»Überaktive« Eingeweide:
Schreien, Krämpfe und der gastrokolische Reflex

Jammert Ihr Baby und krümmt sich zusammen, sobald Sie angefangen haben, es zu füttern? Dieses Krümmen und Ächzen mag nach Verdauungsproblemen aussehen, aber es ist normalerweise nur eine Überreaktion auf einen *normalen* Eingeweidereflex, den so genannten gastrokolischen Reflex (wörtlich: Magen-Dickdarm-Reflex).

Mithilfe dieses wertvollen Reflexes sagt der Magen dem Darm: »Es ist Zeit, für das neue Essen Platz zu machen!« Wenn Sie bemerkt haben, dass Ihr Baby während oder nach der Mahlzeit Stuhlgang hat, kennen Sie jetzt den Grund dafür.

Die meisten Babys nehmen diesen Reflex nicht wahr. Andere fühlen nach einer üppigen Mahlzeit oder wenn sie am Ende

> **Wie die Verdauung Ihres Babys funktioniert**
>
> Das Verdauungssystem eines Babys ist mit einem langen Fließband vergleichbar. Am einen Ende wird fünf- bis achtmal pro Tag Milch eingefüllt. Sie wird schnell zum Magen und dann langsam durch die Gedärme befördert, wo sie verdaut und aufgenommen wird. Was nicht aufgenommen wird, wird zu Kot und vorübergehend im Dickdarm zwischengelagert.
>
> Zu Beginn der nächsten Mahlzeit schickt der Magen den unteren Darmabschnitten eine Botschaft mit der Aufforderung, sich zusammenzuziehen. Durch das Zusammenziehen wird der Kot hinausgepresst, sodass für die nächste Ladung Nahrung Platz geschaffen wird. Diese Aufforderung ist der gastrokolische Reflex.

des Tages müde sind, einen leichten Krampf. Aber für ein paar wenige Babys fühlt sich dieses Zusammenziehen des Darms wie ein Boxhieb in den Bauch an! Sie krümmen sich, als ob sie furchtbare Schmerzen hätten.

Wie man sich vorstellen kann, kann der gastrokolische Reflex noch unangenehmer sein, wenn Ihr Baby Verstopfung und der Dickdarm Mühe hat, festen Stuhl hinauszubefördern. Allerdings haben die meisten Babys, die wegen dieses Reflexes schreien, weichen Stuhl. Sie weinen, weil sie besonders empfindlich auf diese merkwürdige Empfindung reagieren.

Weshalb leichte Verdauungsprobleme nicht die wahre Ursache von Koliken sein können

> Nicht das, was wir nicht wissen, bringt uns am meisten in Schwierigkeiten, sondern das, was wir wissen ... und das einfach nicht so ist, wie wir gedacht haben! Josh Billings, *Everybody's Friend*, 1874

Obwohl viele Leute glauben, dass Blähungen Koliken verursachen, lassen sich damit und mit den anderen leichten Verdauungsproblemen die schrecklichen Schreianfälle aus folgenden Gründen nicht erklären:

- ♦ Die meisten Kolikbabys stoßen viele Male am Tag auf und lassen Winde abgehen, ohne auch nur zu wimmern.
- ♦ Erwachsene krümmen sich zusammen, wenn sie Bauchschmerzen haben, aber Babys nehmen diese Embryonalhaltung *immer* ein, wenn sie sich unbehaglich fühlen, was immer auch der Grund dafür sein mag.
- ♦ Viele Babys schreien auch dann schrill, wenn sie nur ein leichtes Unbehagen verspüren.

> **Krampflösende Arzneien: Ruhigstellung für Babys**
>
> Von den 50er bis zu den 80er Jahren wurden Eltern von Ärzten mit Millionen von Rezepten für krampflösende Medikamente ausgerüstet, die zugleich auch eine sedierende Wirkung hatten.
> Von allen krampflösenden Medikamenten, die bei Drei-Monats-Koliken empfohlen wurden, war Bentyl das weitaus beliebteste. Aber es erwies sich auch als das gefährlichste. 1985 stellten die Ärzte entsetzt fest, dass eine Reihe damit behandelter Babys Krampfanfälle bekamen, ins Koma fielen und sogar starben.
> Im Nachhinein lässt sich sagen, dass die krampflösenden Medikamente wahrscheinlich *nicht* wegen irgendeiner Wirkung auf die Eingeweide, sondern wegen ihrer sedierenden Nebenwirkung funktionierten.

Mit leichten Verdauungsproblemen lassen sich auch fünf der zehn allgemeinen Merkmale von Koliken und Kolikbabys nicht erklären:

- *Die Schreianfälle fangen meist im Alter von zwei Wochen an, erreichen mit sechs Wochen ihren Höhepunkt und enden mit drei bis vier Monaten.* Weder Blähungen noch der gastrokolische Reflex passen zu diesem Kolikanzeichen, da beides von Geburt an (bevor die ersten Koliken auftreten) vorhanden ist und weit länger als drei Monate (wenn die Koliken enden) anhält.
- *Die Koliken von Frühgeborenen fangen erst etwa zwei Wochen nach dem errechneten Geburtstermin an.* Bei Frühgeborenen sind viel Darmgas und ein starker gastrokolischer Reflex vorhanden. Wenn diese Empfindungen wirklich die Schreian-

fälle verursachen würden, würde das Schreien bei Frühgeborenen sofort anfangen, nicht erst nach Monaten.

- *Koliken sind in den Abendstunden oft viel schlimmer.* Babys haben 24 Stunden lang Stuhlgang und Darmrumoren. Wenn dies also die Ursache für Koliken wäre, wäre das Schreien morgens genauso häufig wie abends.
- *Die Schreianfälle werden durch Wiegen, Im-Arm-Halten, Schhhh-Laute und leichten Druck auf den Bauch oft gelindert.* Es ergibt keinen Sinn, dass Wiegen, strammes Einwickeln oder Schhhh-Laute starke Bauchschmerzen lindern sollten.
- *In vielen Kulturen auf der Welt bekommen Babys nie Koliken.* Alle Babys auf der Welt haben leichte Verdauungsprobleme. Warum sollte es Kulturen geben, in denen anhaltendes Schreien praktisch nicht vorkommt, wenn sie der Grund für Koliken wären?

Theorie Nr. 2: Verursachen starke Verdauungsprobleme Koliken?

Während der letzten dreißig Jahre haben Wissenschaftler mehrere neue Erkrankungen entdeckt, die bei Erwachsenen zu Bauchschmerzen führen. Ich bezeichne diese Störungen als »schwere Verdauungsprobleme«, weil es sich dabei um echte Erkrankungen, nicht nur um Schluckauf und Blähungen handelt.

Wenn eine neue Erkrankung entdeckt wurde, überlegten Kinderärzte, ob sie auch bei Babys auftreten und die Ursache für das untröstliche Schreien so vieler unserer Babys sein könnte. Zwei dieser schweren Verdauungsprobleme sind als mögliche Erklärungen für das Rätsel der Drei-Monats-Koliken in Betracht gezogen worden: Nahrungsmittelunverträglichkeiten und Rückfluss von Magensaft.

Nahrungsmittelunverträglichkeit – Warnung!
Manche Nahrungsmittel können das Lächeln
Ihres Babys gefährden
Wenn Sie stillen, hat man Ihnen vielleicht geraten, zu heiße, zu kalte, zu starke und zu schwache Nahrungsmittel sowie Gewürze, Milchprodukte, säurehaltige Früchte und »blähende« Gemüse zu meiden.

Ebenso wird Müttern von Kolikbabys, die mit der Flasche ernährt werden, empfohlen, auf eine Fertignahrung umzustellen, die bestimmte Inhaltsstoffe nicht enthält.

Im Lauf der Jahre haben Fachleute drei mögliche ernährungsbedingte Ursachen für Schreianfälle bei Babys näher untersucht: Verdauungsstörungen, Allergien und Stimulierung durch Stoffe wie Koffein.

Verdauungsstörungen:
Sind Knoblauch und Zwiebeln riskant
oder die Würze des Lebens?
Auf Knoblauch, Zwiebeln und Bohnen zu verzichten, scheint den meisten Menschen vernünftig zu sein. Diese Nahrungsmittel können bei *uns* Blähungen verursachen. Aber weshalb können stillende Mütter in Mexiko *frijoles* (Bohnen) und in Korea *kim chee* (mit Knoblauch eingelegten Kohl) essen, ohne dass ihre Babys auch nur einen Pieps von sich geben, wo doch blä-

hende Nahrungsmittel bei Babys Verdauungsbeschwerden verursachen?

Ich halte es dennoch für ratsam, einige Tage auf »problematische« Nahrungsmittel (wie Zitrusfrüchte, Erdbeeren, Tomaten, Bohnen, Weißkohl, Brokkoli, Blumenkohl, Rosenkohl, Paprika, Zwiebeln und Knoblauch) zu verzichten, um herauszufinden, ob das Baby dann weniger schreit. Meiner Erfahrung nach hat es jedoch nur bei einer Handvoll Babys positive Auswirkungen, wenn diese Nahrungsmittel weggelassen werden. Studien haben sogar gezeigt, dass Babys gern eine große Auswahl von Geschmacksrichtungen kosten. Seien Sie also nicht überrascht, wenn Ihr Baby *noch herzhafter* an Ihrer Brust saugt, nachdem Sie gerade eine mit Knoblauch gewürzte Lasagne verzehrt haben!

Nahrungsmittelallergien:
Warum können Babys mit Allergien nicht
einfach niesen, statt zu schreien?

Allergien sind Teil unseres Immunsystems. Sie schützen uns vor unbekannten Proteinen (wie eingeatmeten Pollen oder Hautschuppen von Katzen), die in unseren Körper einzudringen versuchen.

Im Allgemeinen niest man bei einer allergischen Reaktion, weil der Kampf zwischen den Allergenen und dem Körper typischerweise in der Nase stattfindet. Bei Babys wird der Kampf zwischen dem Immunsystem und den Fremdproteinen jedoch meistens in den Eingeweiden ausgetragen. Der Darm Ihres Babys ist noch nicht voll entwickelt. Die unreife Darmschleimhaut ermöglicht großen, Allergien auslösenden Molekülen den Eintritt in den Blutstrom – wie Fliegen, die durch ein zerrissenes Insektengitter eindringen. Im Lauf des ersten Lebensjahres entwickelt sich die Darmschleimhaut Ihres Babys zu einem viel besseren Schutzwall gegen eindringende Proteine.

Viele Jahre lang haben Ärzte geglaubt, Babys könnten gegen die Milch ihrer eigenen Mütter allergisch sein. 1983 bewiesen schwedische Ärzte, dass dies unmöglich ist. Sie wiesen nach, dass Babys, deren Koliken besser wurden, nachdem sie keine Muttermilch mehr erhielten, nicht auf die Muttermilch, sondern auf Spuren von Kuhmilch, die über die Darmschleimhaut der Mutter in ihre Milch gelangt waren, empfindlich reagiert hatten.

Bitte machen Sie sich nicht zu viele Gedanken darüber, dass Ihre Ernährung Ihrem Kind Probleme bereiten könnte. In der Regel entwickeln Babys selten Allergien gegen Nahrungsmittel, die ihre Mütter zu sich nehmen. Die zwei wichtigsten Ausnahmen von dieser Regel sind jedoch Kuhmilch (der Spitzenreiter unter den Babyallergien), dicht gefolgt von Sojamilch. (Etwa zehn Prozent der Babys, die allergisch gegen Kuhmilch sind, sind auch gegen Sojamilch allergisch.)

Ich erkläre meinen Patientenmüttern, dass eine allergische Reaktion mancher Babys auf Kuhmilch eigentlich keine Überraschung sein dürfte. Schließlich wird dieses Nahrungsmittel von Kühen liebevoll für ihren eigenen Nachwuchs hergestellt. Es war nie als Nahrung für unsere kleinen Schreihälse gedacht.

Kuhmilchprotein geht innerhalb von Minuten nach dem Genuss eines Glases Milch in Ihre Muttermilch über. Etwa acht bis zwölf Stunden später erreicht es den Spitzenwert, und nach 24 bis 36 Stunden ist es in der Muttermilch nicht mehr vorhanden. Glücklicherweise haben die meisten Babys kein Problem damit, diese winzigen Mengen Milchprotein zu tolerieren. Empfindliche Babys jedoch beginnen innerhalb von zwei bis 36 Stunden nach dem Verzehr darauf zu reagieren.

Babys, die gegen Kuhmilch allergisch sind, können (neben heftigem Schreien) an einer Reihe lästiger Symptome leiden. Ich hatte kleine Patienten, bei denen die Kuhmilchallergie zu Hautausschlägen, verstopfter Nase, Atembeschwerden, Erbrechen und wässrigem Stuhl führte. Bei einigen meiner Patienten war der Darm durch Allergien so gereizt, dass dem Stuhl blutiger Schleim beigemischt war. Obwohl Blut in der Windel Ihres Babys normalerweise Ihren Herzschlag beschleunigt, ist es meistens nicht Besorgnis erregender, als wenn Sie beim Schnäuzen Blut in Ihrem Taschentuch finden. Allerdings sollten Sie mit Ihrem Kinderarzt darüber sprechen.

Stimulierende Nahrungsmittel:
Ist Ihr Baby auf einem Koffeintrip?
Einige Babys sind hyperempfindlich. Sie zucken zusammen, wenn das Telefon klingelt, und weinen, wenn sie starkes Parfüm riechen. Da dürfte es nicht überraschen, dass manche Babys auch durch Koffein (Kaffee, Tee, Cola oder Schokolade) oder stimulierende Medikamente (Diätpillen, Mittel gegen Verstopfung und bestimmte chinesische Kräuter) in der Muttermilch überstimuliert werden.

Während viele Babys völlig unberührt davon bleiben, wenn ihre Mutter ein oder zwei Tassen Kaffee trinkt, können sensible Babys durch diese geringe Menge Koffein bis in die »Rote Zone« aufgeputscht werden. Das Koffein sammelt sich innerhalb von vier bis sechs Stunden in der Muttermilch und kann ein Baby schon eine Stunde nach der Aufnahme reizbar machen.

Rückfluss von Magensaft:
Schreien Kolikbabys wegen »Sodbrennens«?
Kinderärzte haben auch Rückfluss von Magensaft (auch als gastroösophagealer Reflux bekannt) als mögliche Ursache von Koliken untersucht. Diese Störung, bei der saurer Magensaft in Richtung Mund gelangt und auf dem Weg dorthin alles reizt, womit er in Berührung kommt, ist eine nachgewiesene Ursache für Sodbrennen bei Erwachsenen.

Bei den meisten Babys ist ein wenig Rückfluss nichts Neues. Wir bezeichnen es nur anders: »Spucken«. Da der Muskel, der eine Aufwärtsbewegung des Mageninhalts verhindert, bei den meisten Babys recht schwach ist, kann beim Aufstoßen eine geringe Menge der letzten Mahlzeit wieder herauskommen, besonders wenn das Baby zu viel Nahrung zu sich genommen oder Luft geschluckt hat.

Die meisten Neugeborenen spucken nicht sehr viel, aber manche Babys stoßen beachtliche Mengen von Milch auf. Glücklicherweise wirkt sich dieser Nahrungsrückfluss bei den meisten von ihnen nicht nachteilig aus. Das gravierendste Problem, das durch das Spucken verursacht wird, sind Milchflecken auf dem Sofa und auf unseren Kleidern.

Andererseits treten bei Babys mit schwerem gastrointestinalen Reflux heftiges Erbrechen, geringe Gewichtszunahme und gelegentlich ein brennender Schmerz auf. (Bei manchen Babys fließt Magensäure nur ein kurzes Stück die Speiseröhre hinauf, was zu Sodbrennen *ohne* Erbrechen führt.)

Wann sollten Sie den Verdacht haben, dass Reflux die Unruhe Ihres Babys verursacht? Achten Sie auf folgende Zeichen:
- Das Baby erbricht mehr als fünfmal pro Tag und jedesmal mehr als dreißig Gramm.
- Es schreit bei den meisten Mahlzeiten, tags und in der Nacht.
- Es schreit oft direkt nach dem Aufstoßen oder Spucken.
- Das Schreien wird auch nach dem dritten Lebensmonat nicht besser.
- Das Baby biegt den Rücken durch, ist heiser, hat Atembeschwerden und/oder leidet unter heftigem und sogar schmerzhaftem Schluckauf.

Schwere Verdauungsprobleme scheiden als Hauptursache der Koliken aus

Nahrungsmittelunverträglichkeiten und Magensaftrückfluss können bei manchen Babys zu anhaltendem Schreien führen, aber sind schwere Verdauungsprobleme eine Erklärung für die meisten Fälle von Kolik oder nur für eine kleine Zahl besonders unruhiger Babys?

Nach meiner Erfahrung schreien fünf bis zehn Prozent der sehr unruhigen Babys wegen einer Kuhmilch- oder Sojaunverträglichkeit und ein bis drei Prozent wegen der durch Magensaftrückfluss verursachten Schmerzen. Dessen ungeachtet sind schwere Verdauungsprobleme bei der Mehrheit der unruhigen Babys *nicht* die Ursache der Koliken:
- Wenn Nahrungsmittelallergien Koliken verursachen würden, müssten Mütter nur die Fertignahrung wechseln oder die eigene Ernährung umstellen, um das Schreien schlagartig zu beenden. Aber das hilft selten.

- Wenn Allergien Koliken auslösen würden, müssten mit der Flasche ernährte Babys besonders unruhig sein, weil sie hundertmal mehr Kuhmilchprotein zu sich nehmen als Stillbabys. Aber Koliken sind in beiden Gruppen gleich verbreitet.
- Ärzte im australischen Melbourne untersuchten 24 Babys unter drei Monaten, die so viel schrien, dass sie ins Krankenhaus gebracht werden mussten. Alle wurden auf Magensaftrückfluss untersucht; nur bei einem Baby trat er auf.
- Die meisten Babys mit heftigem Reflux haben keine Schmerzen. Bei einer Studie mit über 219 Babys, die wegen starkem Reflux in einer Klinik behandelt worden waren, wurde festgestellt, dass 33 Prozent unter heftigem Erbrechen litten und 30 Prozent nicht zunahmen, aber nur sehr wenige hatten heftige Schreianfälle.

Mit schweren Verdauungsproblemen lassen sich auch fünf der zehn allgemeinen Merkmale der Koliken und der Kolikbabys nicht erklären:

- *Die Schreianfälle fangen meist im Alter von zwei Wochen an, erreichen mit sechs Wochen ihren Höhepunkt und enden mit drei bis vier Monaten.* Neugeborene stoßen ständig auf und sind mit Allergenen in ihrer Nahrung konfrontiert. Wenn schwere Verdauungsprobleme Koliken verursachen würden, würde das Schreien sofort beginnen und länger als bis zum dritten Lebensmonat anhalten. (Babys mit Kuhmilchallergie haben mindestens sechs bis zwölf Monate lang Probleme, und heftiger Reflux kann neun Monate oder länger Sodbrennen verursachen.)
- *Die Koliken von Frühgeborenen fangen erst etwa zwei Wochen*

nach dem errechneten Geburtstermin an. Zwei Monate zu früh geborene Kinder bekommen selten vor dem dritten Lebensmonat Koliken, obwohl sie täglich spucken und allergenen Proteinen ausgesetzt sind.

- *Koliken sind in den Abendstunden oft viel schlimmer.* Wenn die schweren Verdauungsprobleme Koliken auslösen würden, würde das Schreien zu jeder Tageszeit auftreten, da Babys von morgens bis abends dieselbe Nahrung zu sich nehmen – und wieder ausspucken.
- *Die Schreianfälle werden durch Wiegen, Im-Arm-Halten, Schhhh-Laute und leichten Druck auf den Bauch oft gelindert.* Warum sollten diese Aktivitäten bei entzündeten Eingeweiden oder Sodbrennen helfen? Durch Wiegen und leichten Druck auf den Bauch könnte sogar das Spucken und damit der Refluxschmerz verstärkt werden.
- *In vielen Kulturen auf der Welt bekommen Babys nie Koliken.* Alle Babys spucken gelegentlich und trinken Muttermilch, die winzige Spuren von Mamas letzter Mahlzeit enthält – unabhängig davon, wo sie leben. Dennoch leiden Babys in einigen Kulturen auf der Welt *nie* an Koliken.

Theorie Nr. 3: Verursacht die Angst der Mütter Koliken?

Jede Mutter, die im Zusammenhang mit der Geburt ihres Babys Angst und Unsicherheit empfunden hat, könnte sich fragen, ob sich diese beunruhigenden Gefühle auf ihr Neugeborenes auswirken könnten. Darüber hatte sich Trina Sorgen gemacht ...

Die fünf wichtigsten Koliktheorien und weshalb sie nicht zutreffen

Mit ihren roten Lippen und ihrem dichten dunklen Haar war Tatiana ein ausgesprochen hübsches Kind. Aber ihrer zarten Gestalt stand ein überschäumendes, lebhaftes Temperament entgegen. Sie spiegelte die temperamentvollen Persönlichkeiten ihrer Eltern wider, und Trina und Mirko waren begeistert. Im Lauf der Wochen wurden sie jedoch zunehmend frustrierter, weil Tatianas Lebhaftigkeit in lange Schreiphasen mündete.

Trina rief eines Nachmittags an, als ihre vier Wochen alte Tochter besonders unleidlich gewesen war. Sie vertraute mir an: »Ich bin ein sehr sensibler und intuitiver Mensch. Ist Tatiana das vielleicht auch? Ist sie vielleicht so aufgeregt, weil ich so im Stress bin?«

Anscheinend war die Freude, die Trina und Mirko nach Tatianas Geburt empfunden hatten, durch Trinas schmerzhafte Rekonvaleszenz von einem Kaiserschnitt sowie durch einen Wasserschaden am Tag nach der Heimkehr aus dem Krankenhaus in der darüberliegenden Wohnung, der ihre Wohnungseinrichtung zerstört hatte, gedämpft worden.

»Das Nest, das wir für unser Baby gebaut hatten, fiel zusammen wie ein Kartenhaus, und wir mussten im Wohnzimmer eines Freundes wohnen. Als Tatiana mit drei Wochen Koliken bekam, drängte sich mir der Gedanke auf, dass ihre Schreie von all der Angst und Sorge herrührten, die sie während dieser schrecklich beunruhigenden Zeit bei mir spürte.«

Die Geburt eines Kindes bringt eine wunderbare, aber auch schwerwiegende Verantwortung mit sich, sodass es kaum Eltern gibt, die nicht hin und wieder von Ängsten und Selbstzweifeln geplagt werden. Viele junge Mütter vertrauen mir an, dass sie sich aus folgenden Gründen überfordert fühlen:
♦ *Die Betreuung des Babys erweist sich als unerwartet anstrengend.* Wie gut Sie sich auch auf die Geburt des Babys vorbereitet

glaubten, die Realität kann Sie dennoch wie eine Ladung Ziegelsteine treffen.
- *Sie haben wenig Erfahrung mit Babys.* Die meisten von uns hatten wenig Gelegenheit, sich um Babys zu kümmern. Deshalb ist unsere Generation möglicherweise die unerfahrenste ... aller Zeiten!
- *Sie haben das Gefühl, dass jeder sie kritisiert.* Frisch gebackene Eltern sind sehr empfänglich für Ratschläge und Kritik. »Nimm es auf den Arm!«, »Nimm es nicht auf den Arm!«, »Füttere es, wenn es Hunger hat!«, »Füttere es alle vier Stunden!« Alle diese Kommentare können das Selbstvertrauen untergraben und Selbstzweifel verstärken.
- *Die Verantwortung lastet hauptsächlich auf ihren Schultern.* Mütter stehen unter dem Druck, wissen zu müssen, was zu tun ist, da jeder von ihnen erwartet, dass sie das Baby beruhigen können, wenn es sonst niemandem gelingt.

Die Unzulänglichkeitsgefühle einer jungen Mutter
Hey, bin ich dafür wirklich bereit?

Für ein Baby zu sorgen, ist eine herrliche Erfahrung, aber sie beruht weder auf automatischen noch auf instinktiven Reaktionen. Wenn Sie nicht als Jugendliche oft als Babysitter gearbeitet oder kleinere Geschwister mitversorgt haben, brauchen Sie sich nicht zu wundern, wenn Ihr Neugeborenes den Wunsch in Ihnen weckt, sechs Arme zu haben – wie eine indische Gottheit. Für die meisten Frauen ist das Versorgen eines Babys der härteste Job, den sie je hatten!

Nachdem ich mit Tausenden von jungen Müttern gesprochen hatte, habe ich eine Liste der zehn wichtigsten Stress-

faktoren erstellt, die das Selbstvertrauen einer Mutter untergraben – und selbst eine Gottheit in ihren Grundfesten erschüttern – können:
1. Große Müdigkeit.
2. Mangelnde Erfahrung.
3. Zu wenig Kontakt zu Familie und Freunden.
4. Zu viel Kontakt zu aufdringlichen Verwandten und Freunden.
5. Unstillbares Weinen (des Babys).
6. Streitigkeiten mit dem Partner.
7. Verlust des Einkommens und der Befriedigung durch die Arbeit.
8. Unsicherheit in Bezug auf den eigenen Körper.
9. Hormonelle Schwankungen.
10. Nicht mehr zu entfernende Milchflecken auf jedem einzelnen Kleidungsstück.

Natürlich verblassen diese Probleme angesichts der Freude und des Gefühls, gebraucht zu werden, das ein Baby in Ihr Leben bringt. Aber Mütter sind nach einer Geburt in einer prekären seelischen Verfassung, und Müdigkeit und Angst können Ihre Wahrnehmungen noch weiter verzerren. Sie stecken mitten in einer der intensivsten Erfahrungen Ihres Lebens, und besonders wenn Sie ein Kolikbaby haben, können Sie während dieser ersten Monate immer wieder Wellen der Angst und Niedergeschlagenheit erfassen. (Näheres zur Wochenbettdepression finden Sie in Anhang B.)

Glücklicherweise wird der Druck, den Sie heute empfinden, bald einem warmen Gefühl der Liebe weichen, das stärker und tiefer sein wird als jedes andere, das Sie in Ihrem Leben empfunden haben. Seien Sie in der Zwischenzeit nachsichtig mit sich selbst, Ihrem Partner und besonders mit dem Baby.

Die Angst einer Mutter ist nicht der Auslöser von Koliken

> Kolikbabys werden so geboren, sie werden nicht dazu gemacht.
> Dr. Martin Stein, *Encounters with Children*

Mütter unruhiger Babys sind oft von Neid und Selbstkritik erfüllt, wenn sie andere Mütter mit leicht zu beruhigenden Babys erleben. Solche Gefühle können das Selbstvertrauen einer Frau erschüttern und sie auf den Gedanken bringen, dass ihre Ängste das Schreien des Babys auslösen.

Glücklicherweise können Babys während der ersten Monate nicht erkennen, ob ihre Mütter angespannt und besorgt sind. Denken Sie daran: *Babys sind einfach nur Babys!* Sie werden nicht mit der Fähigkeit geboren, die Gefühle ihrer Mütter zu lesen, als ob sie mit Lippenstift auf ihre Stirn geschrieben wären. Diese kleinen prähistorischen Geschöpfe haben schon Probleme damit, ... aufzustoßen. Also machen Sie sich keine Gedanken darüber, dass Ihr Baby sich von Ihrer Unruhe anstecken lassen könnte.

Unerfahrene Eltern denken auch manchmal, ihre Babys seien unruhig, weil ihre Hände zittern, ihr Kinn bebt und sie bei plötzlichen Geräuschen oder Bewegungen zusammenzucken. In Wirklichkeit sind diese Reaktionen normale Zeichen für das noch unentwickelte Nervensystem eines Neugeborenen. Sie verschwinden automatisch nach etwa drei Monaten.

Nach meiner Erfahrung gibt es jedoch einige Möglichkeiten, wie die Angst einer Mutter wegen ihres unruhigen Babys unabsichtlich dazu führen könnte, dass das Baby noch mehr schreit:

♦ Angst und Unruhe könnten die Milchbildung oder den Milchfluss beeinträchtigen, wodurch ein hungriges Baby frustriert werden könnte. (Kapitel 14 enthält Empfehlungen zur Behebung dieser Ernährungsprobleme.)
♦ Eine Mutter kann so abwesend und deprimiert sein, dass sie gefühlsmäßig nicht in der Lage ist, ihr weinendes Baby zu trösten.
♦ Eine ängstliche Mutter wagt es möglicherweise nicht, ihr schreiendes Baby so fest anzufassen, wie es nötig wäre, um es zu beruhigen. (Siehe die Ausführungen zu »Intensität« in Kapitel 7.)
♦ Nervöse Mütter neigen dazu, ungeduldig von einer Beruhigungsmethode zur nächsten zu springen. Sie können so von ihrer Angst überwältigt werden, dass sie ihre Babys noch mehr beunruhigen.

Wenn man sich mit dem Thema mütterlicher Ängste gründlich befasst, wird allerdings klar, dass sie nicht der Grund dafür sein können, dass Millionen von Babys jeden Tag stundenlang schreien. Mit der Theorie von der nervösen Mutter lassen sich drei Kolikmerkmale nicht erklären:

♦ *Die Koliken von Frühgeborenen fangen erst etwa zwei Wochen nach dem errechneten Geburtstermin an.* Wenn die Ängste der Mutter die Koliken des Babys verursachen würden, würden die Schreianfälle früher und häufiger bei Frühgeborenen auftreten. Schließlich können diese zarten Babys selbst aus ruhigen Eltern nervliche Wracks machen.

♦ *Kolikbabys scheinen Schmerzen zu haben.* Selbst wenn Ihr Baby Ihre Unruhe spüren würde – weshalb sollte es so schreien, als ob es Schmerzen hätte?

♦ *Die Wahrscheinlichkeit, dass bei einem Baby Koliken auftreten, ist beim fünften Kind eines Paares genauso hoch wie beim ersten.* Das ist das stichhaltigste Argument gegen einen Zusammenhang zwischen Ängsten und Koliken. Da erfahrene Eltern sicherer im Umgang mit Babys sind, sollte ein fünftes Kind weniger anfällig für Koliken sein als ein erstes, aber das ist einfach nicht der Fall.

Trina brauchte sich keine Sorgen darüber zu machen, dass ihr Stress in Tatianas zarte Seele eingedrungen war. In Wirklichkeit trifft eher das Gegenteil zu. Das Schreien Ihres Babys kann einen Alarm in *Ihrem* Nervensystem auslösen, sodass *Sie* sich angespannt und unruhig fühlen!

Theorie Nr. 4: Ist das unreife Gehirn eines Babys die Ursache für Koliken?

Während meines Medizinstudiums lernte ich, dass es sich bei der Drei-Monats-Kolik um ein Verdauungsproblem handle. Kurz danach wurde diese Theorie zugunsten des Konzepts der Gehirnunreife über den Haufen geworfen. Als wir mehr über das Nervensystem von Babys herausfanden, gelangten wir zu der Überzeugung, dass Koliken dadurch verursacht würden, dass das unreife Gehirn eines Babys durch all die neuen Erfahrungen nach der Geburt überstimuliert werde. Kein Wunder, dass diese Theorie so beliebt wurde – Babys sind nun einmal so ... unreif!

Babys haben die Koordination eines betrunkenen Matrosen und den Verstand eines, nun ja, Neugeborenen. Aber was genau ist im Gehirn Ihres Babys unreif und wie könnte das eine Neigung zu unkontrolliertem Schreien begünstigen?

Geistige Fähigkeiten, mit denen Ihr Baby auf die Welt kam

Stellen Sie sich vor, Sie machen eine sehr lange Reise, können aber nur einen Koffer mitnehmen. Und jetzt stellen Sie sich vor, dass dieser Koffer winzig ist. Dies war, humorvoll ausgedrückt, die Situation, in der sich Ihr Baby bei der Vorbereitung auf die Geburt befand. In sein kleines Gehirn passten nur die grundlegendsten Fähigkeiten, die es zum Überleben außerhalb des Mutterleibs benötigte.

Wenn Sie ihm hätten packen helfen können, welche Fähigkeiten hätten Sie für besonders wichtig gehalten? Gehen? Lächeln? »Mami, ich hab dich lieb«-Sagen?

In Millionen von Jahren hat die Natur vier unerlässliche Überlebenswerkzeuge ausgewählt, die in das apfelgroße Gehirn unserer Neugeborenen passen:

1. *Herz-Lungen-Steuermechanismen* – die Fähigkeit, Blutdruck, Atmung etc. aufrechtzuerhalten.
2. *Reflexe* – Dutzende automatisierter Verhaltensweisen, die einem Baby erlauben zu niesen, zu saugen, zu schlucken, zu schreien und vieles mehr.

3. *Begrenzte Kontrolle über Muskeln und Sinne* – sobald Babys atmen und Nahrung aufnehmen können, können sie mit diesen sehr eingeschränkten Fähigkeiten berühren, schmecken, um sich schauen und mit der Welt interagieren.
4. *Statuskontrolle* – nachdem Babys mit ihrer Familie und der aufregenden neuen Welt zu interagieren begonnen haben, hilft ihnen die Statuskontrolle, ihre Aufmerksamkeit ein- und auszuschalten (zum Schauen und Lernen bzw. Erholen und Schlafen).

Von all diesen Fähigkeiten ist die Statuskontrolle die wichtigste im Hinblick darauf, ob Ihr Baby Koliken bekommt oder nicht.

Statuskontrolle: Die Fähigkeit Ihres Babys,
die Welt an sich heranzulassen ... oder nicht

Wenn Ärzte vom Status Ihres Babys sprechen, meinen sie den Wachheitsgrad. Er kann von tiefem Schlaf über leichten Schlaf bis hin zur Unruhe und lautem Schreien reichen. Genau in der Mitte ist der magischste Status: ruhige Wachheit. Wann Ihr Baby sich in einem Zustand ruhiger Wachheit befindet, ist leicht zu erkennen: Seine Augen sind offen und klar und sein Gesicht ist friedlich und entspannt, während es die Dinge um sich herum wahrnimmt.

Einen Status beizubehalten, ist eine der frühesten Aufgaben, die das Gehirn Ihres Babys bewältigen muss. Seine Fähigkeit, mit Schreien aufzuhören, wach zu bleiben oder weiterzuschlafen, ist seine Statuskontrolle. Ich vergleiche die Statuskontrolle gern mit einer Fernbedienung für den Fernsehapparat, mit der es ein Programm beibehalten kann, wenn es interessant ist,

Die fünf wichtigsten Koliktheorien und weshalb sie nicht zutreffen

umschalten kann, wenn ihm langweilig wird, und das Gerät ausschalten kann, wenn das Programm zu beunruhigend ist oder es Zeit zum Schlafen ist.

Viele Babys haben eine hervorragende Statuskontrolle. Diese »Ich schaff das allein«-Babys konzentrieren sich eine Weile sehr intensiv auf etwas und ziehen ihre Aufmerksamkeit wieder davon ab, wann immer es ihnen passt. Sie wechseln ganz leicht zwischen Schlafen, Wachsein und Schreien. Diese Babys können sich selbst beruhigen und sich besonders gut vor Überstimulation schützen. Wenn die Welt zu chaotisch wird, starren sie einfach vor sich hin, saugen rhythmisch an ihrer Unterlippe oder wenden den Kopf ab, wie um zu sagen: »Du regst mich sooo sehr auf, ich muss wegschauen, um wieder zu Atem zu kommen!«

Vielleicht haben Sie auch schon bemerkt, dass Ihr Baby mithilfe eines Aus-Schalters namens »Gewöhnung« zur Ruhe kommen kann. Es ist eines der besten Mittel zum Schutz vor Überstimulation, über die Ihr Baby verfügt. Wie eine Sicherung, die den elektrischen Strom unterbricht, wenn die Leitungen überlastet sind, gibt Gewöhnung Ihrem Baby die Möglichkeit, seine Aufmerksamkeit abzuschalten, wenn sein Gehirn überlastet ist.

Gewöhnung erklärt die außergewöhnliche Fähigkeit von Babys, »immer und überall trotz des Lärms zu schlafen«. (Es ist auch die Fähigkeit, die beispielsweise beschnittene männliche Babys nutzen, um trotz des Schmerzes schlafen zu können.)

Sie werden feststellen, dass Ihr Baby während seiner ersten Lebenswochen einem einfachen Plan folgt: Essen und Schlafen! Während es sich dann an das Leben außerhalb des Mutterleibs gewöhnt, verbringt es mehr und mehr Zeit im Zustand ruhiger Wachheit. Leider können viele Babys mit der zusätzlichen Aufregung, die dieser Wachheitszustand mit sich bringt, nicht umgehen. Bei diesen Babys funktioniert die Selbstberuhigung *schlecht* – die Statuskontrolle ist noch nicht ausgereift. Es fällt ihnen schwer, ihre Wachheit abzuschalten, sodass ihre Schaltkreise oft überlastet sind. Nach ein paar Wochen, wenn sie immer mehr von ihrer Umwelt wahrzunehmen beginnen, ist ihre Statuskontrolle überlastet und versagt.

Diese Babys sehen erschöpft aus, aber ihre Augen starren weiter »nach draußen«, als ob sie durch Zahnstocher offen gehalten würden. Es ist, als ob ihre Fernbedienung nicht funktioniert, sodass sie gezwungen sind, sich ein Programm anzusehen, in dem ein lauter, hektischer Film gezeigt wird.

Eine entnervte Mutter sagte mir, ihr drei Monate alter Sohn Owen schreie jeden Tag mehrere Stunden lang. Er brauche ganz offensichtlich Schlaf, schließe aber nicht die Augen. Sie erklärte: »Ich versuche ständig, ihm dabei zu helfen, vom *Schreikanal* wegzuschalten und das *Schlafprogramm* zu finden.«

Verzweifeln Sie bitte nicht, wenn Ihr Baby nicht mehr aufhören kann zu schreien. In einigen Monaten wird Ihnen beiden eine deutlich bessere Statuskontrolle zu Hilfe kommen. In der Zwischenzeit können Sie anhand des zweiten Teils dieses Buches lernen, wie Sie Ihr Baby beruhigen können, wenn bei ihm das System zusammenbricht.

»Hilfe ... Die Welt ist zu groß!«
Wie Überstimulation zu Schreianfällen führt

> Vermeiden Sie Überstimulation durch Spielzeug, Licht und Farben. Das erschöpft die Sinne Ihres Babys.
> Richard Lovell, *Essay on Practical Education*, 1789

Wenn man bedenkt, wie aufregend die Welt ist, ist es ein Wunder, dass nicht alle Babys überstimuliert werden! Glücklicherweise gelingt es den meisten sehr gut, die Welt auszuschalten, wenn sie es brauchen. Wenn Ihr Baby jedoch über eine schlechte Statuskontrolle verfügt, kann es selbst durch ein niedriges Aktivitätsniveau bis zum hysterischen Brüllen aufgeputscht werden. Es kann wegen kleiner Störungen wie einem Aufstoßen oder einem lauten Geräusch zu weinen beginnen und dann – durch sein eigenes Schreien – in einen derartigen Erregungszustand geraten, dass es bald völlig außer sich ist.

Diese Babys schreien, weil sie überstimuliert sind und dann im »Schreimodus« stecken bleiben. Wenn wir ihre Schreie in Sprache übersetzen könnten, würden wir etwa Folgendes hören: »Bitte ... hilf mir ... die Welt ist zu groß!«

»Hilfe ... Ich stecke in einem Schrank!«
Wie Unterstimulation zu Schreianfällen führt

> Ihr Baby schreit nicht, damit Sie es auf den Arm nehmen, sondern weil Sie es überhaupt abgelegt haben.
> Penelope Leach, *Die ersten Jahre deines Kindes*

In unserer Kultur gibt es den seltsamen Mythos, dass Babys in einem ruhigen dunklen Zimmer allein gelassen werden wollen. Aber was bedeutet diese Stille für Ihr Neugeborenes? Stellen Sie sich vor, Sie haben neun Monate lang in einem lauten, hektischen Büro gearbeitet. Eines Morgens kommen Sie zur Arbeit und stellen fest, dass Sie ganz allein sind – kein Geplauder, keine klingelnden Telefone, kein Hin- und Hergerenne. Bald geht Ihnen die Stille auf die Nerven. Sie beginnen, auf und ab zu gehen und vor sich hin zu murmeln, bis Sie die Beherrschung verlieren und schreien: »Bringt mich hier weg!«

So ähnlich erleben Babys die Welt, wenn sie aus dem Krankenhaus heimkommen. Obwohl unser kleiner Engel in *unserer* Vorstellung vom perfekten Babydasein in völliger Stille schläft, ist das für das Baby ein bisschen so, als ob es in einem Schrank eingeschlossen wäre.

So merkwürdig es auch klingen mag – Ihr Baby will (oder braucht) keine Stille. Wonach es sich sehnt, sind die pulsierenden Rhythmen, von denen es im Mutterleib ständig umgeben war. Tatsächlich kann die Unterstimulation und Ruhe, die unser Zuhause kennzeichnet, ein sensibles Baby ebenso verrückt machen wie chaotische Überstimulation.

Bedeutet Unterstimulation, dass Babys schreien, weil sie sich langweilen? Nein. Im Gegensatz zu älteren Kindern und Erwachsenen finden Babys eintönige Wiederholungen nicht langweilig. (Darum ist unser Baby damit zufrieden, Tag für Tag nur Milch zu trinken.) Vielmehr finden sie das *Fehlen* eintöniger Wiederholungen schwer zu ertragen. Mit ihrem Schreien bitten sie um die Rückkehr zu der gleichbleibenden, hypnotischen Stimulation des Mutterleibs. Unruhige Babys brauchen oft drei Monate, bevor sie reif genug sind, um ohne diese rhythmischen Wiederholungen mit der Welt zurechtzukommen.

Sowohl Unterstimulation als auch Überstimulation können für Babys schrecklich beunruhigend sein. Noch schlimmer ist es allerdings, beides gleichzeitig zu erleben. Wenn ein unreifes Baby sich dem Chaos ausgesetzt sieht, ohne gleichzeitig beruhigende, rhythmische Empfindungen zu haben, kann bei ihm schnell die Schmerzgrenze erreicht sein!

Ist Unreife die lange gesuchte Ursache der Koliken?
Nahe dran – aber kein Volltreffer!
Unreife des Gehirns ist ein großer Teil des Kolikpuzzles. Aber diese Theorie kann nicht die ganze Wahrheit sein, weil sie für zwei wichtige Kolikanzeichen keine Erklärung liefert:
♦ *Frühgeborene neigen nicht öfter zu Koliken als voll ausgetragene Babys.* Wenn Unreife des Gehirns die Ursache für die Schreianfälle von Babys wäre, müssten Frühgeborene mit ihrem

besonders unreifen Gehirn am unruhigsten sein. Aber diese winzigen Babys schreien nie ohne erkennbaren Grund und hören sofort damit auf, wenn ihr Bedürfnis befriedigt wird.
- *Es gibt viele Kulturen auf der Welt, in denen Babys nie Koliken haben.* Diese Tatsache beweist, dass Unreife des Gehirns nicht der einzige Grund für anhaltendes Schreien sein kann. Es gibt keinen biologischen Grund dafür, dass das Gehirn von Babys in manchen Kulturen so viel reifer sein sollte als in anderen.

Theorie Nr. 5: Werden Koliken durch ein schwieriges Temperament verursacht?

Vor ein paar Jahren sprach ich in einem Lamaze-Kurs. Während des Kurses sagte eine Schwangere namens Ronnie, dass sie vorhabe, ein »einfaches« Baby zu bekommen. Sie erzählte: »Ich habe zwei Freundinnen mit kleinen Kindern. Angela hat zweijährige Zwillinge, die schreien und streiten wie kleine Wilde, aber Lauras Kind ist ein Engel. Ich will nicht dieselben Fehler wie Angela machen. Ich will, dass mein Baby so wird wie Lauras kleine Prinzessin!«

Jeder, der das Glück hatte, Zeit mit Kindern zu verbringen, weiß, dass manche Babys so sanft wie ein Kinderkarussell und andere so wild wie eine Achterbahn sind! Warum sind manche Kinder so schwierig? Hatte Ronnie recht? Machen Eltern Fehler oder sind manche Babys einfach geborene Schreihälse?

*Vererbung gegen Erziehung: Wodurch wird
die Persönlichkeit Ihres Babys bestimmt?*
Es gibt eine alte Geschichte, in der ein Junge seinem Vater ein Zeugnis voller Fünfen überreicht und mit gesenktem Kopf ganz ruhig fragt: »Was glaubst du, woran es bei mir liegt – Vererbung ... oder Erziehung?«

Seit Generationen wird darüber diskutiert, wodurch das Temperament eines Kindes bestimmt wird. Sind es die Erbanlagen, oder wird die Persönlichkeit allmählich durch die Erziehung geformt?

Vor tausend Jahren glaubten die Babyexperten, dass das Temperament mit der Milch, die Babys tranken, auf sie übertragen werde. Darum wurden Eltern davor gewarnt, ihrem Baby Milch von einem Tier oder von einer Amme mit einem schwachen Verstand, schlechter Moral oder aus einer verrückten Familie zu geben.

Heute herrscht allgemein Einigkeit darüber, dass viele Charakterzüge direkt von den Eltern weitervererbt werden. Darum haben schüchterne Eltern meistens schüchterne Kinder, und temperamentvolle Eltern haben meistens kleine Peperoni.

Andrea war das lebhafte Baby von Zoran, einem ehemaligen Rennfahrer, und Yelena, einer impulsiven Psychiaterin, die in der Forschung tätig war. Sie war vom Augenblick ihrer Geburt an eine echte Herausforderung, und mit zwei Monaten schrie Andrea ihre Beschwerden fast 24 Stunden am Tag hinaus.

Zoran bemerkte dazu: »Sie ist ein harter Brocken. Aber was sollte man auch anderes erwarten? Zwei Dobermänner bringen nun mal keinen Cockerspaniel zur Welt.«

Theorie Nr. 5: schwieriges Temperament

Sehen wir uns das Temperament einmal näher an und ergründen wir, weshalb es zwar zur Entstehung von Koliken beitragen kann, aber nicht die Hauptursache ist.

Temperament: Das Meer, auf dem Ihr Kind segelt

> Die Menschen irren sich, wenn sie glauben, dass ruhige Babys gut und unruhige Babys schlecht sind. In Wahrheit schreien manche sanftmütigen Babys viel, weil sie mit der Unruhe in ihrer Umgebung nicht umgehen können. Renée, Mutter von Marie-Claire, Esmé und Didier

Ihr Baby ist wie ein Boot und sein Temperament ist das Meer, auf dem es fährt. Wenn das Boot stabil ist (es eine ausgeprägte Fähigkeit besitzt, sich selbst zu beruhigen) und das Meer ruhig ist (es ein ruhiges Temperament besitzt), dann wird es heiter

und gelassen durch die Kindheit segeln. Ist das Boot jedoch instabil (schlechte Fähigkeit, sich selbst zu beruhigen) und die See aufgewühlt (schwieriges Temperament), ist es in Gefahr, durchgeschüttelt zu werden.

Wenn Kinder älter werden und ihre Fähigkeit, sich selbst zu beruhigen, zunimmt, sind die Turbulenzen ihres Temperaments nicht mehr eine so überwältigende Erfahrung. Aber für sehr junge Babys kann ein sehr heftiges Temperament schwer zu ertragen sein.

Glücklicherweise sind die meisten Babys so sanftmütig und leicht zu beruhigen wie süße kleine Lämmer. Aber schwierige Babys sind wie eine Mischung aus launischer Katze und buckelndem Wildpferd. Diese besonders sensiblen und/oder temperamentvollen Babys kämpfen während ihrer ersten Lebensmonate täglich um ihr inneres Gleichgewicht.

Babys mit einfachem Temperament –
»Maria hatte ein kleines Lamm ...«

Ein einfaches Baby ist von den ersten Augenblicken an mild und sanft, und statt bei der Geburt zu schreien, jammert es nur ein bisschen, als ob es sagen wollte: »Bitte, Mami, es ist ein ganz kleines bisschen zu hell hier drinnen!« Sabrina war ein solches zufriedenes Baby:

Sabrinas dunkle Wimpern umrahmten himmelblaue Augen. Sie war extrem wach und betrachtete die Welt mit dem friedlichen Ausdruck eines Zen-Meisters. Sabrina schlief wunderbar und schrie kaum jemals. Selbst wenn sie hungrig war, gab sie selten mehr als ein Wimmern von sich, um die Aufmerksamkeit ihrer Eltern auf sich zu lenken.

Babys mit einfachem Temperament verfügen über eine hervorragende Statuskontrolle und können sich wunderbar selbst beruhigen. Sie sind umgängliche kleine »Surfer«, denen es überhaupt nicht schwer fällt, die Verrücktheit der Welt zu ertragen.

Aber Babys, die sehr sensibel oder sehr temperamentvoll oder – Gott bewahre! – beides sind und sich nur schlecht selbst beruhigen können, können das Schreien nicht unterdrücken, wenn sie von einer merkwürdigen Mischung aus Aktivität und Ruhe durchgeschüttelt werden wie Boote in einem Sturm.

Babys mit schwierigem Temperament – kleine Menschen mit großen Persönlichkeiten

Lizzy und ihre Zwillingsschwester Jennifer glichen sich wie ein Ei dem anderen. Beide waren sehr schreckhaft in Bezug auf Lärm und plötzliche Bewegungen. Wenn sie unzufrieden waren, liefen ihre Gesichter rot an, und aus ihren Mündern quoll ohrenbetäubendes Geschrei.

Während Jenny sich jedoch meist selbst beruhigen konnte, ließ Lizzy sich von ihrem Schreien mitreißen wie von wilden Pferden. Wenn sie erst einmal in Fahrt gekommen war, hatte sie keine Möglichkeit mehr, die Zügel in die Hand zu bekommen!

Lizzys Mutter Cheryl versuchte, ihre heftig brüllende Tochter mit Schnullern, Einwickeln und ständigem Herumtragen zu beruhigen, aber nichts half. »Während der ersten drei Monate ging ich jeden Tag mit dem Gefühl umher, dass das ›Zugunglück‹ jeden Augenblick passieren konnte.«

Babys wie Lizzy sind eine echte Herausforderung. Während der ersten Lebensmonate kann ihre Persönlichkeit zu viel für sie sein.

Zwei Arten von Persönlichkeiten können für unerfahrene Eltern besonders schwierig sein: die sensible und die temperamentvolle.

Sensible Babys: Zarte Babys mit ausgeprägter Wahrnehmungsfähigkeit

Natürlich wissen wir alle, dass manche Menschen wesentlich sensibler sind als andere. Der eine kann bei eingeschaltetem Fernsehgerät schlafen, den anderen stört jedes kleinste Geräusch. Auch manche Neugeborene scheinen extrem empfindlich zu sein. Sie schrecken zusammen, wenn das Telefon klingelt, verziehen das Gesicht, wenn sie an Ihrer Brustwarze eine Salbe schmecken, oder wenden den Kopf dem Geruch Ihrer Brust zu.

Sensible Babys haben weit offene Augen und sind extrem wach. Ihre Reaktionen auf die Umwelt sind so transparent und rein wie ein Kristall. Aber wie Kristalle sind solche Babys auch oft zerbrechlich und erfordern besondere Fürsorge. Sie sind *so* offen für alles um sie herum, dass sie leicht überlastet werden. Darum fällt es diesen Babys so schwer, sich zu beruhigen, wenn man sie schreien lässt. Mit anderen Worten: Sie können dadurch außer sich *geraten,* dass sie außer sich *sind!*

Wenn Ihr Neugeborenes besonders sensibel ist, kann es manchmal beim Füttern oder Spielen den Blick von Ihnen abwenden. Das nennt man »Blickvermeidung«. Sie tritt auf, wenn Sie den Augen Ihres Babys ein wenig zu nahe kommen. Stellen Sie sich vor, dass ein drei Meter hohes Gesicht plötzlich vor *Ihrer* Nase auftaucht! Vielleicht müssten dann auch Sie den Blick abwenden oder ein paar Schritte zurücktreten, um das Ganze aus sicherer Entfernung zu begutachten! Deuten Sie dieses Blickabwenden nicht als Zeichen dafür, dass Ihr Baby eine Aversion gegen Sie hat oder Sie nicht ansehen mag. Gehen Sie einfach ein wenig zurück, sodass zwischen seinen Augen und Ihrem Gesicht ein größerer Abstand entsteht.

Temperamentvolle Babys:
Leidenschaftlich und ... explosiv

Während seiner normalen Wachphasen wird Ihr Baby immer wieder Frustrationen, Ärger und Unbehagen erleben. Ruhige Babys gehen damit eher gelassen um, während temperamentvolle Babys *temperamentvoll* damit umgehen. Es ist, als ob die »Funken« der alltäglichen Ärgernisse auf das »Dynamit« seines überschäumenden Temperaments fallen und »Rums!« explodieren. Wenn Babys so die Kontrolle verlieren, können sie derart aus der Fassung geraten, dass sie nicht mehr aufhören können zu schreien, selbst wenn sie genau das bekommen, was sie wollen.

Dieses heftige Schreien erlebte Jackie, wenn sie versuchte, ihr hungriges – und temperamentvolles – Baby zu füttern. Die Mahlzeiten des zwei Monate alten Jeffrey begannen oft so:

»Er stieß einen Schrei aus, der wie ›Füttere mich‹, oder: ›Ich sterbe!‹ klang. Ich sprang vom Sofa, legte meine Brust frei und versuchte die Brustwarze in seinen weit aufgerissenen Mund zu schieben. Aber statt sie dankbar anzunehmen, drehte er oft den Kopf hin und her und brüllte dicht bei meiner tropfenden Brust, als ob er blind wäre und nicht wüsste, dass sie da war. Manchmal fürchtete ich, dass er meine Brust für eine Hand hielt, die ihn zum Schweigen zu

bringen versuchte, statt für meinen liebevollen Versuch, ihm beizustehen.

Glücklicherweise war mir schon klar, dass Jeffrey nicht anders konnte, als so zu reagieren. Deshalb bot ich ihm trotz seiner Proteste weiter meine Brust an, bis er verstand, was ich von ihm wollte. Irgendwann nahm er die Brustwarze in den Mund und begann zu saugen. Und dann trank er, als ob er seit Monaten nichts bekommen hätte.«

Jackie war klug. Sie erkannte, das Jeffrey ihre liebevolle Gabe nicht absichtlich ignorierte. Er war einfach nur ein kleines Baby, das mit seiner großen Persönlichkeit umzugehen versuchte. Wie ein Cowboy auf einem Rodeo-Stier versuchte er, so hartnäckig sich festzuhalten, dass er nicht bemerkte, dass die Hilfe so nah war.

Bleibt das Temperament eines Babys ein Leben lang erhalten?

Während Babys heranwachsen, werden sie nicht weniger temperamentvoll oder weniger sensibel, aber sie entwickeln andere Fähigkeiten, die ihnen helfen, ihr Temperament unter Kontrolle zu halten und besser mit der Welt zurechtzukommen. Mit drei Monaten beginnen sie zu lächeln, zu gurren, herumzurollen, zu greifen und zu kauen. Kurz danach kommen die außerordentlich wirksamen Techniken des Lachens, des Lutschens an Objekten und der Fortbewegung hinzu.

Mit der Zeit entwickeln Babys genügend Kontrolle über ihren unreifen Körper, um mit demselben Eifer, den sie vorher aufs Schreien verwendet haben, zu kichern und zu lachen. Aus temperamentvollen Babys werden oft die gesprächigsten Fami-

> **Welches Temperament hat Ihr Baby?**
>
> Schon in den ersten Lebenstagen Ihres Babys können Sie Anzeichen eines sich ausbildenden Temperaments erkennen. Indem Sie folgende Fragen beantworten, können Sie einschätzen, ob Ihr Baby eher sanft und gelassen oder eher temperamentvoll ist:
> 1. Lösen helles Licht, nasse Windeln oder kalte Luft bei Ihrem Baby eher ein leichtes Wimmern oder heftiges Brüllen aus?
> 2. Wedelt Ihr Baby mit den Armen herum, wenn Sie es auf den Rücken legen, oder liegen die Arme ruhig an der Seite?
> 3. Schreckt es bei lauten Geräuschen und plötzlichen Bewegungen leicht zusammen?
> 4. Wird es, wenn es hungrig ist, allmählich unruhiger oder beginnt es sofort heftig zu brüllen?
> 5. Verhält es sich beim Füttern wie ein Weinkoster (der ruhig kleine Schlucke nimmt) oder eher wie ein kleiner Vielfraß (der die Milch mit hastiger Präzision hinunterschlingt)?
> 6. Wie schwierig ist es, seine Aufmerksamkeit zu erregen, wenn es sich in heftiges Gebrüll hineingesteigert hat? Wie lange dauert es, Ihr Baby zu beruhigen?
>
> Anhand dieser Hinweise können Sie nicht voraussagen, welches Temperament Ihr Baby für den Rest seines Lebens haben wird, aber sie *können* bei dem aufregenden Unterfangen, seine Einzigartigkeit zu erkennen und zu respektieren, hilfreich sein.

lienmitglieder, die besonders gern lachen. (»Hey, Mama, schau doch mal! Schau! Das ist kaum zu glauben!«) Und aus sensiblen Babys werden oft einfühlsame und aufmerksame Kinder. (»Nein, Mama, es ist nicht lila, es ist violett.«)

Also lassen Sie nicht den Mut sinken, wenn Sie ein schwieriges Baby haben. Oft werden daraus die süßesten und begeisterungsfähigsten Kinder weit und breit!

Ist das Temperament die wahre Ursache von Koliken? Wahrscheinlich nicht.

Ist das Temperament eines Babys der wichtigste auslösende Faktor für heftige Schreianfälle? Nein. Diese vernünftige Theorie trifft deshalb nicht zu, weil sie für drei der typischen Kolikanzeichen keine Erklärung bietet:

- *Die Schreianfälle fangen meist im Alter von zwei Wochen an, erreichen mit sechs Wochen ihren Höhepunkt und enden mit drei bis vier Monaten.* Da das Temperament von Geburt an vorhanden ist und ein Leben lang erhalten bleibt, müssten durch das Temperament verursachte Koliken direkt nach der Geburt anfangen und nach dem vierten Lebensmonat anhalten oder schlimmer werden. Das ist nicht der Fall.
- *Bei Frühgeborenen sind Koliken nicht häufiger als bei voll ausgetragenen Babys. (Und sie beginnen etwa zwei Wochen nach dem errechneten Geburtstermin.)* Es wäre zu erwarten, dass ein unreifes Frühgeborenes mit einer sensiblen oder temperamentvollen Persönlichkeit *mehr* zu Koliken neigt als ein reifes, voll ausgetragenes Baby. Ebenso würde man erwarten, dass die Koliken direkt nach der Geburt beginnen, nicht Wochen oder gar Monate später.
- *Es gibt viele Kulturen auf der Welt, in denen Babys nie Koliken haben.* Das Temperament kann nicht die Ursache von Koliken sein, da in vielen Kulturen auch bei den temperamentvollsten Babys keine Koliken vorkommen.

> **Wer passt zu wem – oder:**
> **»Was passiert, wenn zwei Cockerspaniels einen Dobermann zur Welt bringen?«**
>
> Da das Temperament weitgehend ein vererbtes Merkmal ist, spiegelt die Persönlichkeit eines Babys fast immer die der Eltern wider. Aber ebenso wie braunäugige Eltern ein blauäugiges Kind bekommen können, können sanftmütige Eltern überraschend einem Tyrannosaurus Rex das Leben schenken, vor dem sie sich am liebsten in Sicherheit bringen würden.
>
> Eltern finden es manchmal schwierig, mit einem Baby umzugehen, dessen Temperament erheblich von ihrem eigenen abweicht. Sie halten ihr sensibles Baby zu fest oder ihr temperamentvolles Baby zu sanft. Diese Eltern müssen das einzigartige Temperament ihres Babys kennenlernen und so für es sorgen, wie es am besten zu dem Baby passt.

Wenn also eine Million amerikanischer Babys nicht wegen Blähungen, Sodbrennen, mütterlicher Ängste, Gehirnunreife oder angeborener Unruhe schreien, was ist dann die wahre Ursache der Drei-Monats-Koliken? Wie Sie im nächsten Kapitel sehen werden, gibt es nur eine Theorie, die das Rätsel der Drei-Monats-Koliken vollständig erklärt: das fehlende vierte Trimester.

5 Die wahre Ursache der Koliken: das fehlende vierte Trimester

Wichtige Punkte:
- Die ersten drei Trimester: Das glückliche Leben Ihres Babys im Mutterleib.
- Die Verstoßung aus dem Paradies: Warum Babys bei der Geburt so unreif sind.
- Warum Ihr Baby ein viertes Trimester will (und braucht).
- »Mutterleib mit Aussicht«: Wie Eltern das vierte Trimester erleben.
- Der große Mythos: Babys können verwöhnt werden.
- Der Zusammenhang zwischen dem vierten Trimester und anderen Koliktheorien.
- Zehn Gründe dafür, dass das fehlende vierte Trimester die wahre Ursache der Koliken ist.

In einem fernen Land wurden einmal vier blinde weise Männer gebeten, das wahre Wesen eines Elefanten zu beschreiben. Abwechselnd berührten sie das Tier. Nacheinander sprachen sie.

»Dieses Tier ist lang und gebogen wie ein Speer«, sagte der erste Blinde, nachdem er einen Stoßzahn berührt hatte. Der nächste, der nach einem Bein des Riesen gegriffen hatte, erhob seine Stimme. »Ich bin anderer Meinung! Das Tier ist dick und aufrecht – wie ein Baum.« Während sie zu streiten begannen, berührte der nächste ein Ohr und

verglich es mit einem riesigen Blatt. Der letzte schließlich, um den der Elefant seinen Rüssel wickelte, erklärte triumphierend, dass sie alle im Unrecht seien – das Tier sehe aus wie eine große, dicke Schlange.

Was ist das vierte Trimester und wie kam es dazu, dass es fehlt?

In dieser Geschichte beschrieb jeder der Männer einen *Teil* des Elefanten. Und doch war jeder so sehr davon überzeugt, dass seine Sicht der Dinge die richtige sei, dass die Möglichkeit, dass es eine gemeinsame Erklärung für all die unterschiedlichen Beobachtungen geben könne, nicht in Betracht gezogen wurde.

Ebenso haben sich kluge Männer und Frauen, die versuchten, das Rätsel der Drei-Monats-Koliken zu lösen, auf Teile der Wahrheit konzentriert. Einige hörten Grunzlaute und dachten, Blähungen seien die Ursache. Andere sahen ein verzerrtes Gesicht und dachten, es seien Schmerzen. Wieder andere bemerkten, dass Zuwendung half, und nahmen an, dass die Babys verwöhnt worden seien.

In den letzten Jahren ist die Drei-Monats-Kolik auf Schmerzen, Angst, Unreife und Temperament zurückgeführt worden. Jede dieser Theorien ist zwar ein Teil des Puzzles, aber die Koliken sind nur zu verstehen, wenn man alle Teile zusammen sieht. Nur dann wird klar, dass ein bislang übersehenes Konzept das Bindeglied zwischen den verbreiteten Koliktheorien darstellt: das fehlende vierte Trimester.

Die neun Monate – oder drei Trimester – Ihres Babys in Ihrem Bauch sind eine Zeit unglaublich komplexer Entwicklungen. Dennoch brauchen die meisten Babys *weitere* drei Monate, um »aufzuwachen« und aktive Partner in der Beziehung zu werden. Diese Zeit zwischen der Geburt und dem Ende des dritten Lebensmonats Ihres Babys bezeichne ich als das vierte Trimester.

Sehen wir uns nun an, wie das Leben eines Babys vor der Geburt aussieht, warum es zur Welt kommen muss, bevor es voll ausgereift ist, und wie großartige Eltern ihre Babys beruhigen, indem sie in den ersten drei Lebensmonaten die Bedingungen im Mutterleib nachahmen.

Die ersten drei Trimester:
Das glückliche Leben Ihres Babys im Mutterleib
Haben Sie geglaubt, dass Ihr Baby nach neun Monaten Schwangerschaft bereit sei, geboren zu werden? Gott weiß, dass *Sie* für die Entbindung bereit waren! Aber in vielerlei Hinsicht war Ihr Baby es nicht. Neugeborene können weder lächeln, noch gurren, noch an ihren Fingern saugen. Bei der Geburt sind sie eigentlich noch Föten und wollen während der nächsten drei Monate nichts weiter, als herumgetragen und mit Zärtlichkeiten bedacht werden und das Gefühl haben, noch im Mutterleib zu sein.

Damit Sie Ihrem Baby jedoch die Empfindungen verschaffen können, die es in Ihrem Bauch so genossen hat, müssen Sie wissen, wie es da drinnen war. Gehen wir zu der Zeit zurück, als Ihr Baby noch im Mutterleib war, und sehen wir das Leben mit seinen Augen. Stellen Sie sich vor, Sie könnten in Ihre Gebärmutter hineinsehen. Was sehen Sie? Direkt hinter der Gebärmutterwand schweben durchsichtige Membranen in einem Teich aus tropischem Fruchtwasser. Da drüben ist die pulsierende Plazenta. Wie in einem rund um die Uhr geöffneten Restaurant kann das Baby dort ständig Nahrung und Sauerstoff bekommen.

In der Mitte nimmt Ihr kostbares Baby den Ehrenplatz ein. Es ist durch die samtweichen Wände Ihres Uterus vor Hunger, Keimen, kalten Winden, wilden Tieren und streitsüchtigen Geschwistern geschützt. Während es so schwerelos in der goldenen Flüssigkeit schwebt, sieht es halb wie ein Astronaut, halb wie eine Meerjungfrau aus. Während dieser neun Monate entwickelt sich Ihr Fötus mit atemberaubender Geschwindigkeit. Sein Gehirn fügt 250 000 neue Nervenzellen pro Minute hinzu, und sein Körper nimmt das Milliardenfache an Gewicht und unendlich an Komplexität zu.

Betrachten wir nun den letzten Monat Ihres Babys im Mutterleib. Es wird jetzt richtig eng da drinnen. Ihr Baby ist wie ein Yogaexperte zusammengefaltet, sicher und geborgen. Entgegen weit verbreiteten Vorstellungen ist sein kuscheliges Zuhause jedoch weder still noch unbewegt. Es ist Erschütterungen ausgesetzt (stellen Sie sich vor, wie es hin und her geschüttelt wird, wenn Sie die Treppe hinunterlaufen) und von lauten Geräuschen umgeben (das Blut strömt durch Ihre Arterien und erzeugt ein rhythmisches Rauschen, das einen Staubsauger übertönen würde).

Erstaunlicherweise beunruhigt all dieser Aufruhr Ihr Baby überhaupt nicht. Es findet es sogar beruhigend. Deshalb sind ungeborene Babys oft tagsüber ruhig und werden in der Stille der Nacht unruhig. Es ist ein ideales Leben da drinnen – warum also packen Babys nach neun Monaten ihre Koffer und kommen ans Tageslicht, wenn sie immer noch so unreif sind?

Die Verstoßung aus dem Paradies: Spekulationen darüber, weshalb unsere Babys kein viertes Trimester im Mutterleib verbringen können

> Auf dich ward ich geworfen
> aus Mutterschoß.
> Psalm 22, Vers 10

Im Lauf des letzten Jahrhunderts haben die Archäologen ein klareres Bild davon zusammengesetzt, wie die Menschen sich in den letzten fünf Millionen Jahren entwickelt haben. Unter anderem befassten sie sich damit, weshalb wir vom Gehen auf allen vieren zum aufrechten Gang gewechselt haben und wann wir angefangen haben, Sprache und Werkzeuge zu benutzen. Nicht vollständig gewürdigt wurde jedoch die Tatsache, dass unsere Urmütter durch die evolutionären Veränderungen im Lauf von Jahrmillionen dazu gezwungen wurden, zunehmend unreife Babys zur Welt zu bringen. Ich glaube, dass die prähistorischen Mütter schließlich ihre Neugeborenen drei Monate zu früh *ausstoßen* mussten, weil ihre Gehirne so groß wurden!

In grauer Vorzeit hatten unsere Vorfahren wahrscheinlich Babys mit winzigen Köpfen, die nicht zu früh aus dem Mutterleib verstoßen werden mussten. Vor einigen Millionen Jahren erklommen unsere Babys jedoch einen neuen Ast des evolutionären Stammbaums – den Ast der superschlauen Leute mit großköpfigen Babys. Schwangere Mütter begannen immer mehr neue Fähigkeiten in das Gehirn ihres Ungeborenen zu trichtern. Irgendwann wurden die Köpfe der Babys so groß, dass sie im Geburtskanal stecken blieben.

Vielleicht hätte das die Evolution unserer großen Gehirne beendet, aber es fanden vier Anpassungen statt, die ein weiteres Wachstum der Babygehirne ermöglichten:

1. Unsere Babys begannen Gehirne ohne allen Schnickschnack zu entwickeln, die nur die grundlegendsten, überlebenswichtigen Reflexe und Fähigkeiten (wie Saugen, Darmentleerung und Herzschlag) enthielten.
2. Allmählich entwickelte sich ein besonders schlankes Kopfmodell, damit das große Gehirn nicht im Geburtskanal stecken blieb. Außen besaß es schlüpfrige Haut, zusammendrückbare Ohren sowie ein winziges Kinn und eine ebenso winzige Nase. Innen hatte es ein komprimierbares Gehirn und einen weichen Schädel, der sich verlängern und eine schmalere, leichter zu gebärende Form annehmen konnte.
3. Die großen Köpfe begannen sich beim Austritt aus der Gebärmutter zu drehen. (Sie haben sicher schon festgestellt, dass es leichter ist, einen Korken aus der Flasche zu ziehen, wenn man ihn dabei dreht.)

Diese drei Modifikationen waren eine große Hilfe. Aber die wichtigste Veränderung, die ein weiteres Wachstum der Babygehirne ermöglichte, war die vierte – *die Verstoßung.*

4. Ich glaube, dass im Lauf von Hunderttausenden von Jahren Babys mit großen Gehirnen weniger Gefahr liefen, im Geburtskanal stecken zu bleiben – und höhere Überlebenschancen hatten –, wenn sie ein wenig zu früh geboren wurden. Oder anders ausgedrückt: wenn sie verstoßen wurden.

Die wahre Ursache der Koliken

Heute bringen Mütter ihre Babys etwa drei Monate zu früh zur Welt, bevor sie voll ausgereift sind, um eine sichere Entbindung zu garantieren.

Dennoch wird Ihnen jede Mutter bestätigen, dass es bei einer Entbindung trotz all dieser Anpassungen recht eng zugeht. Mit einem Durchmesser von 11,5 Zentimetern müssen die Köpfe unserer Babys immer noch erheblich zusammengedrückt werden, um durch einen bei vollständiger Eröffnung zehn Zentimeter weiten Muttermund zu passen.

Geburten waren immer eine riskante Angelegenheit, bei denen sowohl die Babys als auch die Mütter gelegentlich in Lebensgefahr gerieten. Darum wurde die Entbindung im Lauf der Jahrtausende in vielen Gesellschaften als heroische Tat gewürdigt. Die Azteken glaubten, dass Frauen, die bei der Geburt eines Kindes starben, im Himmel zu höchsten Ehren kamen, wie tapfere Krieger, die im Kampf gefallen waren.

Frühe »Verstoßung« verringerte dieses Risiko und wurde dadurch ermöglicht, dass prähistorische Eltern ihre unreifen Babys beschützen konnten. Dank ihres aufrechten Gangs und ihrer hochentwickelten manuellen Fähigkeiten konnten die frühen Menschen ihre Babys beim Gehen bei sich tragen und sie dabei warm und geborgen halten. Und unsere Vorfahren nutzten ihre Hände zu mehr als nur zum Halten. Sie stellten warme Kleidung und Tragevorrichtungen aus Stoff her, mit denen die Sicherheit des Mutterleibs nachgeahmt werden konnte.

Die schwere Aufgabe, die Bedingungen des Mutterleibs nachzuahmen, war der Preis, den unsere Verwandten aus der Steinzeit für sicherere frühe Geburten zahlen mussten. In den letzten Jahrhunderten haben jedoch viele Eltern versucht, sich dieser Verpflichtung gegenüber ihren Babys zu entziehen.

Sie wollten immer noch, dass ihre Babys große Gehirne hatten und früh geboren wurden, aber sie wollten sie nicht so oft

---

Stellen Sie sich vor, ein Baby mit dem halben oder vollen Gewicht eines Erwachsenen zur Welt zu bringen. Natürlich ist ein ein Meter langes, vierzig Kilogramm schweres Neugeborenes eine lächerliche Vorstellung. Nun stellen Sie sich vor, ein Baby mit dem halben Kopfumfang eines Erwachsenen zur Welt zu bringen. Das klingt noch absurder, aber tatsächlich wäre ein solcher Kopf für ein neugeborenes Baby *klein!* Die Köpfe unserer Babys haben bei der Geburt zwei Drittel des Umfangs eines Erwachsenenkopfes. (Autsch!)

füttern oder sie den ganzen Tag mit sich herumtragen. Einige irregeleitete Experten vertraten sogar die Auffassung, dass Neugeborene nachts durchschlafen und sich selbst beruhigen sollten, wenn sie schrien. Wie Kängurus, die ihrem Baby den Einstieg in den Beutel verweigern, brachen die Eltern, die diese Theorien unterstützten, ein Versprechen, das Mütter und Väter Hunderttausende von Jahren lang ihren Neugeborenen gegeben hatten.

Warum Ihr Baby ein viertes Trimester will und braucht

> Für das Baby, auf das über Augen, Ohren, Nase, Haut und Eingeweide gleichzeitig Empfindungen einstürmen, ist das alles nur ein großes, summendes Durcheinander.
>
> William James, *The Principles of Psychology*, 1890

Wenn Sie Ihr weiches, kleines Neugeborenes aus der Klinik nach Hause bringen, glauben Sie vielleicht, dass Ihr friedliches Kinderzimmer für sein engelsgleiches Körperchen und Temperament perfekt geeignet ist. Ihr Baby sieht das anders. Für das Baby ist es eine verwirrende Umgebung – halb Kasino in Las Vegas, halb dunkler Schrank.

Seine Sinne werden mit neuen Erfahrungen bombardiert. Von außen stürmt ein Durcheinander von Licht, Farben und Beschaffenheiten auf es ein. Im Inneren wird es von Wellen starker neuer Gefühle (Blähungen, Hunger, Durst) überschwemmt. Gleichzeitig hüllt die Stille des Raumes es ein wie ein Schrank – ohne die Rhythmen, die während der letzten neun Monate sein ständiger Trost waren. Stellen Sie sich vor, wie befremdlich die Stille eines Krankenhauszimmers nach dem lauten, quadrophonischen Rauschen des Mutterleibs für Ihr Baby sein muss. Kein Wunder, dass Babys um sich schauen, als ob sie sagen wollten: »*Das kann nicht wahr sein!*«

Die meisten Babys stecken diese Veränderungen weg, ohne mit der Wimper zu zucken. Einige sind dazu jedoch nicht in der Lage. Sie müssen während eines großen Teils des Tages im Arm gehalten, gewiegt und gestillt werden. Die Empfindungen, die sie dabei haben, ähneln denen im Mutterleib und bilden die Grundlage jeder Baby-Beruhigungsmethode, die je erfunden wurde. Diese Vierttrimestererfahrung beruhigt Babys nicht, weil sie verwöhnt sind, und nicht, weil ihnen vorgegaukelt wird, sie seien wieder zu Hause, sondern weil sie einen starken Reflex in ihrem Gehirn auslöst, der das Schreien ausschaltet – den Beruhigungsreflex.

Das vierte Trimester ist das Geburtstagsgeschenk, das sich viele Babys von ihren Eltern erhoffen.

»*Mutterleib mit Aussicht*«*: Wie Eltern das vierte Trimester erleben*

> Wenn das Baby herauskommt, wird die echte Nabelschnur für immer durchtrennt ... aber das Baby ist in dieser Sekunde immer noch ein Fötus ... nur eben ein Fötus, der eine Sekunde älter ist.
>
> Peter Farb, *Das ist der Mensch*

Was für ein unvergesslicher Augenblick es ist, wenn Sie Ihr Baby zum ersten Mal sehen und berühren. Sein süßer Duft, sein offener Blick und seine flaumige, weiche Haut erobern Ihr Herz. Aber Neugeborene haben auch etwas Einschüchterndes. Ihr schwerer Kopf, den sie noch nicht selbst halten können, ihr ungleichmäßiger Atem und hin und wieder ein leichtes Zittern lassen sie sehr hilflos erscheinen.

Und gerade wegen dieser Hilflosigkeit und Verletzlichkeit bin ich davon überzeugt, dass ein viertes Trimester, in dem die Bedingungen des Mutterleibs nachempfunden werden, genau das ist, was Neugeborene brauchen.

Dieses Bedürfnis erkannten Sie wahrscheinlich, als das Weinen Ihres Babys in dem Augenblick verstummte, als man es auf Ihre Brust legte. Zwischen seinem Schrei und Ihren Ohren entsteht jetzt eine virtuelle Nabelschnur, ein Anhang, ein unsichtbares dehnbares Bungee-Seil, das Ihnen die Möglichkeit gibt, im Haus herumzugehen – bis Sie durch einen lauten Schrei wieder zurückgerufen werden.

»Als Stuart aus mir herauskam, schien er noch nicht bereit für die Welt zu sein«, sagte Mary, eine Mutter, die in meine Praxis kam. »Er musste fast ständig herumgetragen und gewiegt werden, um zufrieden zu sein. Mein Mann Phil und ich scherzten, dass er wie ein Kuchen sei, der nochmal zurück in den Backofen müsse, um ganz fertig gebacken zu werden.«

Was Mary und Phil spürten, war, dass Stuart noch einige Monate »Mutterleibservice« benötigte. Aber es ist nicht ganz einfach, ein wandelnder Uterus zu sein! Gestresste frisch gebackene Mütter klagen oft, dass sie am späten Nachmittag noch im Schlafanzug sind. In den ersten Tagen nach der Entbindung stellen Sie fest, dass Sie den ganzen Tag mit dem beschäftigt sind, was Ihre Gebärmutter während der letzten neun Monate klaglos rund um die Uhr erledigt hat.

Aus der Sicht Ihres Babys ist es eine Enttäuschung, wenn nicht gar Betrug, wenn es zwölf Stunden am Tag in Ihren Armen ist. Wenn es sprechen könnte, würde es wahrscheinlich trotzig sagen: »Was soll das Theater? Vorher hast du mich 24 Stunden am Tag gehalten und mich jede Sekunde gefüttert!«

Leider haben sich viele Eltern in unserer Kultur davon überzeugen lassen, dass es falsch ist, Babys so viel herumzutragen. Sie haben sich zu dem Glauben verleiten lassen, dass ihre Hauptaufgabe darin besteht, ihr Neugeborenes zu erziehen und ihm Dinge beizubringen. Sie behandeln ihr Baby wie ein Gehirn, das trainiert werden muss, statt wie einen Geist, den sie nähren dürfen. In anderen Kulturen werden die Bedürfnisse eines Neugeborenen anders betrachtet. In Bali schlafen Babys nie allein, und sie verlassen während der ersten einhundertfünf Tage ihres Lebens kaum je die Arme eines Erwachsenen! Die Eltern vergraben die Plazenta und legen an diesem Ort täglich Reis- und Gemüsegaben nieder. Am hundertfünften Tag werden Babys mit einer heiligen Zeremonie als neue Mitglieder der menschlichen Rasse willkommen geheißen. Bis dahin gehören sie noch den Göttern. Bei diesem Ritual erhalten Babys ihren ersten Schluck Wasser, und ein Ei wird über ihre Arme und Beine gerieben, um ihnen Vitalität und Stärke zu geben. Erst dann dürfen ihre Füße Mutter Erde berühren.

Es ist kein Zufall, dass in einer Kultur wie der balinesischen, in der die Drei-Monats-Kolik praktisch unbekannt ist, Eltern ihren Babys viel mehr von einer Vierttrimestererfahrung geben als wir.

Der große Mythos: Babys können verwöhnt werden

> Verschließe nicht dein Ohr
> meinem Flehen.
> Die Klagelieder 3,56

Es gibt mindestens zwei Dinge, deren sich alle Eltern sicher sind:
1. Es gibt jede Menge verwöhnter Kinder.
2. Das eigene Kind soll nicht dazugehören.

Wir alle wollen respektvolle Kinder großziehen, und manche Experten warnen uns davor, dem Schreien unserer Kinder zu viel Beachtung zu schenken, da sie sonst lernen könnten, sich manipulativ zu verhalten. Können Sie Ihrem Kind schlechte Gewohnheiten beibringen, wenn Sie auf sein Schreien prompt reagieren, indem Sie es im Arm halten, wiegen und saugen lassen? Kann es sich zu Ihrem Nachteil auswirken, wenn Sie Ihrem Baby Zärtlichkeit schenken?

Glücklicherweise ist die Antwort auf alle diese Fragen: Nein und nochmals Nein. Sie können Ihr Baby während der ersten vier Lebensmonate nicht verwöhnen. Denken Sie daran, dass es direkt nach der Geburt einen dramatischen Rückgang der »Haltezeiten« erleben musste. Eine Mutter formulierte es so: »Ich stelle mir vor, dass Neugeborene sich wie jemand fühlen, der an einem Entgiftungsprogramm teilnimmt und auf kalten Zärtlichkeitsentzug gehen muss. Kein Wunder, dass sie schreien!«

Nicht nur die Mütter und Väter von heute machen sich Gedanken darüber, dass sie aus ihren Kindern verzogene Bälger machen könnten. Anfang des 20. Jahrhunderts wurden amerikanische Eltern davor gewarnt, ihre Babys zu verzärteln, da sonst undisziplinierte kleine Störenfriede aus ihnen werden könnten. Eine amerikanische Familienbehörde gab eine offizielle Warnung an Mütter heraus, ihre Kinder nicht zu viel herumzutragen, damit keine »verwöhnten, unzufriedenen Babys, Haustyrannen, deren ständige Forderungen eine Mutter zur Sklavin machen«, daraus würden.

Aber 1972 erschütterten Sylvia Bell und Mary Ainsworth von der Johns Hopkins Universität diese veralteten Vorstellungen in ihren Grundfesten. Sie fanden heraus, dass Babys, deren Mütter während der ersten Lebensmonate schnell auf ihr Schreien reagierten, *nicht* verwöhnt wurden. Im Gegenteil: Babys, deren Bedürfnisse rasch und zärtlich befriedigt wurden, waren zufriedener, ausgeglichener und geduldiger, als sie im Alter von einem Jahr getestet wurden! Wie Ainsworth und Bell nachwiesen (und die meisten Eltern in ihrem Herzen wissen), werden Kinder umso selbstsicherer und belastbarer, je mehr Liebe und Zärtlichkeit sie als Babys bekommen.

Trotz dieser Beweise zweifeln viele junge Eltern immer noch daran, dass es richtig ist, Babys so viel herumzutragen. Obwohl unser natürlicher elterlicher Instinkt uns dazu drängt, unser Baby so schnell wie möglich zu beruhigen, ist uns die Warnung »Nicht verwöhnen!« so eingehämmert worden, dass wir unsicher werden.

Ich gebe zu, dass man sich manipuliert fühlen kann, wenn das Baby jedesmal aufwacht und schreit, wenn man es sanft in seiner Wiege ablegen möchte. Aber es schreien zu lassen, wird es genauso wenig lehren, unabhängig zu sein, wie das Liegenlassen in einer nassen Windel seine Haut widerstandsfähiger macht. (Es ist gut zu wissen, dass viele indianische Eltern ihre

Die wahre Ursache der Koliken

Babys den ganzen Tag im Arm hielten und die ganze Nacht stillten und dass diese Kinder dennoch zu mutigen, respektvollen und unabhängigen Menschen heranwuchsen.)

Verstehen Sie mich nicht falsch. Ich bin nicht gegen einen flexiblen Ernährungs-/Schlafplan für Ihr Baby. (Siehe die Ausführungen zum Thema »Versorgung nach Zeitplan« in Kapitel 15.) Für manche Babys und Familien ist das Vorgehen nach Zeitplänen sehr hilfreich. Aber temperamentvolle Babys mit unregelmäßigen Schlaf- und Essenszeiten in einen festen Zeitplan zwängen zu wollen, führt meist zu Frustrationen auf beiden Seiten.

Wie es in der Bibel heißt: »Für alles gibt es eine Zeit.« Ich glaube, dass Disziplinierung eine sehr wichtige elterliche Aufgabe ist – aber nicht bei sehr kleinen Babys. Der Anfang des vierten Monats ist der früheste Zeitpunkt, zu dem die Sorge, ein Baby zu verwöhnen, ein Thema werden kann. Aber vor dem vierten Monat haben Sie eine Aufgabe, die *hundertmal* wichtiger ist als das Vermeiden von Verwöhnung. Es ist Ihre Aufgabe, das Vertrauen Ihres Babys in Sie und die Welt zu fördern.

Das Vertrauen ihres Kindes aufzubauen, ist eines der größten Privilegien von Eltern. Ich bin davon überzeugt, dass eine schnelle und mitfühlende Reaktion auf das Schreien unseres Babys die Grundlage starker familiärer Werte ist, nicht das Gegenteil. Wenn Ihre Arme das Baby liebevoll umschließen oder es sich an warmer Milch laben darf, sagen Sie ihm damit: »Mach dir keine Sorgen. Ich werden immer da sein, wenn du mich brauchst.« So entsteht das Vertrauen Ihres Kindes in Sie und die Menschen, die ihm am nächsten stehen.

Bitte genießen Sie diese ersten Monate mit ihrem süßen,

liebenswerten Baby. Später ist noch genügend Zeit zum Disziplinieren und Trainieren. Aber jetzt ist die Zeit für Zärtlichkeit. Genießen Sie diese Zeit, weil sie – wie alle erfahrenen Eltern Ihnen sagen werden – viel zu schnell vorübergeht.

Das fehlende vierte Trimester: die wahre Ursache der Koliken

> Nirgends ist es so schön wie zu Hause.
> Dorothy, in *Der Zauberer von Oz*

Nachdem jahrhundertelang Mythen vorherrschten, bin ich heute davon überzeugt, dass die wahre Ursache der Drei-Monats-Kolik einfach darin zu sehen ist, dass unruhige Babys die Empfindungen aus dem Mutterleib brauchen.

Sie könnten fragen: »Wenn alle Babys zu früh aus dem Mutterleib verstoßen werden und ein viertes Trimester brauchen, wieso bekommen dann nicht alle Koliken?«

Der Grund dafür ist einfach: Die meisten Babys können mit der frühen Geburt umgehen, weil sie ein gemäßigtes Temperament und gute Selbstberuhigungsfähigkeiten haben. Das heißt, sie können sich trotz der Wellen von Unter- und Überstimulation selbst beruhigen.

Kolikbabys dagegen fällt es sehr schwer, sich selbst zu beruhigen. Sie machen dieselben Erfahrungen wie ruhige Babys, aber statt sie gelassen hinzunehmen, zeigen sie eine dramatische Überreaktion. Diese Babys brauchen dringend die Empfindungen aus dem Mutterleib, um ihren Beruhigungsreflex zu aktivieren.

*Der Kolik-Elefant: Eine Mischung aus dem
vierten Trimester und anderen Koliktheorien*
Wie bereits erläutert, haben Experten die Koliken auf Verdauungsbeschwerden, Ängste, Unreife und Temperament zurückgeführt. Aber wie in der Geschichte mit den blinden Männern und dem Elefanten nahmen diese Experten nur Teile des Problems wahr und übersahen das wichtige Bindeglied – das fehlende vierte Trimester.

Das fehlende vierte Trimester macht Babys anfällig für die Instabilität in ihrem eigenen Wesen (Gehirnunreife und schwieriges Temperament) und für kleine alltägliche Störungen.

Meiner Meinung nach besteht folgender Zusammenhang zwischen den verschiedenen Koliktheorien:

1. *Gehirnunreife:* Dieses angeborene Merkmal kann das Bedürfnis eines Babys nach einem vierten Trimester erheblich

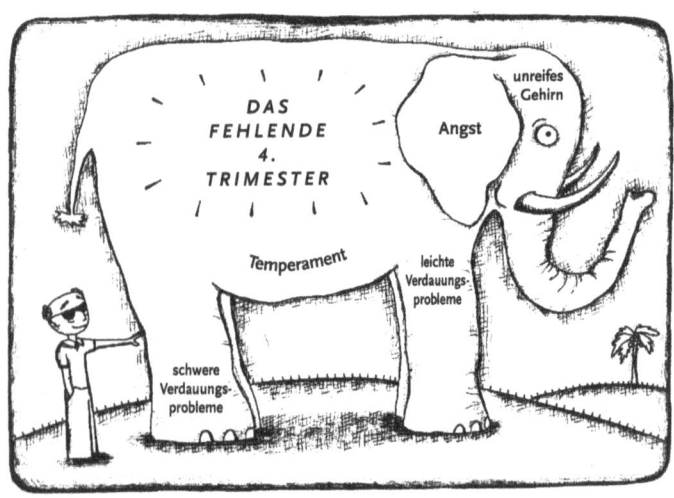

verstärken. Unruhige Babys verfügen über eine so schlechte Statuskontrolle und Fähigkeit, sich selbst zu beruhigen, dass selbst bei geringfügiger Über- oder Unterstimulation eine Kettenreaktion aus immer wilderem Herumfuchteln und lautem Schreien ausgelöst wird.
2. *Temperament:* Ein Baby, das eine extrem sensible und/oder temperamentvolle Persönlichkeit hat, überreagiert bei kleinen Störungen und braucht sehr viel Hilfe beim Aktivieren des Beruhigungsreflexes.
3. *Schwere Verdauungsprobleme:* Durch Lebensmittelallergien oder Magensaftrückfluss verursachte Schmerzen können gelegentlich dazu führen, dass ein Baby völlig außer sich gerät. Aber diese Probleme sind bei Babys mit nicht ausgereifter Selbstberuhigungsfähigkeit oder schwierigem Temperament viel belastender.
4. *Leichte Verdauungsprobleme:* Verstopfung und Blähungen können Unbehagen verursachen, das bei Babys mit unreifem Gehirn und/oder schwierigem Temperament Schreien auslöst.

Die Theorie des vierten Trimesters auf dem Prüfstand

In der Natur gibt es für alles einen Grund. Aristoteles

Damit eine Koliktheorie sich als richtig erweist, muss sie eine Erklärung für alle zehn Kolikanzeichen liefern. Nach langen und umfassenden Studien bin ich zu der Überzeugung gelangt, dass die einzige Theorie, die alle zehn Kolikanzeichen erklärt und das jahrhundertealte Rätsel der Drei-Monats-Kolik löst, das Konzept des vierten Trimesters ist.

1. *Die Schreianfälle fangen meist im Alter von zwei Wochen an, erreichen mit sechs Wochen ihren Höhepunkt und enden mit drei bis vier Monaten.* In den ersten beiden Lebenswochen sind Neugeborene nur kurze Zeit wach. Dadurch werden sie vor Über- oder Unterstimulation bewahrt, und das Einsetzen der Koliken wird hinausgezögert.
Nach zwei Wochen fangen Babys an, länger wach zu bleiben. Ruhige Babys können mit der Stimulation, der sie durch dieses verlängerte Wachsein ausgesetzt sind, umgehen. Aber Babys, bei denen die Fähigkeit zur Selbstberuhigung schlecht ausgeprägt ist oder die ein schwieriges Temperament haben, können von ihren Empfindungen überwältigt werden.
Mit sechs Wochen sind diese empfindlichen Babys sehr wach und sehr überstimuliert, haben aber immer noch eine schlechte Statuskontrolle. Sie bekommen Schreianfälle, die nur durch meisterhafte Nachahmungen des Mutterleibs beendet werden können.
Mit drei oder vier Monaten verschwinden die Koliken. Jetzt können die Babys gurren, lachen, an ihren Fingern saugen und beherrschen noch andere Selbstberuhigungstricks. Sie sind reif genug, um ohne ständiges Gehalten- und Gewiegtwerden und ohne Schhhh-Laute mit der Welt umzugehen. Endlich sind sie bereit dafür, geboren zu werden!

2. *Frühgeborene sind nicht anfälliger für Koliken als Babys, die voll ausgetragen wurden. (Und ihre Koliken fangen erst etwa zwei Wochen nach dem errechneten Geburtstermin an.)* Frühgebore-

ne schlafen selbst auf geräuschvollen Intensivstationen gut. Ihre unreifen Gehirne beherrschen den Schlafstatus, aber nicht den komplexen Status des Wachseins. Dieses fast gänzliche Fehlen von Wachzeiten gibt Frühgeborenen das Gefühl, noch im Mutterleib zu sein. Dass ihnen das vierte Trimester fehlt, merken sie erst, wenn sie den errechneten Geburtstermin überschritten haben und wacher werden.

3. *Kolikbabys haben ein verzerrtes Gesicht und schreien durchdringend, als ob sie Schmerzen hätten. Oft verlaufen die Schreianfälle in Wellen (wie Krämpfe) und enden abrupt.* Das Kolikschreien Ihres Babys mag sich anhören wie die Schreie, die es von sich gibt, wenn es Schmerzen hat. Aber viele Babys zeigen bei belanglosen Ereignissen (laute Geräusche, Aufstoßen) eine Überreaktion, indem sie laut schreien. Sie sind wie Rauchmelder, die losheulen, obwohl nur ein kleines Stück Toast verbrannt ist.

Dass dieses Schreien durch Autofahrten oder Stillen beendet werden kann, zeigt, dass diese Babys nicht unter schlimmen Schmerzen leiden. Woran sie wirklich leiden, ist der Verlust des vierten Trimesters.

4. *Das Schreien beginnt oft während des Fütterns oder kurz danach.* Babys, die während oder direkt nach Mahlzeiten schreien, überreagieren auf ihren gastrokolischen Reflex, das Zusammenziehen des Darms, das auftritt, wenn sich der Magen mit Nahrung füllt. Für die meisten Babys ist dieser Reflex kein Problem, aber für Kolikbabys kann diese Empfindung am Ende des Tages (wenn auch ihre Geduld am Ende ist) der Tropfen sein, der das Fass zum Überlaufen bringt und einen nicht enden wollenden Schreianfall auslöst.

Dass dieses Problem nach drei Monaten verschwindet (obwohl der gastrokolische Reflex unvermindert vorhanden ist), bestätigt die These, dass dieses Krampfgefühl nur bei solchen Babys Schreianfälle auslöst, die die beruhigenden Empfindungen des vierten Trimesters benötigen.

5. *Sie krümmen sich oft, pressen und scheinen Erleichterung zu spüren, wenn Blähungen abgehen oder sie Stuhlgang haben.* Alle Babys haben Blähungen. Aber nur bei sensiblen und/oder temperamentvollen Babys löst diese Empfindung Schreianfälle aus.

6. *Koliken sind in den Abendstunden oft viel schlimmer.* So wie gestresste Mütter am Ende der Geburtstagsfeier ihres Kindes zusammenbrechen, sind manche Babys nach einem Tag voller Aktivitäten am Ende ihrer Kräfte. Ohne das vierte Trimester als Beruhigungsfaktor kochen diese empfindlichen Babys jeden Abend wie ein Topf voll heißem Pudding über.

7. *Die Wahrscheinlichkeit, dass bei einem Baby Koliken auftreten, ist beim fünften Kind eines Paares genauso hoch wie beim ersten.* Bei jedem Baby werden die persönlichen genetischen Karten der Eltern neu gemischt. Deshalb können die ersten vier Kinder eines Paares ruhig und leicht zufriedenzustellen sein, während das fünfte Charakterzüge wie Sensibilität oder schwach ausgeprägte Statuskontrolle erben kann, die ihn den Tag nur mit Gehalten- und Gewiegtwerden überstehen lassen. Diese Kolikbabys brauchen die Schutzzone des vierten Trimesters, bis sie reif genug sind, um sich selbst zu beruhigen.

8. *Die Schreianfälle werden durch Wiegen, Im-Arm-Halten, Schhhh-Laute und leichten Druck auf den Bauch oft gelindert.*

Dieses Zeichen ist ein deutlicher Beweis dafür, dass die wahre Ursache für das unkontrollierbare Schreien das Bedürfnis nach ein paar weiteren Monaten im Mutterleib ist. Denn bei jeder dieser Beruhigungsmethoden werden die Bedingungen im Mutterleib nachgeahmt, und nach drei Monaten sind sie nicht mehr erforderlich.

9. *Die Babys sind zwischen den Schreianfällen gesund und zufrieden.* Wenn der einzige Grund für die Koliken die Tatsache ist, dass die Babys zu früh geboren werden, ist es nur logisch, dass sie gesund und zufrieden sind, bis sie durch irgendetwas über den kritischen Punkt hinausgebracht werden.

10. *In vielen Kulturen auf der Welt bekommen Babys nie Koliken.* Die Babys der Balinesen, der Buschmänner aus Botswana und des Stammes der Manali in den Ausläufern des Himalaja haben eines gemeinsam: Diese Babys leiden nie unter anhaltenden Schreianfällen. Anthropologen, die »kolikfreie« Kulturen studieren, stellen fest, dass sich die Mütter in diesen Kulturen eng an den Viertrimesterplan halten. Die Frauen tragen ihre Babys fast 24 Stunden am Tag bei sich, füttern sie oft und wiegen und schütteln sie ständig. Diese Mütter gewähren ihren Babys einige Monate lang eine fast ständige Nachahmung des Mutterleibs.

Nur mit dem fehlenden vierten Trimester lassen sich *alle* Kolikanzeichen erklären. Wenn aber ein schreiendes Baby einfach dadurch beruhigt werden kann, dass man durch ein bisschen Einwickeln und Wiegen die Bedingungen des Mutterleibs nachahmt, warum scheitern dann diese Bemühungen so oft bei

Kolikbabys? Dafür gibt es einen einfachen Grund: In unserer Kultur lernen Eltern selten, sie korrekt auszuführen.

Glücklicherweise ist es nicht zu spät, es zu lernen, und im nächsten Teil dieses Buches werde ich Ihnen die wirkungsvollsten Methoden zur Beruhigung schreiender Babys ausführlich vorstellen.

TEIL ZWEI

Die alte Kunst des Beruhigens erlernen

6 Die Frau, die ihr Baby mit einem Pferd verwechselte: moderne Eltern, die nichts mehr vom vierten Trimester wissen

Wichtige Punkte:
- Im Gegensatz zu neugeborenen Fohlen sind unsere Babys nicht schon am ersten Lebenstag auf den Beinen – sie brauchen ein viertes Trimester, um die Vorbereitungen für das Leben außerhalb des Mutterleibs abzuschließen.
- Der frappierende Unterschied zwischen vier Tage alten und vier Monate alten Babys.
- Uralte Lektionen, die Sie von Müttern lernen können, deren Babys nie Koliken bekommen.

Was gewesen ist, wird wieder sein, und was geschehen ist, wird wieder geschehen. Es gibt nichts Neues unter der Sonne.   Prediger 1,9

Stellen Sie sich einen kristallklaren Dezembertag vor. Gestern hat sich Ihr Leben durch die Geburt eines hübschen kleinen Jungen von Grund auf verändert. Jetzt schiebt die Krankenschwester sein Bettchen herein, Ihr Sohn hebt seinen kleinen Kopf, wendet Ihnen langsam sein Gesicht zu und zeigt Ihnen ein breites Grinsen! Dann springt er in Ihre Arme und ruft mit einem Lachen, das Sie dahinschmelzen lässt: »Du bist die beste Mama auf der ganzen Welt!«

Natürlich erwartet niemand von seinem Baby, dass es direkt nach der Geburt gehen und sprechen kann. Aber viele moderne Eltern sind nicht darauf vorbereitet, wie abhängig und hilflos Neugeborene wirklich sind. Sie erwarten reifere Babys, mehr wie kleine Fohlen! Neugeborene Pferde können innerhalb von Minuten nach der Geburt stehen, gehen und sogar galoppieren. Das Überleben eines Fohlens hängt von diesen Fähigkeiten ab – es muss sich vor hungrigen Raubtieren in Sicherheit bringen können. Im Vergleich dazu sind unsere Babys unreife kleine Föten.

Die überraschende Wahrheit: Die Unterschiede zwischen vier Tage und vier Monate alten Babys

> Nach dem ersten Monat wünschte ich mir ein Zeichen, dass meine Zwillingsmädchen mich von der Frau auf der Straße unterscheiden konnten. Als Audrey zwei Monate alt war, pinkelte sie auf mich und lächelte dann auf einmal. Ich weiß, es klingt verrückt, aber ich war hingerissen!
>
> Debra, Mutter von Audrey und Sophia

In Geburtsvorbereitungskursen bitte ich die werdenden Eltern oft, die Unterschiede zwischen einem vier Tage alten und einem vier Monate alten Baby zu beschreiben.

Paare, die nicht viel Babyerfahrung haben, antworten darauf meistens, dass ein vier Monate altes Baby wie ein Neugeborenes ist, nur größer und wacher.

In Wirklichkeit gibt es *enorme* Unterschiede zwischen diesen

Die Unterschiede zwischen vier Tage und vier Monate alten Babys

beiden Altersgruppen. So außergewöhnlich Neugeborene auch sind – ihre Fähigkeiten, mit ihrer Umwelt zu interagieren, sind äußerst beschränkt. Während ein vier Tage altes Baby weder gurren noch sich umdrehen kann, um zu sehen, wer mit ihm spricht, sind das entzückende Lächeln und die leuchtenden Augen eines vier Monate alten Babys wie eine persönliche Einladung, es auf seiner erstaunlichen Reise durch das Leben zu begleiten.

Wie schon erwähnt, ist das Überleben eines jungen Pferdes von Muskelkraft abhängig. Deshalb hat sein Körper bei der Geburt die maximale Größe, die noch eine sichere Entbindung zulässt. Im Gegensatz dazu ist das Überleben eines Menschenbabys von seinem Gehirn abhängig. Deshalb hat sein Kopf bei der Geburt die maximale Größe, die noch möglich ist, ohne den

Vier Tage alte Babys	Vier Monate alte Babys
Sensorische Fähigkeiten	
Können sich nur auf Objekte konzentrieren, die 20 bis 30 cm entfernt sind.	Können sich leicht auf große Objekte auf der anderen Seite des Raumes konzentrieren.
Schauen gern auf Hell-/Dunkelkonstraste und Muster.	Können den Kopf drehen, um eine Geräuschquelle zu finden.
Soziale Fähigkeiten	
Mehr vom Klang der menschlichen Stimme angezogen als von Musik oder Lärm. Können aufgrund der gedämpften Töne, die sie im Mutterleib hören konnten, die Stimme der Mutter erkennen.	Warten geduldig darauf, bis Sie ausgeredet haben, bis sie mit einer Symphonie aus Gurren, Lallen oder Grunzen antworten.
Schauen lieber Gesichter als Gegenstände an. Können manchmal Gesichtsausdrücke oder Grimassen wie einen geöffneten Mund oder eine herausgestreckte Zunge nachahmen.	Sind in die Gesichter der Eltern verliebt und freuen sich sichtlich, wenn die Eltern den Raum betreten. Lächeln und gurren, um die Eltern zum Lächeln zu bringen, und können unzufrieden sein, wenn sie ignoriert werden.
Motorische Fähigkeiten	
Schielen oft. Können nur langsame Objekte mit dem Blick verfolgen und haben ruckartige Augenbewegungen.	Schielen nicht mehr. Können jetzt Gegenstände schnell und mit fließenden Augenbewegungen durch den Raum verfolgen.
Es fällt ihnen schwer, die Finger zum Mund zu führen, und *sehr* schwer, sie länger als dreißig Sekunden dort zu halten.	Können viel besser nach Gegenständen greifen und sie berühren. Können leicht die Finger zum Mund führen und sie dort mehrere Minuten halten.

Vier Tage alte Babys	Vier Monate alte Babys
Physiologische Merkmale	
Hände und Füße sind oft bläulich.	Nur noch bei Kälte bläuliche Hände und Füße.
Der Körper wird manchmal von Schluckauf, Zittern und unregelmäßigem Atem durchgeschüttelt.	Haben selten Schluckauf, zittern nicht und atmen gleichmäßig.
Können die Körperbewegungen kaum kontrollieren.	Können Körperbewegungen viel besser kontrollieren. Können vom Bauch auf den Rücken (und umgekehrt) rollen, sich auf dem Bauch im Kreis drehen und den Kopf sehr hoch heben.

Durchtritt durch den Geburtskanal zu gefährden. Während der ersten drei Lebensmonate wächst das Gehirn eines Babys um weitere zwanzig Prozent. Mit diesem Wachstum geht eine explosive Zunahme an Verarbeitungsgeschwindigkeit, Organisation und Komplexität einher. Kein Wunder, dass Eltern feststellen, dass ihre Babys am Ende des vierten Trimesters plötzlich »aufwachen«.

Unsere urzeitlichen Vorfahren erkannten, wie unreif ihre Babys bei der Geburt waren. Im Lauf der Jahrhunderte fanden sie heraus, dass die beste Art, Neugeborene während der ersten Lebensmonate zu versorgen, darin bestand, ihr bisheriges Zuhause – den Mutterleib – nachzuahmen!

Weg mit dem Neuen, her mit dem Alten: Die Wiederentdeckung der Steinzeitweisheit

Erinnern Sie sich daran, wie Luke Skywalker in *Krieg der Sterne* den Sieg errang, indem er die längst vergessenen Kräfte von »Der Macht« nutzte? Nun, während der letzten fünfzig Jahre hat auch unsere Gesellschaft Fortschritte gemacht, indem sie zu alten Weisheiten wie mehr Bewegung, Umweltschutz und gesünderer Ernährung zurückkehrte. Die Technik ist ein Segen, aber heute lernen wir den Wert eines Lebens im Einklang mit der Natur neu kennen. Es ist so einfach!

Deshalb liegt eine gewisse Logik darin, in die Vergangenheit zu schauen, um uns besser zu verstehen. Trotz zeitgenössischer

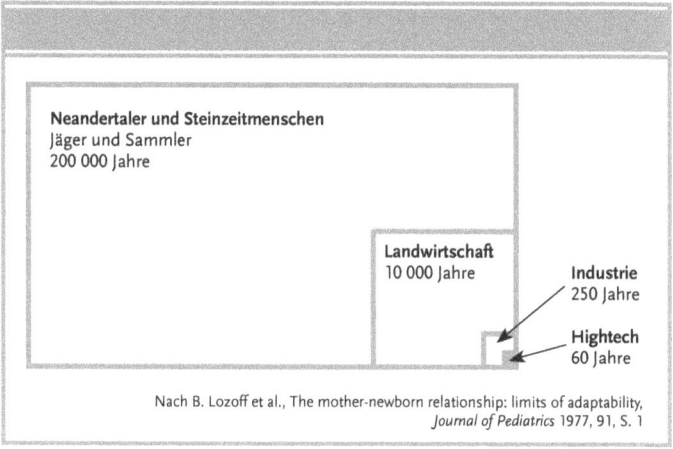

Nach B. Lozoff et al., The mother-newborn relationship: limits of adaptability, *Journal of Pediatrics* 1977, 91, S. 1

Kleidung und Musik ist unsere Biologie eindeutig prähistorisch, und das gilt für Babys ganz besonders.

In oben stehendem Diagramm belegen wir im Technikzeitalter das winzige Quadrat in der rechten unteren Ecke. Aber unsere Babys sind keine Hightechprodukte. In den meisten Bereichen haben sie sich in den letzten 30 000 Jahren keinen Deut geändert. Deshalb würden sich unsere Neugeborenen in der Steinzeit wie zu Hause fühlen, obwohl die meisten Erwachsenen von heute dort keine Überlebenschance hätten. Babys erwarten, in eine Steinzeitfamilie geboren zu werden, und sie erwarten von uns, dass wir so erfahren im Umgang mit ihnen sind, wie es unsere Steinzeitvettern waren. Leider sind die meisten von uns ein wenig eingerostet (wenn nicht gar völlig unwissend), was diese prähistorischen Kinderpflegetipps angeht. Welche wertvollen Tricks könnten Sie lernen, wenn Ihre Nachbarin eine Steinzeitmutter wäre?

Wir können zwar nicht die Zeit zurückdrehen, aber durch eine Art »Zeitfenster« einen Blick auf verschiedene Beruhigungstechniken werfen, die Steinzeitmütter angewendet haben könnten, indem wir uns ansehen, wie primitive Völker auf der ganzen Welt heute ihre Babys versorgen.

Verstehen Sie den Ausdruck »primitiv« nicht falsch. Er lässt uns an unterentwickelte Menschen denken. Aber die Forschung der letzten achtzig Jahre hat gezeigt, dass viele so genannte »primitive« Völker eine Weisheit in Bezug auf die Natur besitzen, die uns fehlt. Manche kennen die medizinische Wirkung seltener Pflanzen, manche wissen, wie man in der Wüste Wasser finden kann – und manche wissen sogar, wie man Drei-Monats-Koliken vermeidet!

Lektionen der !Kung San

Seit Hunderten, wenn nicht Tausenden von Jahren leben die !Kung San (oder afrikanischen Buschmännern) isoliert in den Ebenen der Wüste Kalahari. Aber während der letzten vierzig Jahre haben es die !Kung San Wissenschaftlern großzügig gestattet, ihr Alltagsleben und auch den Umgang mit ihren Babys zu beobachten.

Ich habe die Berichte über die Babybetreuung bei den !Kung San mit großem Interesse gelesen, weil ihre Neugeborenen fast nie schreien. Das heißt, sie schreien natürlich schon – aber sie SCHREIEN nicht! (Sie verstehen sicher den Unterschied.) !Kung-San-Babys werden genauso oft unruhig wie unsere, aber ihre Eltern können sie so gut beruhigen, dass diese Unruhe im

Durchschnitt nur sechzehn Sekunden anhält und mehr als neunzig Prozent der Schreiepisoden nach weniger als einer Minute enden.

Was ist ihr Geheimnis? Welche uralte Weisheit besitzen die !Kung San, die in unserer Kultur in Vergessenheit geraten ist? Ich glaube, dass die erstaunlich erfolgreiche Kinderbetreuung dieses Stammes auf drei Tatsachen beruht:

- !Kung-San-Mütter tragen ihre Babys fast 24 Stunden am Tag bei sich.
- !Kung-San-Mütter stillen ihre Babys rund um die Uhr.
- !Kung-San-Eltern reagieren auf das Schreien ihrer Babys innerhalb von zehn Sekunden.

!Kung-San-Mütter tragen ihre Babys den ganzen Tag in einer Tragehilfe aus Leder herum und schlafen nachts dicht neben ihnen. Aufgrund dieser Nähe können sie immer sofort reagieren, wenn das Baby unruhig wird.

!Kung-San-Babys werden nicht nur durch Nähe und Zärtlichkeit beruhigt, sondern auch durch häufiges kurzes Stillen – bis zu hundertmal am Tag! Wir im Westen könnten auf den Gedanken kommen, dass Babys durch diese Zwischenmahlzeiten verwöhnt werden, aber das ist nicht der Fall. Trotz der großzügigen Zuwendung und sofortigen Aufmerksamkeit, die !Kung-San-Babys erhalten, wenn sie schreien, wachsen sie zu glücklichen, unabhängigen, starken Menschen heran.

Seien Sie unbesorgt: Ich empfehle nicht, die Betreuungsmethoden der !Kung San uneingeschränkt zu übernehmen, denn sie passen einfach nicht in unseren betriebsamen Alltag. Was ich jedoch empfehle, ist, uns diese äußerst erfolgreiche Art der

Babybetreuung genauer anzusehen und herauszufinden, welche der dort gefundenen Lösungen von westlichen Müttern und Vätern übernommen werden könnten.

Meiner Meinung nach besteht das größte Geheimnis der !Kung San darin, dass sich durch all ihre Beruhigungsmethoden ein roter Faden zieht: Sie ahmen die Bedingungen im Mutterleib nach und gewähren ihren Babys die Annehmlichkeit eines vierten Trimesters.

Im Vergleich zu unseren Kindern fehlen !Kung-San-Babys viele materielle Besitztümer, aber verglichen mit den !Kung San fehlt unseren Babys eine wichtige »mütterliche« Gabe – viele Stunden in unseren Armen. Während !Kung-San-Mütter fast ununterbrochen mit ihren Babys zusammen sind, haben Studien in den USA gezeigt, dass wir unsere Babys bis zu sechzehn Stunden am Tag allein lassen. Ich fürchte, dass dieser abrupte Wechsel von der Geborgenheit des Mutterleibs zu einem leeren Zimmer viele Neugeborene schrecklich beunruhigt.

In den ersten Lebensmonaten müssen wir unsere Babys so behandeln, wie es unsere Vorfahren vor Tausenden von Jahren mit ihren taten – mit den beruhigenden Rhythmen des vierten Trimesters. Mit anderen Worten: Wir sollten unsere Neugeborenen nicht mehr mit jungen Pferden verwechseln, sondern sie mehr wie junge Kängurus behandeln! Kängurus »wissen«, dass ihre Babys noch einige Monate lang die Geborgenheit des mütterlichen Beutels brauchen, bevor sie loshüpfen können, daher lassen sie sie unmittelbar nach der Geburt hineinschlüpfen. Ebenso müssen wir unseren süßen Neugeborenen »Beutel« anbieten, die aus Herumtragen, Wiegen, Schhhh-Lauten und Wärme bestehen. Wenn Sie sich daran halten, werden Sie überrascht sein! Sobald Sie die Fähigkeit erworben haben, die Bedingungen des Mutterleibs nachzuahmen, wird Ihnen *genau* dasselbe gelingen wie einer !Kung-San-Mutter: ihr Baby innerhalb weniger Minuten zu beruhigen!

Die Wissenschaft und das vierte Trimester: Die Forschung weist uns den Weg ... zurück!

Dass durch Nachahmung der Bedingungen im Mutterleib Koliken gelindert werden können, ist nicht die einzige uralte Weisheit, die unsere Kultur vergessen hatte. In den letzten fünfzig Jahren haben Wissenschaftler die Vorteile einer weiteren prähistorischen Fähigkeit, des Stillens, nachgewiesen und ihr zu einer Renaissance verholfen.

Das Comeback des Stillens
Innerhalb weniger Tage nach der Geburt eines Babys bildet sich wie von Zauberhand Muttermilch. Das ist genau das, was der Arzt – und Ihr Baby – bestellt hat. Diese süße, nahrhafte, leicht verdauliche Nahrung gibt Ihnen die Möglichkeit, Ihr Baby – genau wie im Mutterleib – fast ununterbrochen zu nähren.

Anfang des 20. Jahrhunderts kam man plötzlich vom Stillen ab, nachdem es Millionen Jahre lang perfektioniert worden war. Die Muttermilch wurde durch künstliche Babynahrung ersetzt, die in Massenproduktion hergestellt und als ebenso gesund und dazu noch hygienischer als das Stillen angepriesen wurde. Viele Mütter glaubten, dass die Wissenschaftler es besser wüssten als die Natur. Sie ernährten ihre Babys mit Fertignahrung und dachten irrtümlich, dass das Produkt eines Chemikers dem altmodischen Produkt ihrer eigenen Brüste überlegen sei.

Mütter baten ihre Ärzte um Medikamente, die die Milchbildung hemmten, und um Empfehlungen bezüglich der besten Fertignahrung. In den 50er Jahren war das Stillen in den USA so selten geworden, dass Frauen, die es versuchten, als radikal oder exzentrisch galten.

Mütter, die stillen wollten, scheiterten oft, weil sie keine persönliche Erfahrung damit hatten und keine professionelle Anleitung erhielten. So unglaublich es klingen mag, aber innerhalb von zwei Generationen wäre in unserer Kultur beinahe eine Grundfähigkeit verloren gegangen, die unsere Spezies über Millionen von Jahren am Leben erhalten hatte! Glücklicherweise waren viele engagierte Frauen (und Männer) über diese mangelnde Unterstützung entsetzt. Dank ihrer Bemühungen entstanden Gruppen wie La Leche League, und es wurden Spezialisten ausgebildet, die jungen Müttern dabei helfen konnten, sich diese wunderbare Fähigkeit wieder anzueignen.

In den letzten Jahren ist das öffentliche Interesse am Stillen enorm gewachsen und hat zahlreiche Forschungsarbeiten angeregt, durch die die Nachteile der Fertignahrung und die Vorteile der Muttermilch nachgewiesen werden konnten. Wissenschaftliche Studien zeigen, dass Muttermilch die Gehirnentwicklung fördert, das Immunsystem stärkt, Schutz vor Diabetes bietet und das Brust- und Ovarialkrebsrisiko der Mutter senkt. Heute ist Muttermilch so weitgehend als bevorzugte Nahrung für Babys akzeptiert, dass selbst Hersteller von Fertignahrung Müttern empfehlen, ihr Produkt nur zu verwenden, wenn sie nicht stillen können.

Ich bin dankbar dafür, dass es hervorragende Fertignahrungen für Babys gibt, die nicht gestillt werden können. Aber in medizinischen Kreisen herrscht Einigkeit darüber, dass Stillen die beste Ernährungsform für Ihr Baby ist.

7 Der »Aus«-Schalter für das Schreien Ihres Babys: der Beruhigungsreflex und die fünf »S«

Wichtige Punkte:
- Was man unter Reflexen versteht und die vielen angeborenen Verhaltensweisen und Fähigkeiten von Babys.
- Der Beruhigungsreflex: Der »Aus«-Schalter für das Schreien Ihres Babys.
- Die fünf »S«: Wie der Beruhigungsreflex Ihres Babys ausgelöst werden kann.
- Intensität: Der wichtigste Tipp zur Beruhigung Ihres Höhlenbabys.
- Drei Gründe für eine verzögerte Reaktion Ihres Babys auf die fünf »S«.

Den meisten Menschen, die sich schon einmal um ein unruhiges Baby kümmern mussten, ist irgendwann der Gedanke gekommen: »Wäre es nicht schön, wenn Babys einen geheimen Schalter hätten, mit dem man das Schreien ausschalten könnte?«

Lachen Sie nicht, so abwegig ist der Gedanke gar nicht. Da Babys so laut wie Autoalarmanlagen heulen können, sollte es doch wohl auch eine Möglichkeit geben, den »Alarm« abzuschalten.

Und die gibt es auch tatsächlich! Ich bezeichne diesen *Aus*-Schalter als den Beruhigungsreflex. Und wie Sie bald sehen werden, funktioniert er fast genauso schnell wie der Rücksetzknopf für Ihre Autoalarmanlage. Aber lassen Sie uns zunächst klären, was man unter Reflexen versteht und wie sie funktionieren.

Reflexe: Unglaubliche Dinge, die Ihr Baby automatisch kann

Reflexe sind automatische Reaktionen Ihres Körpers, wie beispielsweise das Blinzeln, bevor etwas Ihr Auge trifft, oder das schnelle Ausgleichen mit den Armen, wenn Sie das Gleichgewicht verlieren. Reflexe versichern dem Gehirn wie ein guter Freund: »Mach dir keine Gedanken. Ich kümmere mich darum.« Alle Reflexe zeichnen sich durch folgende Merkmale aus:

- *Sie sind zuverlässig.* Jedesmal, wenn der Arzt mit dem Hämmerchen gegen Ihr Knie schlägt, zuckt Ihr Bein nach vorn. Es funktioniert auch, wenn man es fünfhundertmal hintereinander tut.
- *Sie laufen automatisch ab.* Reflexe funktionieren auch, wenn Sie schlafen.
- *Sie erfordern ein ganz bestimmtes auslösendes Ereignis.* Der Kniesehnenreflex läuft nur dann zuverlässig und automatisch ab, wenn er auf genau die richtige Weise ausgelöst wird. Er funktioniert nicht, wenn der auslösende Schlag zu sanft bzw. einen Zentimeter zu hoch oder zu tief ausgeführt wird.

Könnten Sie sich vorstellen, Ihrem Baby das Saugen oder In-die-Windel-Machen beibringen zu müssen? Glücklicherweise ist das nicht nötig, da diese und mehr als siebzig andere automatische Reflexe im Gehirn Ihres Neugeborenen gespeichert sind.

Die meisten dieser Reflexe helfen Ihrem Baby während seiner ersten Lebensmonate. Der Rest sind entweder fötale Reflexe (die nur während des Lebens im Mutterleib nützlich sind), Restreflexe (die unseren Vorfahren vor Millionen von Jahren nützlich waren, aber jetzt nur noch – wie unser Blinddarm – von Generation zu Generation weitergegeben werden) oder rätselhafte Reflexe (deren Zweck unbekannt ist).

Hier eine Liste häufig vorkommender Reflexe, die Sie wahrscheinlich bei Ihrem Baby beobachten werden:

1. *Sicherheitsreflexe:* Diese Schutzreflexe helfen Verletzungen zu vermeiden. (Die meisten davon sind so wichtig, dass sie auch bei Erwachsenen noch vorhanden sind.)

   Schreien – Schreien, die »Mutter« aller Baby-Sicherheitsreflexe, kann durch jede plötzliche Beeinträchtigung ausgelöst werden und ist außerordentlich wirksam, was das Erregen von Aufmerksamkeit betrifft.

   Niesen – Das Niesen eines Neugeborenen ist meistens kein Zeichen einer Erkältung. Es ist eine Reaktion auf störenden Staub oder Schleim, den der Körper aus der Nase zu entfernen versucht.

2. *Ernährungsreflexe:* Obwohl nie Nahrung über die Lippen eines Föten gegangen ist, ist er vom Augenblick der Geburt an in der Lage, Muttermilch aufzunehmen.

   Suchen – Wenn Sie die Wange oder Lippen Ihres Babys berühren, dreht es den Kopf in die Richtung der Berührung, öffnet den Mund und schließt ihn wieder. Durch diesen Reflex findet Ihr Baby die Brustwarze auch im Dunkeln. Aber keine Sorge, wenn Ihr Baby beim Berühren seiner Wange nicht reagiert. Dieser Reflex funktioniert nur, wenn das Baby hungrig ist. Er bietet Ihnen also eine großartige Möglichkeit herauszufinden, ob Ihr Baby schreit, weil es gefüttert werden möchte. Wenn Sie seinen Mund berühren und es sucht nicht nach der Brustwarze, schreit es wahrscheinlich nicht aus Hunger.

Saugen – Ihr Baby hat diesen komplexen Reflex sogar schon vor der Geburt geübt. Viele Eltern besitzen Ultraschallaufnahmen, auf denen zu sehen ist, wie ihr Kleines – schon Wochen vor der Geburt – am Daumen lutscht.

3. **Fötale Reflexe und Restreflexe:** Diese Reflexe helfen unseren Babys entweder vor der Geburt oder waren nur für unsere tierischen Vorfahren in grauer Vorzeit von Nutzen.

Schreiten – Wenn Sie Ihr Baby aufrecht halten, sodass eine Fußsohle eine flache Unterlage berührt, wird es innerhalb weniger Sekunden das betreffende Bein strecken und das andere Bein beugen. Dieser Reflex hilft Babys, sich während der letzten Schwangerschaftsmonate ein wenig zu bewegen, sodass keine Druckstellen entstehen und der Fötus die Geburtsposition einnehmen kann.

Greifen – Wenn Sie einen Finger an die Finger- oder Zehenwurzeln Ihres Babys legen, greift es fest zu, auch wenn es schläft. Dieser Reflex ist für neugeborene Affen lebenswichtig! Er hilft ihnen, sich am Fell der Mutter festzuklammern, während sie durch den Dschungel unterwegs ist. (Vorsicht, er funktioniert auch bei Papas mit haariger Brust!)

Der Moro-Reflex – Dieser äußerst wichtige Restreflex entstand wohl, als unsere Vorfahren ihre Babys von Baum zu

Baum trugen. Es ist der »Ich falle«-Reflex, der aktiviert wird, sobald Ihr Baby erschrickt (durch einen Ruck, ein lautes Geräusch oder einen Traum).

Der Moro-Reflex bewirkt, dass die Arme Ihres Babys nach vorn schnellen und sich dabei krümmen, als ob sie um etwas herumgreifen wollten. Dieser altehrwürdige Reflex hat wahrscheinlich zahllose Affenbabys davor bewahrt, aus den Armen ihrer Mütter zu fallen. (Auch bei Erwachsenen, die auf einem Stuhl einschlafen und deren Kopf plötzlich nach hinten fällt, kann dieser Reflex auftreten.)

Je reifer Ihr Baby wird, desto mehr treten diese Reflexe in den Hintergrund und geraten in Vergessenheit wie alte, abgewetzte Teddybären. Aber in den ersten Lebensmonaten gehören diese wertvollen Reaktionen zu den besten Geschenken für ein Baby, die sich eine Mutter wünschen könnte.

Es gibt noch einen weiteren Neugeborenenreflex, den die Eltern in meiner Praxis für den wunderbarsten aller Reflexe halten: den Beruhigungsreflex.

Der Beruhigungsreflex: Mutter Naturs automatischer »Aus«-Schalter für das Schreien Ihres Babys

Ich glaube, dass unsere Vorfahren von dem Zeitpunkt an, als sie in Dörfern und Städten zu leben begannen, vergaßen, dass Babys seit der Steinzeit fast ständig hin und her geschüttelt worden waren, wenn ihre Mütter über Stock und Stein wanderten. Leider begannen viele Babys, denen diese beruhigenden Bewegungen versagt blieben, bei der geringsten Störung zu erschrecken und zu schreien. Bei dem Versuch, dieses Schreien zu erklären, gelangten wohl viele Eltern irrtümlich zu der Annahme, Babys seien so zerbrechlich, dass sie nur *leise* Geräusche und *sanfte* Bewegungen ertragen könnten.

Diese neue Haltung führte dazu, dass sie sich nicht mehr zutrauten, den Beruhigungsreflex auslösen zu können. Denn wie Sie bald erfahren werden, kann er – besonders bei sehr unruhigen Babys – *nur durch sehr intensive Impulse ausgelöst werden.* Im Lauf der Zeit geriet diese alte Beruhigungsmethode in Vergessenheit.

Sie werden sich erinnern, dass Reflexe bestimmte auslösende Ereignisse erfordern. Die Auslöser für den Beruhigungsreflex Ihres Babys sind die Empfindungen aus der Zeit im Mutterleib. Ich bin davon überzeugt, dass dieser kostbare Reflex *nicht* als Methode zur Besänftigung unruhiger Babys, sondern als Methode zur Besänftigung unruhiger *Föten* entstand!

Diese wichtige Reaktion rettete zahllosen Müttern und Ungeborenen das Leben, indem sie Föten ruhig hielt, sodass sie nicht um sich schlugen und ihre Nabelschnur durchtrennten oder sich in einer Lage verkeilten, aus der sie nicht geboren werden konnten. Wie genial von Mutter Natur, es so einzurichten, dass diese wichtige, lebensrettende Reaktion durch Empfindungen ausgelöst wird, von denen Föten auf ganz natürliche Weise umgeben sind!

Nicht nur für Babys sind die Rhythmen des Mutterleibs sehr beruhigend, sondern auch für Erwachsene. Denken Sie daran, welche Wirkung es auf Sie hat, das Rauschen der Meeresbrandung zu hören, in einer Hängematte zu schaukeln oder sich in ein warmes Bett zu kuscheln. Aber während wir diese Empfindungen einfach nur genießen, *brauchen* unsere Babys sie – und unruhige Babys brauchen sie besonders dringend.

Wenn Sie also Füttern, Aufstoßenlassen und Wickeln ausprobiert haben und Ihr Baby sich immer noch heiser schreit, ist es an der Zeit, es nach dieser »alten« neuen Methode zu beruhigen.

Die zehn besten Methoden zur Nachahmung des Mutterleibs

1. Halten
2. Tanzen
3. Wiegen
4. Einwickeln
5. Weißes Rauschen oder Gesang
6. Autofahrten
7. Spaziergänge
8. Füttern
9. Schnuller
10. Schaukeln

Diese Liste enthält nur einige der zahlreichen Methoden, die kluge Eltern erfunden haben, um ihre Babys zu beruhigen. Aber Sie wissen jetzt etwas, das keine Mutter und kein Vater in früheren Zeiten je erkannt hat, nämlich dass diese Tricks Neugeborene beruhigen, indem sie den alten Reflex auslösen, der sie als Föten in einer schützenden, lebensrettenden Trance hielt.

Die beliebtesten Baby-Beruhigungsmethoden lassen sich in fünf Kategorien einteilen: Strammes Einwickeln, Seiten-/ Bauchlage, Schhhh-Laute, Schaukeln und Saugen. Ich nenne sie die fünf »S«. Es sind die Eigenschaften des Mutterleibs, die den Beruhigungsreflex auslösen helfen. Aber wie bei allen Reflexen gilt auch hier: Selbst diese großartigen Techniken aktivieren den Beruhigungsreflex nur, wenn sie korrekt ausgeführt werden.

Die fünf »S«: Fünf Schritte zur Auslösung des Beruhigungsreflexes bei Ihrem Baby

> Es sollte gesetzlich vorgeschrieben sein, dass die fünf »S« auf jedes Namensband im Krankenhaus gedruckt werden. Sie funktionierten innerhalb von Sekunden, wenn unser Baby völlig außer sich war!
>
> Nancy, Mutter der zwei Monate alten Natalie

Anfang des 20. Jahrhunderts empfahlen Babyexperten Eltern, Folgendes zu tun, wenn ihr Baby schrie: 1) füttern, 2) aufstoßen lassen, 3) wickeln und 4) nachsehen, ob eine Sicherheitsnadel offen war. Von offizieller Seite hieß es, dass Babys Koliken hätten, wenn all dies nicht funktionierte, und dass die Eltern in diesem Fall nichts weiter tun könnten. Auch heute geben Ärzte noch ähnliche Empfehlungen.

Aber für Eltern eines untröstlich brüllenden Neugeborenen ist der »Alles-was-man-tun-kann-ist-abwarten«-Rat völlig inakzeptabel. Nur wenige Impulse sind so stark wie der Wunsch einer Mutter, ein schreiendes Baby zu beruhigen. Dieser Instinkt ist so alt wie das Elternsein selbst. Und doch ist es eine frustrierende Realität, dass zwar der *Wunsch,* Babys zu beruhigen, instinktiv vorhanden ist, die *Fähigkeit,* es zu tun, jedoch erlernt werden muss. Glücklicherweise handelt es sich um eine Fähigkeit, die relativ leicht erlernt werden kann.

Peter, ein energiegeladener Anwalt, ist der Vater von Emily und Ted. Peter und seine Frau waren bei der Geburt ihrer Kinder sehr unerfahren in Bezug auf Babys. Also ging ich das Konzept des vierten Trimesters und der fünf »S« mit ihnen durch. Mehrere Jahre später schrieb Peter:

Es ist jetzt mehr als zehn Jahre her, seit ich gelernt habe, meine schreienden Babys mithilfe der fünf »S« zu beruhigen. Selbst heute noch gebe ich dieses Wissen gern an Klienten weiter, die mit ihren Babys in mein Büro kommen. Es macht großen Spaß, die erstaunten Blicke zu sehen, wenn ein großer, kräftiger Mann wie ich bereitwillig ein schreiendes Baby aufnimmt und das zarte Wesen innerhalb von Sekunden beruhigt – durch strammes Einwickeln, auf der Seite lagern, heftiges Schaukeln, lautes Schhhh und Saugen. Diese einfachen Techniken verschaffen Eltern wirklich Erfolgserlebnisse.

Die fünf »S« sind das einzige Werkzeug, das Sie brauchen, um ein schreiendes Baby zu beruhigen.

1. Strammes Einwickeln: eine wahre Wonne
Strammes Einwickeln ist der wesentliche erste Schritt zur Besänftigung Ihres aufgeregten Babys. Deshalb nutzen traditionelle Kulturen von der Türkei bis nach Tulsa (Indianer Nordamerikas) das Einwickeln, um ihre Babys zufriedenzustellen.

Durch das Einwickeln fühlen sich Babys auf magische Weise in den Mutterleib zurückversetzt, und ihre Sehnsucht nach ständiger Berührung und engem Kontakt wird gestillt. Dieses »S« löst noch nicht den Beruhigungsreflex aus, hält aber das Baby davon ab, mit den Armen herumzufuchteln, und hilft ihm, auf die anderen »S« zu achten, die den Reflex *tatsächlich* aktivieren.

Viele unleidliche Babys wehren sich gegen das Einwickeln. Es ist aber ein Fehler, aus diesem Widerstand zu schließen, dass Ihr Baby die Hände frei braucht. Nichts könnte weiter von der Wahrheit entfernt sein! Unruhige Babys sind nicht in der Lage, ihre fuchtelnden Arme unter Kontrolle zu halten. Das heißt, wenn die Arme nicht eingepackt sind, können sie die Unruhe noch verstärken.

Hier beschreibt eine Großmutter, wie sie die alte Kunst des Einwickelns erlernt und weitergegeben hat:

»Meine jüngere Schwester kam zur Welt, als ich fast zehn Jahre alt war. Ich weiß noch, wie meine Mutter mir beibrachte, sie fest in eine warme Decke einzuwickeln. In diesem Jahr lernte ich, für Babys zu sorgen und sie einzupacken, und das ging ohne Unterbrechung weiter bis zu meinem sechzigsten Jahr!

Als meine Enkelkinder zur Welt kamen, brachte ich meinen Kindern bei, sie sehr stramm in weiche Decken einzuwickeln. Meine Vorliebe für das Einwickeln führte oft zu humorvollen Kommentaren: ›Nehmt euch in Acht vor Bubby und ihren Einwickelmethoden!‹ Aber irgendwie schien es immer zu helfen.

Die Babys in unserer Familie sind zwar hübsch und begabt, aber auch unruhig und betreuungsbedürftig, und sei es auch nur während der ersten drei Monate. Das stramme Einwickeln hat sehr geholfen. Ich kann Ihnen gar nicht sagen, wie oft ich erlebt habe, wie ihre Gesichter sich entspannten.«

Barbara, »Bubby« von Olivia, Thomas, Michael, Molly und Sawyer

2. Seiten-/Bauchlage:
Die Wohlfühlposition Ihres Babys

Das Einwickeln verhindert die unkontrollierte Arm- und Beinakrobatik Ihres Babys, die es völlig aus der Fassung bringen kann. Auf ähnliche Weise verhindert die Seiten-/Bauchlagerung eine ebenso beunruhigende, aber unsichtbare Art von Stimulation – das panikartige Gefühl des Fallens!

Fallen gelassen zu werden, war für unsere Vorfahren eine so ernste Bedrohung, dass ihre Babys einen speziellen Alarm, den Moro-Reflex, entwickelten, der ansprach, sobald sie das Gefühl hatten, aus den Armen ihrer Mutter zu fallen.

Die meisten Babys sind in der Rückenlage zufrieden, solange sie guter Laune sind. Aber wenn Ihr Baby schreit, kann das Liegen auf dem Rücken ihm das Gefühl geben, sich im freien Fall zu befinden. Dadurch kann wiederum der Moro-Reflex ausgelöst werden, was zum Herumwedeln und Schreien führt.

Die Seiten- oder Bauchlage beruhigt ein Neugeborenes, weil der Moro-Reflex dadurch sofort unterdrückt wird. Deshalb sind dies die perfekten Wohlfühlpositionen für unruhige Babys. Geht es allerdings um das Einschlafen, ist die Rückenlage für alle Babys am sichersten. Wenn Sie von Ihrem Arzt keine anderen Anweisungen erhalten, sollten Sie Ihr Baby niemals auf dem Bauch zum Schlafen hinlegen (mehr dazu in Kapitel 9).

3. Schhhh-Laute:
Das bevorzugte Beruhigungsgeräusch Ihres Babys

Ob Sie es glauben oder nicht: ein lautes, heftiges Schhhhh ist Musik für die Ohren Ihres Babys. Der Schhhh-Laut beruhigt es, weil es dem Fließgeräusch des Blutes in Ihren Adern ähnelt. Während der neun Monate in Ihrem Bauch war das Baby ständig von diesem Geräusch umgeben. Deshalb ist es ein wesentlicher Bestandteil des vierten Trimesters.

Viele junge Eltern glauben irrtümlich, dass Babys das sanfte Plätschern eines Bächleins oder das ferne Säuseln des Windes bevorzugen. Es widerspricht unserem Gefühl, dass unsere zarten Babys so laute Geräusche mögen sollten. Uns würden sie sicher nicht gefallen. Und doch lieben Babys sie! Das ist der Grund dafür, dass in vielen Büchern laute Elektrogeräte zur Beruhigung schreiender Babys empfohlen werden.

Ich habe nie ein unleidliches Baby gesehen, das durch den Lärm dieser Geräte überstimuliert wurde. Im Gegenteil: Je lauter die Babys schreien, desto lauter muss das Schhhh sein, um sie zu beruhigen.

Marjan hatte es eilig, aus dem Haus zu kommen, und schob das Stillen ihres hungrigen Babys noch für einige Minuten auf. In der Zwischenzeit ging sie ins Bad, um sich zum Ausgehen fertig zu machen. Der zwei Wochen alten Bebe war dieser Plan ziemlich gleichgültig, und sie schrie ungeduldig nach Nahrung. Nach ein paar Minuten wurde sie plötzlich still. Marjan erschrak. War mit ihrem kleinen Baby alles in Ordnung? Als sie die Badezimmertür öffnete, stellte sie mit Erleichterung fest, dass es ihrer Tochter gut ging. Dann wurde ihr klar, dass Bebe aufgehört hatte zu schreien, als der Föhn eingeschaltet worden war.

Marjan erzählte ihren Eltern von dieser aufregenden Entdeckung. Sie waren aber nicht sehr davon beeindruckt, sondern warnten sie davor, den Föhn zum Beruhigen eines Babys einzusetzen: »Er ist so laut, sie wird ganz verrückt davon werden!«

Trotz dieser Sorge nutzte Marjan ihren neuen »Trick« jedesmal, wenn ihr Baby schrie, mit hundertprozentigem Erfolg (aber nur, wenn niemand von ihrer Familie in der Nähe war).

4. Schaukeln: Rock me, Baby

Auf einem weichen, bewegungslosen Bett zu liegen, mag Ihnen attraktiv erscheinen, aber für Ihr Baby, das gerade erst dem Mutterleib entschlüpft ist, ist es verwirrend und unnatürlich. Neugeborene sind wie Matrosen, die nach neun Monaten auf See an Land gehen. Die plötzliche Stille kann sie verrückt machen. Deshalb sind rhythmische, eintönige Bewegungen (was ich als Schaukeln bezeichne) eine der gebräuchlichsten Methoden, die Eltern schon immer angewendet haben, um ihre Babys zu beruhigen. Das Schaukeln muss am Anfang ziemlich heftig sein, damit Ihr Baby zu schreien aufhört. Um es ruhig zu *halten*, kann die Intensität anschließend etwas reduziert werden.

In alten Zeiten wurden Babys ständig hin und her geschaukelt und geschüttelt. Bei den traditionellen Kulturen ist es heute noch so. Viele Eltern in Ländern der Dritten Welt verwenden Wiegen oder Hängematten, um ihre Babys zufrieden zu stellen. Und sie tragen ihre Babys in Tragetüchern bei sich, um ihnen mit jedem Schritt und jedem Atemzug das beruhigende Gefühl von Bewegung zu geben. Selbst in unserer Kultur nutzen Eltern Wippen, Autofahrten und Spaziergänge um den Block, um ihre unzufriedenen Babys zur Ruhe zu bringen.

Mark, Emma und ihre beiden Kinder waren aus London zu Besuch nach Los Angeles gekommen. Während ich die vierjährige Rose untersuchte, schrak die zwei Monate alte Mary aus tiefem Schlaf hoch und begann sofort zu schreien. Ohne einen Augenblick zu zögern, nahm Mark sie hoch, sodass sie sicher in seinen Armen saß. Er begann sie hin und her zu schwingen, als ob sie ein Zirkusartist wäre und er das Trapez. Innerhalb von zwanzig Sekunden verschleierten sich ihre Augen, sie schmiegte sich entspannt an seine Brust, und wir konnten unsere Unterhaltung fortsetzen, als ob Mary nie geschrien hätte.

5. Saugen: Der Zuckerguss auf dem Kuchen

Sobald Ihr unleidliches Baby durch Einwickeln, Seitenlagerung, Schhhh-Laute und Schaukeln etwas zur Ruhe gekommen ist, ist es für das fünfte glorreiche »S« bereit: das Saugen. Saugen ist der Zuckerguss auf der Beruhigungstorte. Es lullt ein Baby, das sich zu beruhigen beginnt, völlig ein und geleitet es in einen Zustand völliger Gelassenheit hinüber.

Natürlich fällt es Ihrem Baby schwer, mit einem Schnuller im Mund zu schreien. Aber das ist nicht der Grund dafür, dass Saugen so beruhigend ist. Das Saugen übt seine Wirkung tief im Nervensystem Ihres Babys aus. Es löst den Beruhigungsreflex aus und setzt natürliche Stoffe im Gehirn des Babys frei, was innerhalb von Minuten zu einer tiefen, befriedigenden Entspannung führt.

Manche Eltern bieten ihren Babys Flaschen und Schnuller zur Beruhigung an, aber das beste Saugobjekt aller Zeiten ist die Mutterbrust. Wie bereits erwähnt, gibt es Kulturen, in denen die Mütter ihren Kindern bis zu hundertmal am Tag die Brust anbieten, um sie ruhig zu halten.

Hannah dachte, ihr erster Sohn Felix sei beinahe süchtig nach dem Schnuller gewesen. »Er verlangte jahrelang danach. Also schwor ich mir bei der Geburt meines zweiten Kindes, ihn nicht zu benutzen. Aber er wurde wieder ein wertvolles Beruhigungsmittel. Billy ging es ohne ihn so schlecht und mit ihm so gut, dass ich mich nicht dazu durchringen konnte, ihm dieses einfache Vergnügen zu verweigern.«

Zusammenfassend lässt sich sagen, dass die ersten beiden »S« – strammes Einwickeln und Seiten-/Bauchlage – den Beruhigungsprozess dadurch einleiten, dass sie heftige Arm- und Beinbewegungen verhindern, den Moro-Reflex unterdrücken und die Aufmerksamkeit des Babys auf das lenken, was Sie tun, während Sie den Beruhigungsreflex zu aktivieren beginnen. Das dritte und vierte »S« – Schhhh-Laute und Schaukeln – unterbrechen den Schreizyklus, indem sie den Beruhigungsreflex kräftig aktivieren und das Nervensystem Ihres Babys beruhigen. Das fünfte »S« – Saugen – hält den Beruhigungsreflex aktiviert und gibt Ihrem Baby die Möglichkeit, zu einer tiefen Entspannung zu finden.

Die fünf »S« sind fantastische Werkzeuge, aber wie bei allen Werkzeugen wächst auch hier die Fähigkeit, damit umzugehen, mit zunehmender Übung. Da der Beruhigungsreflex nur funktioniert, wenn er auf genau die richtige Weise ausgelöst wird, ist die Beherrschung dieser uralten Techniken eine der ersten wichtigen Aufgaben von Eltern.

Interessanterweise werden nicht nur die Eltern mit zunehmender Übung besser, sondern auch die Babys. Viele Eltern stellen fest, dass ihre Babys nach ein paar Wochen des Einwickelns die Arme an die Seite legen und sich zu beruhigen beginnen, sobald sie auf die Decke gelegt werden. Es ist, als ob sie sagen wollten: »Hey, das kenne ich doch! Ich mag es wirklich gern!«

Vielleicht denken Sie, während Sie dies lesen: »Was soll daran neu sein? Diese Beruhigungstechniken sind seit Jahrhunderten bekannt.« Und zum Teil hätten Sie damit auch recht. Die Methoden an sich sind nicht neu. Neu sind zwei grundlegende Konzepte für den wirklich effektiven Einsatz dieser Methoden: Intensität und Kombination. In Kapitel 13 werden Sie erfahren, wie Sie die fünf »S« in der »Kuscheltherapie« perfekt kombinieren können. Aber jetzt möchte ich Sie noch in einen der am wenigsten verstandenen und doch wichtigsten Aspekte der Beruhigung eines schreienden Babys einweihen: *Intensität*.

Intensität: Der wichtigste Tipp zur Beruhigung eines untröstlichen kleinen Höhlenbabys

Viele unserer Vorstellungen von den Bedürfnissen von Babys beruhen auf einem Missverständnis hinsichtlich ihrer Zerbrechlichkeit. Natürlich *sind* Babys in mancher Hinsicht ziemlich zart und zerbrechlich. Ihre Atemwege können leicht blockiert werden, und sie haben ein schwaches Immunsystem. Deshalb mag es Ihnen genauso widerstreben, recht robust mit ihnen umzugehen, wie es gegen Ihr Gefühl geht, dass ein Kuchen durch Hinzufügen eines schleimigen rohen Eies besonders lecker werden soll. Und doch ist es absolut wahr!

Das liegt daran, dass Ihr Neugeborenes in manch anderer Hinsicht ein hart gesottenes kleines »Höhlenbaby« ist. Es kann auf der lautesten Party schlafen und viel länger mit voller Lautstärke brüllen, als Sie oder ich es könnten. Eltern staunen oft darüber, wie wenig zartfühlend Säuglingsschwestern beim Baden oder »Bäuerchenmachen« mit Babys umgehen. Selbst das Stillen mag am Anfang etwas grob erscheinen, wenn man gerade lernt, es richtig zu machen. Aber erfahrene Mütter wissen, dass sie entschlossen vorgehen *müssen,* wenn sie ihr Baby an die Brust anlegen wollen. Andernfalls handeln sie sich wunde Brustwarzen und ein frustriertes Baby ein.

Eine Mutter in meiner Praxis, die von Beruf Psychologin war, erkannte, dass sie ihr schreiendes Baby unmöglich auf sanfte Weise dazu bringen konnte, sich zu entspannen:

»Durch meinen Beruf habe ich gelernt, auch bei hysterischen oder zornigen Ausbrüchen ruhig und vernünftig zu bleiben. Ich hatte erwartet, dass dieses ruhige Auftreten mir auch helfen würde, die Schreianfälle meiner vier Wochen alten Tochter Helen zu beenden. Was für ein Witz! Bei diesem kleinen Schreihals musste ich die Kontrolle übernehmen, wie die Polizei, die einen aufbegehrenden Mob in Schach hält.«

Eltern glauben oft irrtümlich, dass sie ihr schreiendes Baby durch Flüstern und sanftes Wiegen beruhigen sollten. Das ist zwar ein sehr vernünftiger, zivilisierter Ansatz, aber ein Baby, das einen regelrechten Schreianfall hat, lässt sich davon kaum beeindrucken.

Jessica versuchte, ihr aufgeregtes sechs Wochen altes Baby zu beruhigen, indem sie es einwickelte, eine Bandaufnahme von einem Staubsauger

abspielte und es in eine Schaukel legte. Aber der Schuss ging nach hinten los. Jonathan befreite sich wie ein kleiner Houdini innerhalb weniger Minuten und schrie länger und lauter denn je. Ich schlug vor, ihn strammer einzuwickeln und den echten Staubsauger einzuschalten, nicht das
 Tonband. Daraufhin verkürzten sich Jonathans Schreianfälle von Stunden auf Minuten!

Die meisten frisch gebackenen Eltern fühlen sich nicht sofort in der Lage, so beherzt mit einem Neugeborenen umzugehen, wie es seinem Bedürfnis entsprechen würde. Eltern erhalten so viele widersprüchliche Ratschläge. Einmal wird ihnen nahe gelegt, sanft mit ihrem Baby umzugehen, dann wieder, das schreiende Kind in eine Wippe neben einem röhrenden Staubsauger zu platzieren. Erfahrene »Babyhüter« wissen, dass die Verpackung umso strammer, das Schhhh umso lauter und das Schaukeln umso heftiger sein muss, je lauter das Baby schreit. *Sonst funktionieren diese Methoden einfach nicht.*

Die schnellste Möglichkeit, ein schreiendes Baby zu beruhigen, besteht darin, *seine Intensitätsstufe zu übernehmen*. Erst wenn Ihr schreiendes Baby einige Augenblicke innehält, können Sie Ihre Bewegungen allmählich verlangsamen, Ihre Lautstärke reduzieren und es von seiner Raserei zu einer weichen Landung führen.

Die besten Kolikheiler sagen, dass das Beruhigen eines Babys mit einem Tanz vergleichbar sei, *bei dem immer das Baby führt!* Diese begabten Menschen achten genau auf die Intensität des Schreiens und führen die fünf »S« in derselben Intensität aus. Bei hysterischem Schreien ist das Schaukeln und das Schhhh so wild wie ein Rock 'n' Roll. Wenn aus dem Schreien ein Schluchzen wird, erfolgt die Reaktion darauf in den fließenden Rhythmen eines Wiener Walzers. Und sobald das Baby ruhig zu werden beginnt, nehmen die Bewegungen das Tempo eines langsamen Walzers an. Natürlich wird auf jedes erneute Schreien wieder mit erhöhter Intensität und einem flotteren Tempo reagiert.

Drei mögliche Gründe, warum Ihr Baby auf die fünf »S« verzögert reagiert

Sie werden Ihr Baby schnell beruhigen können, sobald Sie die fünf »S« beherrschen. Bei den ersten paar Anwendungen werden Sie jedoch möglicherweise etwas Merkwürdiges feststellen: Ihr Baby ignoriert Sie oder schreit sogar noch lauter. Das ist normal. Machen Sie sich keine Sorgen. Vielleicht tut sich sein Gehirn etwas schwer damit, die neue Botschaft zu verstehen.

Benny schlief wie ein kleiner Engel, als ich sein Zimmer im Krankenhaus betrat, um ihn zu untersuchen. Sobald ich ihn jedoch auswickelte und die kühle Luft seine Haut berührte, begann er zu schreien. Ich beruhigte ihn mit intensivem Wiegen und Schhhh-Lauten, aber sobald ich damit aufhörte und seinen weichen Bauch zu betasten begann, fing er wieder an zu schreien. Waren meine Hände zu kalt? Tat ich ihm weh? Nein, er hatte sich einfach noch nicht von seiner vorherigen Aufregung erholt, und meine Berührung ließ seinen Protest wieder aufflackern.

Benny brüllte und fuchtelte mit den Armen herum, dann

wurde er plötzlich völlig ruhig. Als ich auf ihn hinuntersah, starrte er vor sich hin, als ob er versuchte, mich zu ignorieren. Doch die Ruhe war nur vorübergehend. Sekunden später wurde er wieder von heftigem Schreien geschüttelt.

Ich ergriff seine Hände und hielt sie auf seiner Brust fest. Dann beugte ich mich über seinen zuckenden Körper, wiegte ihn und gab gleichzeitig neben seinem Ohr einen harten Schhhh-Laut von mir. Innerhalb von Sekunden war Benny wieder völlig entspannt.

Fünf Sekunden später kam sein Schreien nochmals zum Durchbruch – wie ein erschöpfter Boxer, der sich von der Matte aufzurappeln versucht. Nach einigen weiteren Sekunden heftigen, von lautem Schhhhh begleiteten Wiegens gab Benny schließlich nach, und sein kleiner Körper entspannte sich endgültig.

Wie Sie sehen, müssen Sie unter Umständen einige Minuten warten, bis Ihr Baby vollständig reagiert, auch wenn Sie die fünf »S« perfekt beherrschen. Drei besondere Merkmale des Nervensystems eines Babys können Sie zu der Annahme verleiten, dass die fünf »S« nicht funktionieren:

1. *Babygehirnen fällt es schwer, die Gangart zu wechseln.* Wenn Sie denken, dass Ihr Baby laut schreit, sollten Sie einmal hören, was in seinem Kopf vor sich geht! Das unreife Gehirn Ihres Babys wird durch chaotische Empfindungen so überlastet, dass es ihm schwer fällt, dieser Raserei zu entkommen und seine Aufmerksamkeit auf Sie zu richten. Es ist so, als ob Ihr guter Freund in einen Kampf verwickelt ist. Sie versuchen ihn wegzuziehen, aber er wehrt sich gegen Sie, um weiter Schläge auszuteilen. Erst später, wenn er sich wieder beru-

higt hat, gesteht er ein: »Danke, du bist ein echter Freund. Ich konnte mich einfach nicht zurückhalten.«

Rechnen Sie also damit, dass sich Ihr Baby gegen die fünf »S« wehrt, bis es sich so weit beruhigt hat, dass es erkennt, dass das Schhhh und das Wiegen *genau* das ist, was es von Ihnen braucht.

2. *Babygehirne sind sehr l-a-n-g-s-a-m.* Wenn Ihr Baby vier Monate alt ist, können seine Augen Ihnen schnell folgen, wenn Sie sich durch den Raum bewegen, aber jetzt ist sein Gehirn dafür noch zu unterentwickelt. Während dieser ersten Lebensmonate dauert es ein paar Sekunden, bis Botschaften von den Augen (»Habe gerade Mama vorbeilaufen sehen!«) das Gehirn erreichen, das die Befehle ausgibt (»Okay, verfolgen!«).

Diese verzögerte Reaktionszeit ist bei Kolikbabys sogar noch ausgeprägter. Der ganze Tumult, der sich in ihrem Kopf abspielt, überwältigt ihr Gehirn, sodass die Verarbeitungszeit sich noch mehr verlängert.

3. *Babygehirne geraten in Schreizyklen.* Wenn Ihr schreiendes Neugeborenes auf die fünf »S« zu reagieren beginnt, beruhigt es sich möglicherweise nur für eine Minute, bevor es wieder von vorn anfängt. Das liegt daran, dass die Nachwirkungen des gerade beendeten Schreianfalls noch in seinem Nervensystem zu spüren sind.

Vielleicht braucht es Ihr Baby, dass Sie die fünf »S« noch fünf bis zehn Minuten – oder länger – fortsetzen, nachdem es sich beruhigt hat. So lange kann es dauern, bis die Aufregung nicht mehr in seinem System zirkuliert und der Beruhigungsreflex es endlich in den Schlaf hinübergleiten lässt.

Diese Zyklen können verwirrend sein. Sie erwecken den Eindruck, als ob Ihr Baby Schmerzen hat, aber das ist selten der Fall. Stattdessen passiert etwas Ähnliches wie beim Angeln. Der Fisch, den Sie gefangen haben, kämpft, gibt für einige Momente auf, kämpft dann plötzlich wieder. Mit etwas Ausdauer werden Sie feststellen, dass sich die Schreizyklen Ihres Babys mit den fünf »S« allmählich beenden und in friedvolle Entspannung überführen lassen.

Die kleine Frances zu beruhigen, erinnerte Suzanne an ihre Arbeit als Lehrerin. »Es ist, als ob man versucht, in einem Klassenzimmer voller brüllender Sechsjähriger Ruhe herzustellen. Am Anfang erhebt man die Stimme ein wenig, um ihre Aufmerksamkeit zu erregen. Wenn sie sich dann zu beruhigen beginnen, kommt es bei einigen Kindern, die von vorher noch ganz aufgedreht sind, zu gelegentlichen Ausbrüchen. Allmählich legt sich die Aufregung, und alle Kinder sind still und konzentriert.«

In den nächsten sechs Kapiteln werde ich Ihnen erklären, wie Sie den Schreireflex Ihres Babys ausschalten und seinen Beruhigungsreflex einschalten können. Sobald Sie diese Fähigkeiten beherrschen, wird das Schreien Ihres Babys Ihnen keine Frustrationen mehr bereiten. So merkwürdig es klingen mag, aber Sie werden es sogar als großartige Chance betrachten, um Ihrem Baby das Gefühl des Geliebtseins zu vermitteln – und sich selbst als wunderbare Mutter oder wunderbarer Vater zu fühlen.

8 Das erste »S«: Strammes Einwickeln – eine wahre Wonne

Wichtige Punkte:
- Strammes Einwickeln ist der erste Schritt zur Beruhigung. Es verschafft dem Baby angenehme Berührung, verhindert unkontrollierte Arm- und Beinbewegungen und hilft ihm, sich zu konzentrieren.
- Das Einwickeln an sich beendet das Schreien noch nicht, sondern bereitet das Baby auf die anderen »S« vor, die dann tatsächlich zur Beruhigung führen.
- Warum unsere Vorfahren schon vor Jahrhunderten mit dem Einwickeln aufhörten.
- Sechs unnötige Einwände gegen das Einwickeln.
- Die perfekte Baby-Wickelung: das DUDU-Paket.

Kurz vor Praxisschluss rief eines Abends unter Tränen Alex' Mutter an. Betsy erzählte mir, dass Alex schon seit mehr als zwei Wochen Schmerzattacken habe. Sie beschrieb es so:

»Als Alex sechs Wochen alt war, begann sie schrecklich unter Blähungen zu leiden. Nachts wachte sie fast stündlich laut schreiend auf. Ich achtete auf meine Ernährung für den Fall, dass etwas, das ich aß, ihre Blähungen verursachte. Aber das brachte überhaupt keine Besserung.«

Betsy fragte mich nach einem blähungstreibenden Medikament, das gegen Alex' scheinbare Bauchkrämpfe helfen sollte.

Sie war überrascht, als ich mich darauf konzentrierte, das Baby zu beruhigen, statt die Blähungen zu behandeln. Ich erklärte Betsy den Beruhigungsreflex und zeigte ihr, wie sie Alex durch Einwickeln, Schaukeln und Schhhh-Laute beim Einschlafen helfen konnte. Aber Betsy blieb skeptisch.

»In der ersten Nacht wandte ich Dr. Karps Technik noch nicht an. Alex einzuwickeln kam mir unnatürlich vor. Ich befürchtete, dass es unbequem für sie sein könnte oder dass ihr das Atmen schwer fallen könnte. Und ich glaubte immer noch, dass Blähungen das Hauptproblem seien. In dieser Nacht schien Alex schlimme ›Schmerzen‹ zu haben, und ich beschloss, Dr. Karps Rat am Morgen zu befolgen.

Am nächsten Tag packte ich Alex von morgens bis abends ein, und sie schien sich überraschenderweise viel besser zu fühlen. Am Abend schlief Alex ein, noch bevor ich mit dem Einwickeln fertig war – und sie schlief sieben Stunden. Ich konnte es in ihrem Bauch rumoren hören und wusste, dass sie immer noch Blähungen hatte, aber sie wachte nicht mehr davon auf.

Durch das stramme Einwickeln schlief Alex viel besser durch. Als sie vier Monate alt war, schlief sie auch ohne Einwickeln sehr gut.«

Strammes Einwickeln: Der erste Schritt zur Beruhigung

Wie Betsy mit Alex erlebte, ist es hundertmal einfacher, ein unleidliches Baby zu beruhigen, wenn seine Arme dicht an seinem Körper anliegen. Warum funktioniert das so gut? Das stramme Einwickeln hat für unruhige Babys drei Vorteile:

1. *Angenehme Berührung.* Die Haut ist das größte Organ des Körpers, und Berührung ist unser beruhigendster Sinneseindruck. Durch das Einwickeln erlebt das Baby eine ständige zärtliche Berührung am ganzen Körper.
Jede Mutter weiß, wie wunderbar zart sich die Haut ihres Babys auf ihrer eigenen anfühlt, aber für Ihr Baby ist Berührung mehr als eine angenehme Empfindung – sie ist so lebenserhaltend wie Muttermilch! Babys, die Nahrung erhalten, aber nie im Arm gehalten oder berührt werden, gehen oft jämmerlich zugrunde. Natürlich ist das Einwickeln keine so intensive Erfahrung wie das Gestreicheltwerden, aber es ist in den Zeiten, in denen Ihr Baby nicht in Ihren Armen ist, ein guter Ersatz.
2. *Das Einwickeln verhindert, dass Ihr Baby völlig außer sich gerät.* Eingewickeltsein fühlt sich nicht nur kuschelig an, sondern hindert Ihr Baby auch daran, sich selbst zu schlagen und sich deswegen noch mehr aufzuregen. (Sie haben vielleicht bemerkt, wie viel ruhiger es ist, wenn es in Ihre Arme »eingewickelt« ist.)
Vor der Geburt war Ihr Baby durch die Enge der Gebärmutter daran gehindert, wild um sich zu schlagen. Nach der »Verstoßung« fällt diese Beschränkung weg. Ohne die schützenden Uteruswände kann durch kleine Störungen leicht der Moro-Reflex (der Fallreflex) ausgelöst werden, der zum Herumfuchteln und Schreien führt.
3. *Das Einwickeln gibt dem Baby die Möglichkeit, seine Aufmerksamkeit auf Ihre Beruhigungsmethoden zu richten.* Wenn Ihr Baby schreit, hat es das Gefühl, dass in seinem Kopf zehn Radios gleichzeitig eingeschaltet sind. Durch jedes Zusam-

menzucken, jede ruckartige Bewegung wird eine weitere Alarmmeldung an das Gehirn gesendet, und all das zusammen verursacht einen derartigen Tumult, dass es Ihre Anwesenheit kaum bemerkt!

Ihr kleiner Schreihals braucht dringend die Botschaft von Ihnen, dass Sie jetzt die Kontrolle übernehmen. Und genau diesen Zweck erfüllt das Einwickeln.

Indem Sie seinen Bewegungsspielraum einschränken, blenden Sie die meisten ablenkenden Radiosender aus, sodass es sich auf all die wunderbaren Dinge konzentrieren kann, die Sie zu seiner Beruhigung unternehmen. Außerdem verhindert das Einwickeln, dass irgendwelche Zuckungen erneutes Schreien auslösen.

Überraschende Fakten zum Einwickeln

Der größte Irrtum, dem Eltern diesbezüglich erliegen, ist die Annahme, dass das Einwickeln an sich das Baby beruhigt. *Falsch!* Das Einwickeln an sich löst nicht den Beruhigungsreflex aus.

Dieser Punkt verwirrt unerfahrene Eltern oft. Viele frisch gebackene Eltern verlieren die Geduld mit dem Einwickeln, weil es am Anfang dazu führt, dass die Babys mehr schreien statt weniger! Warum ist also das Einwickeln der erste Schritt zur Beruhigung? Weil es Ihr Baby auf die weiteren Schritte einstimmt, die dann *tatsächlich* den Beruhigungsreflex auslösen.

Stellen Sie es sich so vor: Was tut eine Mutter als Erstes, wenn ihr hungriges Kleinkind nach Nahrung verlangt? Sie deckt den Tisch, um die Mahlzeit zu servieren. Aber oft führt gerade das zu noch lauterem Geschrei, als ob das Kind sagen wollte: »He, schmeiß die Spaghetti doch einfach auf den Tisch!« Natürlich wissen *Sie*, dass ein bestimmtes Zubehör erforderlich ist, um die Mahlzeit genießen zu können. Also schließen Sie trotz der Proteste hastig die Vorbereitungen ab.

Im Grunde wird durch das Einwickeln »der Tisch bereitet« für das Festmahl der Beruhigung, das Sie zu servieren gedenken. Es ist ein wichtiger vorbereitender Schritt vor dem Schhhh und dem Schaukeln. Also seien Sie unbesorgt, falls Ihr Baby sich nach dem strammen Einwickeln noch mehr aufbäumt. Sobald Sie ihm die anderen vier »S« servieren, werden Sie all seine Bedürfnisse erfüllen.

Es war einmal: Wie Eltern in anderen Epochen und Kulturen das Einwickeln genutzt haben

> Ich verbanne von dir alle Tränen, Geburtsmale und Makel und die Beschwerden des Bettnässens. Liebe deine Onkel mütterlicherseits und väterlicherseits. Verrate nicht deine Wurzeln. Sei intelligent, belesen und taktvoll. Respektiere dich selbst, sei tapfer.
>
> Rituelle Anweisungen, von den Berbern in Algerien beim Einwickeln eines Babys gesprochen. Béatrice Fontanel und Claire d'Harcourt, *Baby, Säugling, Wickelkind. Eine Kulturgeschichte*

Nachdem Elena aus Russland nach Los Angeles emigriert war, brachte sie ein gesundes Baby namens Olga zur Welt. Als ich Olga untersuchte, beschrieb ich der Mutter all die wunderbaren Fähigkeiten ihrer Tochter. Elena konzentrierte sich sehr, während ich sprach, um mich zu verstehen.

Als ich ihr kostbares Baby auf eine Decke legte, um ihr das Einwickeln zu demonstrieren, lächelte sie. Sie berührte mich am Arm und sagte mit slawischem Akzent: »Doktor, das müssen mir nicht zeigen. In mein Dorf wir einwickeln und GÜRTEL rumbinden. Hält sehr gut!«

Zehntausende von Jahren lang haben Mütter in kühlen Klimazonen ihre Babys eingewickelt. In sehr warmen Zonen werden Babys kaum eingewickelt, aber fast 24 Stunden lang am Körper getragen. Hier einige Gründe dafür, dass Eltern auf der ganzen Welt ihre Babys einwickeln:

♦ *Es ist sicher* – Babys können nicht so leicht aus den Armen ihrer Eltern rutschen.

- *Es ist einfach* – Babys können auf den Rücken oder die Hüften der Eltern geschnallt werden.
- *Es ist beruhigend* – Babys regen sich nicht so auf, weil sie nicht mit den Armen fuchteln können.

Diese Eltern wickeln ihre Babys in Decken ein und sichern das so entstandene Paket meist mit Schnüren und Gürteln. Auch in den USA ist das Einwickeln wieder entdeckt worden. In den meisten amerikanischen Krankenhäusern lernen junge Mütter, wie sie ihre Babys richtig einwickeln. Ich habe sogar gesehen, dass Säuglingsschwestern Klebeband verwendeten, um das Lockern des Pakets zu verhindern.

Einwickeln ist kein Geheimnis:
Wie unsere Vorfahren aus den *richtigen* Gründen das *Falsche* taten

Schon im Mittelalter kamen die wichtigsten Modetrends aus Paris. Aber vor etwa dreihundert Jahren begingen diese Trendsetter einen Fehler, als sie das Einwickeln von Babys für »passé« erklärten.

Vor dem 18. Jahrhundert wickelten alle Europäer ihre Babys ein. Durch das Einwickeln waren sie leicht herumzutragen, und es hielt sie warm und ruhig. Außerdem glaubten die Eltern, dass das Einwickeln die Babys daran hinderte, sich versehentlich selbst die Augen zu verletzen oder die Arme auszukugeln.

Dann kamen zwei revolutionäre Trends auf: die Wissenschaft und die Demokratie. So wunderbar diese Bewegungen

> **Strammes Einwickeln – eine historische Perspektive**
> - Es ist historisch überliefert, dass Alexander der Große, Julius Cäsar und Jesus als Babys eingewickelt wurden.
> - In Tibet werden Babys schon immer fest in Decken eingewickelt. Der Tradition nach wurde die Decke mit Schnur gesichert und das Baby an der Seite eines Yaks festgebunden, während die Familie durch die Täler zog.
> - Auf den Hochebenen Algeriens wurden Babys eingewickelt, um sie vor Luftzügen und bösen Geistern zu schützen.
> - Im Mittelalter stellten europäische Eltern ihre Babys während der ersten vier bis neun Monate in eng gewickelten, dicken Paketen ruhig.
> - Das Emblem der Vereinigung amerikanischer Kinderärzte zeigt ein eingewickeltes italienisches Baby aus dem 15. Jahrhundert.
> - Bei vielen nordamerikanischen Indianerstämmen war es üblich, das »Papoose« (Baby) eng verschnürt auf dem Rücken zu tragen. (Die amerikanische Dollarmünze aus dem Jahr 2000 zeigt die indianische Kundschafterin Sacajawea mit ihrem Baby in einem Bündel auf ihrem Rücken.)

auch waren, führten sie doch zu zwei bedauerlichen Missverständnissen, die dazu beitrugen, dass das Einwickeln aufgegeben wurde: *Der erste Fehler ging auf das Konto der Wissenschaft:* Im 18. Jahrhundert bewiesen Wissenschaftler, dass nicht eingewickelte Babys sich nie selbst die Augen verletzten oder die Arme auskugelten. Aus diesen Beobachtungen schlossen sie, dass das Einwickeln eine Zeitverschwendung sei.

Der zweite Fehler ging auf das Konto der Demokratie: In den Jahren vor der Unabhängigkeitserklärung wollten die Gründerväter (und -mütter), dass ihre Kinder in Freiheit lebten, was zur Ablehnung des Einwickelns als einer Form der »Freiheitsberaubung« führte.

Innerhalb von hundert Jahren hörten die meisten Eltern in der westlichen Welt unter dem Druck der Wissenschaft und der demokratischen Bewegung mit dem Einwickeln auf. Obwohl die großen Denker recht damit hatten, dass nicht eingewickelte Babys sich nicht selbst verletzten und sich Erwachsene durch eine so enge Verschnürung stark beeinträchtigt fühlen würden, war es ein absoluter Fehler, Eltern zu empfehlen, mit dem Einwickeln aufzuhören. Sie verstanden nicht, dass das Einwickeln jahrhundertelang praktiziert worden war, weil es die Babys wirklich zufriedener machte. Als Eltern ihre Neugeborenen nicht mehr einwickelten, geschah das Unerwartete: Die Zahl der Babys, die unkontrollierte Schreianfälle hatten, *stieg dramatisch an!*

In ihrem Bemühen, diese Kolikwelle einzudämmen, begingen die Wissenschaftler einen weiteren gravierenden Fehler. Sie gelangten zu der Schlussfolgerung, dass die Babys vor Schmerzen schrien, und ermutigten Eltern, ihren schreienden Babys die beiden wirkungsvollsten Anästhetika jener Zeit zu verabreichen – Gin und Opium. Natürlich wurden diese Koliktherapien fallen gelassen, als man die schwerwiegenden Nebenwirkungen erkannte.

Elterliche Befürchtungen: Sechs unnötige Vorbehalte gegen das Einwickeln

In den USA zögern auch heute noch viele Eltern und Großeltern, ihre Babys einzuwickeln. Sie fürchten, dass sie sie durch das stramme Einwickeln eines ungeschriebenen verfassungsmäßigen Grundrechts berauben könnten.

Ich habe im Lauf der Jahre viele Eltern gebeten, mir ihre geheimen Vorbehalte gegen das Einwickeln mitzuteilen. Das sind die sechs verbreitetsten Einwände:

1. *Das Einwickeln erscheint primitiv und altmodisch.* Na ja, das ist es auch. Aber was spricht gegen primitive und altmodische Dinge? Essen und Sex sind auch primitiv und altmodisch, aber wer wollte darauf verzichten? Außerdem mag das Einwickeln zwar ein prähistorischer Brauch sein, aber es funktioniert wirklich.

2. *Es ist für Babys unbequem, wenn ihre Arme so eng am Körper anliegen.* Viele unerfahrene Eltern denken, dass ihre schreienden Babys die Arme frei haben wollen. Wenn das der Grund für das Schreien wäre, wäre es ein Leichtes, sie zu beruhigen: Man müsste sie einfach nie einwickeln! Natürlich haben Sie bemerkt, dass das Freilegen der Arme die Sache normalerweise eher verschlimmert.

Es stimmt, dass die Arme Ihres Babys gegen Ende der Schwangerschaft in einer Beugehaltung fixiert waren und wie gelocktes Haar, das man geradezieht, in diese Position zurückschnellen, wenn man sie streckt. Aber die Haltung mit geraden Armen ist keineswegs unbequem. Deshalb schlafen Babys auch besonders lang, wenn sie so eingepackt sind.

3. *Durch das Einwickeln könnte sich das Baby gefangen fühlen.* Ich persönlich würde es hassen, eingewickelt zu sein. Ohne allzu viele Geheimnisse meines Ehelebens preisgeben zu wollen, möchte ich doch erwähnen, dass meine Frau und ich, wenn wir abends zu Bett gehen, als erstes die zwischen Matratze und Bettrahmen eingesteckte Decke lockern, damit unsere Füße etwas Bewegungsspielraum haben.
Natürlich würden es auch die meisten von uns hassen, in einem Uterus zu leben. Aber es ist ein Fehler zu glauben, dass unsere Babys dieselben Bedürfnisse wie wir haben. Ein Baby wehrt sich nicht deshalb gegen das Einwickeln, weil es ihm verhasst ist. Es sieht aus, als ob es die Hände frei haben wollte, aber das Gegenteil trifft zu. Neugeborene mögen es, wenn ihre Bewegungsfreiheit eingeschränkt ist, und wenn sie völlig außer sich sind, brauchen sie unsere Hilfe, um die unkontrollierten Arm- und Beinbewegungen zu unterbinden.

4. *Babys werden verwöhnt oder vom Einwickeln abhängig.* Glücklicherweise ist diese Sorge völlig unbegründet. Ihr Baby zwölf Stunden am Tag im Arm zu halten, ist kein Verwöhnen. Es ist gegenüber dem, was Ihr Baby im Mutterleib genießen durfte, ein Rückgang um 50 Prozent. Sobald Ihr Baby vier Monate alt ist, kann es sich auf die Unterarme stützen, herumrollen und gezielt greifen und muss dann nicht mehr eingewickelt werden. Bis dahin aber kann das Einwickeln sehr beruhigend sein.

5. *Ein eingewickeltes Baby kann nicht an seinen Fingern saugen.* Vor der Geburt war es für Ihr Baby einfach, an den Fingern zu saugen, da in der Enge des Uterus die Hände ständig ne-

ben seinem Gesicht waren. Nach der Geburt ist es jedoch viel schwieriger, die Finger in die richtige Position zu bringen. Obwohl ihr Baby es versucht, schnellen die Hände oft ruckartig in eine andere Richtung, als ob irgendein Witzbold daran ziehen würde. (Schnuller wurden genau deshalb erfunden, weil es sehr kleinen Babys so schwer fällt, die Hände im Mund zu behalten.)

Verstehen Sie mich bitte nicht falsch. Es ist nichts dagegen einzuwenden, dass Ihr Baby die Hände frei hat, um daran lutschen zu können – *solange es zufrieden ist*. Leider können die meisten Babys ihre Hände nicht im Mund halten, besonders dann nicht, wenn sie aufgeregt sind. Statt also zur Beruhigung beizutragen, fliegen frei bewegliche Hände meistens am Mund vorbei, frustrieren das Baby und steigern noch das Geschrei!

Ihr Baby braucht drei bis vier Monate, bis es in der Lage ist, Lippen, Zunge, Schulter und Arm – gleichzeitig – so gut zu koordinieren, dass die Finger im Mund bleiben. Sobald Ihr Baby all das beherrscht, wird das Einwickeln überflüssig (kann aber immer noch den Schlaf verlängern).

6. *Strammes Einwickeln verhindert, dass das Baby seine Umgebung erforschen kann.* Natürlich sollte Ihr Baby hin und wieder die Hände frei haben, um etwas Übung darin zu bekommen, sie zu benutzen. Aber wenn es schreit, ist es nicht Ihre Aufgabe, ihm etwas beizubringen, sondern es zu beruhigen. Und selbst einem ruhigen Baby kann das Einwickeln *helfen*, etwas über seine Umwelt zu erfahren, weil es sich besser konzentrieren kann, wenn seine Arme nicht ständig in Bewegung sind.

Es ist Zeit für ein Comeback des Einwickelns

Jahrhundertelang hatten Eltern Vorbehalte gegen das Einwickeln ihrer Babys. Kritiker behaupteten, das Einwickeln sei nur eine Modeerscheinung gewesen – und manche sehen es immer noch so:

Vor etwa zehn Jahren besuchte ich eine Neugeborenenstation in Norditalien. Ich sprach mit dem Leiter der Station über das Konzept des fehlenden vierten Trimesters und meine Überzeugung, dass die Zeit reif sei für ein Comeback des Einwickelns.

Mein Gesprächspartner hörte mir höflich zu, aber er wirkte erstaunt und amüsiert. Nachdem ich meinen leidenschaftlichen Vortrag beendet hatte, klopfte er mir großväterlich auf die Schulter und sagte: »Wir praktizieren das in Italien seit Generationen nicht mehr. Wir glauben, dass Babys ihre Hände frei haben müssen, damit sich die Muskeln entwickeln können.«

In diesem Augenblick wurde er von seiner Sekretärin ans Telefon gerufen. Kaum hatte er den Raum verlassen, näherte sich mir schüchtern eine Säuglingsschwester und flüsterte: »Wissen Sie, Il Direttore hat es lieber, wenn die Babys nicht eingewickelt sind. Aber sobald er weggeht, packen wir sie wieder ein!« Sie zwinkerte mir zu: »Sie sind so wirklich zufriedener.«

Die alte Tradition des Einwickelns ist keine Modeerscheinung. Sie ist das *Ende* einer Anti-Einwickel-Mode! In tausend Jahren sind Fernsehgeräte und Computer vielleicht längst vergessen, aber das Einwickeln ist so alt wie die Bäume, und es ist an der Zeit, dass es wieder zum Leben unserer Babys gehört.

Das Einwickeln – Schritt für Schritt

Sie wissen wahrscheinlich bereits, dass die beste Methode zur Beruhigung Ihres schreienden Babys darin besteht, es hochzunehmen und fest in den Armen zu halten. Genau denselben Zweck erfüllt das Einwickeln, mit dem Unterschied, dass Sie ein paar Minuten Spielraum haben, um eine Mahlzeit zuzubereiten oder ins Bad zu gehen!

Das Einwickeln ist ganz einfach, erfordert jedoch eine präzise Technik und eine gewisse Übung. Viele Bücher, in denen das Einwickeln empfohlen wird, enthalten keine genauen Anweisungen dazu. Das ist insofern problematisch, als falsches Einwickeln das Schreien noch verschlimmern kann.

Im Folgenden erfahren Sie alles, was Sie wissen müssen, um der zufriedenste (und beste) Einwickler weit und breit zu werden. Machen Sie sich keine Gedanken, falls es Ihnen anfangs etwas merkwürdig vorkommt. Nach fünf bis zehn Versuchen erledigen Sie das Einwickeln genauso automatisch wie das Wechseln der Windel.

Es gibt so viele Einwickeltechniken, wie es Falttechniken für Servietten gibt. Aber eine Methode, die ich vor vielen Jahren von einer Hebamme gelernt habe, ist eindeutig die beste. Ich nenne sie das DUDU-Paket (vom englischen **D**own-**U**p-**D**own-**U**p).

Vorbereitungen

Als Erstes brauchen Sie eine *quadratische* Decke. Damit geht es einfacher als mit einer rechteckigen, weil ihre Symmetrie eine gleichmäßige Wickelung ermöglicht. Aus welchem Stoff sie sein sollte, bleibt Ihnen überlassen. Manche bevorzugen Baumwolle, andere eher dehnbare Stoffe mit Waffelstruktur. (Sie lernen das Einwickeln schneller, wenn Sie zuerst an einer Puppe oder an Ihrem zufriedenen Baby üben.)

Das Einwickeln

1. Legen Sie die Decke so, dass eine Ecke nach oben zeigt.
2. Falten Sie die obere Ecke nach unten, sodass sie auf dem Mittelpunkt der Decke liegt.
3. Legen Sie Ihr Baby so auf die Decke, dass sein Nacken auf der oberen Kante liegt.
4. Halten Sie den rechten Arm Ihres Babys gerade an seiner Seite fest. Haben Sie etwas Geduld, falls es sich dagegen wehrt. Der Arm wird gerade bleiben, wenn Sie einige Augenblicke sanften Druck ausüben.

Ihr Baby ist jetzt in der Ausgangsposition für das DUDU-Paket. Vielleicht hilft Ihnen dieser »DUDU-Rap«, sich den Ablauf besser zu merken:

> *Nach unten falt die Decke,*
> *dann steck sie rein und zieh,*
> *nach oben mit der Ecke,*
> *dann steck sie rein und zieh.*
> *Nach unten einen Zipfel,*
> *den hältst du vorn fest,*
> *dann hoch und einmal rundherum,*
> *so schaffst du auch den Rest.*

5. **Nach unten falten.** Wie das Einwickeln der erste Schritt zur Beruhigung ist, so ist dieses erste Einschlagen der Decke nach unten der erste Schritt des Einwickelns. Dieser Schritt muss korrekt ausgeführt werden, wenn die Packung sich nicht lockern soll. Während Sie den rechten Arm Ihres Babys an seiner Seite festhalten, ergreifen Sie die Decke in acht bis zehn Zentimetern Abstand von seiner rechten Schulter und ziehen sie *sehr* straff nach unten und über seinen Körper. (Es sollte wie eine Hälfte eines V-Ausschnitts aussehen.)
Einstecken – Während Sie die Decke weiterhin straff halten, ziehen Sie sie ganz herüber und stecken sie unter die linke Gesäßhälfte und das Kreuzbein Ihres Babys. Dadurch wird das Paket verankert.
Straffziehen – Halten Sie die Decke (mit der linken Hand) an seiner linken Hüfte fest, ergreifen Sie die Decke direkt neben seiner linken Schulter und ziehen Sie sie sehr, sehr straff. Neben dem rechten Arm darf kein Spielraum mehr sein.
Nach diesem ersten »Nach unten Falten ... Einstecken ... Straffziehen« sollte der rechte Arm Ihres Babys so fest an seiner Seite liegen, dass es ihn auch dann nicht beugen kann, wenn Sie die Decke loslassen. (Mehr zur Bedeutung gestreckter Arme finden Sie auf Seite 175.)
Bitte seien Sie nicht überrascht oder verlieren den Mut, wenn Ihr Baby beim Straffziehen der Decke plötzlich lauter schreit.

Sie tun ihm nicht weh! Sein Schreien bedeutet, dass es immer noch außer sich ist und nicht weiß, dass die Zufriedenheit zum Greifen nah ist.

6. *Nach oben falten.* Halten Sie jetzt den linken Arm Ihres Babys an seiner Seite fest, und falten Sie die untere Ecke gerade nach oben, sodass der linke Arm bedeckt ist. Die untere Ecke der Decke sollte genau bis über die linke Schulter des Babys reichen. Die Beine dürfen ruhig gebeugt sein (so waren sie auch im Mutterleib), aber die Arme müssen auf  jeden Fall gerade sein. Wenn die Arme Ihres Babys gebeugt sind, wird es sich schneller aus der Verpackung befreien, als Sie »Huch, es hat es schon wieder geschafft!« sagen können. Und es wird lauter schreien als zuvor.

Einstecken – Halten Sie den bedeckten linken Arm des Babys gegen seinen Körper und stecken Sie die Kante der Decke darunter fest.

Straffziehen – Während Sie mit der linken Hand den linken Arm des Babys festhalten, ergreifen Sie mit der rechten Hand in etwa acht Zentimetern Abstand von seiner linken Schulter die Decke und ziehen sie straff (dehnen Sie sie so stark wie möglich). Es darf kein Spielraum mehr um die Arme herum vorhanden sein.

7. *Nach unten falten.* Während Sie die Decke immer noch sehr straff halten, falten Sie die Decke in etwa acht Zentimetern Abstand von der linken Schulter des Babys ein wenig nach *unten.*

Nicht zu viel – Bei diesem Schritt wird nur wenig Stoff über die Schulter Ihres Babys auf seine Brust gelegt (wie die zweite Hälfte des V-Ausschnitts). Nicht ganz nach unten bis zu den Füßen des Babys falten.

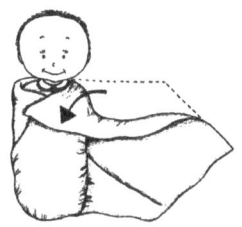

Halten – Halten Sie diesen kleinen Deckenzipfel mit der linken Hand gegen das Brustbein des Babys, wie man ein Band festhält, während man eine Schleife bindet.

8. ***Nach oben falten.*** Halten Sie den Zipfel fest, ergreifen Sie die letzte freie Ecke der Decke mit der rechten Hand und ziehen Sie sie gerade nach rechts. Dadurch wird der letzte Rest an Spielraum aus der Wickelung entfernt. Heben Sie dann – ohne die Spannung zu lockern – diese Ecke der Decke an und legen Sie sie quer über den Körper des Babys.

Herumlegen – Legen Sie die Decke straff um die Taille des Babys und dann wie einen Gürtel um den ganzen Körper herum. Der Gürtel sollte über seine Unterarme verlaufen und sie an den Seiten festhalten.

Straffziehen – Schließen Sie das DUDU-Paket ab, indem Sie den Gürtel sehr straff ziehen. Wenn die Packung stramm sitzt (und Ihre Decke groß genug ist), reicht die Decke um den Körper des Babys herum und wieder nach vorn, sodass Sie den letzten Zipfel unter den Anfang des Gürtels einstecken können. Dieses letzte Straffziehen und Einstecken ist besonders wichtig, wenn die ganze Wickelung nicht wieder aufplatzen soll.

Die Falten ausbügeln: Die häufigsten Fehler beim Einwickeln

Eigentlich ist das Einwickeln ganz einfach, aber vermeiden Sie folgende häufig vorkommende Fehler:

- *Die Packung ist zu locker.* Worauf es beim Einwickeln in erster Linie ankommt, ist ein strammer Sitz. Ziehen Sie die Decke bei jedem Schritt des DUDU-Pakets straff an, sodass kein Spielraum mehr vorhanden ist.

  Denise fand heraus, dass strammer Sitz für ihren sechs Wochen alten Sohn die geheime Zutat war. »Wir machten ständig Witze darüber, dass wir Benny so stramm einwickelten, dass wir Angst hatten, seine Augen würden aus den Höhlen treten! Aber das Einwickeln half ihm sehr. Und stramm musste es sein!«

- *Das Baby wird mit gebeugten Armen eingewickelt.* Selbst aus einer engen Packung kann ein schreiendes Baby seine Hände freibekommen, wenn es mit gebeugten Armen eingewickelt wurde. Es stimmt zwar, dass Neugeborene es beruhigend finden, die Embryonalhaltung einzunehmen, und Frühgeborene sich (jedenfalls bis zum errechneten Geburtstermin) mit gebeugten Armen am wohlsten fühlen, aber Babys, die mit gestreckten Armen eingewickelt werden, haben noch genügend Beugemöglichkeiten in den Beinen und Fingern und im Hals.

  Das Einwickeln half Teds und Sheilas zwei Monate alter Tochter Dylan, nachts durchzuschlafen. Damit ihre Arme gerade blieben, steckte Ted Dylans Hände unter den Gummibund ihrer Sweathose,

Väter – die wahren Verpackungskünstler

»Ich war überrascht! Ich hatte erwartet, dass es meinem Baby Valerie nicht gefallen würde, eingewickelt zu sein, aber in ihrer Verpackung beruhigte sie sich innerhalb von Sekunden. Ich habe es sogar einem Mann beim Frisör beigebracht!«

Wenn Frauen von der Venus sind und Männer vom Mars, dann sind Mütter aus Kuschelland und Väter aus Schaukelland! Das heißt, Männer gehen mit Kindern meistens viel weniger zartfühlend um als Frauen. Wir werfen unsere älteren Kinder auf das Bett, spielen Kissenschlacht mit ihnen und heben sie hoch über unseren Kopf in die Luft – aber was ist mit Babys? Wie gehen Männer mit ihnen um?

Am Anfang sind wir von Babys meist mehr eingeschüchtert als unsere Frauen; sie sind so winzig und zart. Und wenn wir unsere Babys herumtragen, geben wir sie sofort an unsere Frauen ab, wenn sie anfangen zu schreien.

Aber das Einwickeln ist eine gute Möglichkeit für Väter, ihr Selbstvertrauen aufzubauen. Väter haben oft eine natürliche Begabung für das stramme Einwickeln. Nach meiner Erfahrung machen ihre Kraft, ihre Intensität und Geschicklichkeit sie zu hervorragenden Verpackungskünstlern!

Mark erzählte: »Ich kann Eli problemlos einwickeln, aber Fran, meine Frau, tut sich ziemlich schwer damit. Ich glaube, sie scheut sich, es richtig stramm zu machen.«

bevor er sie einwickelte. Er sagte dazu: »Ich muss das tun, denn wenn ihre Arme gebeugt sind, flutschen sie aus dem Paket heraus und sie regt sich noch mehr auf.«

- *Die Decke berührt die Wange des Babys.* Wenn Ihr Baby hungrig ist und die Decke seine Wange berührt, kann es glauben, von Ihrer Brust berührt zu werden. Das wiederum kann den Suchreflex auslösen, sodass es schließlich verwirrt und frustriert schreit. Falten Sie die Decke am Hals deshalb mehr wie einen V-Ausschnitt, damit sie nicht das Gesicht des Babys berührt.

- *Die fertige Packung springt wieder auf.* Eine weitere Grundregel des Einwickelns ist: »Wer locker lässt, hat schon verloren!« Es hat keinen Zweck, ein Baby einzuwickeln, wenn es sich innerhalb von Sekunden befreien kann. Darum wickeln erfahrene Eltern in anderen Kulturen ihre Babys ein und sichern die Packung dann zusätzlich mit Bändern, Schnüren oder Gürteln.

Ken und Kristie erzählten: »*Wenn Henry aus seiner Decke herausschlüpft, schreit er, als ob er sagen wollte:* ›*Was tut ihr eigentlich für mich?*‹ *Wir haben festgestellt, dass es uns zusätzliche 45 Minuten Schlaf zwischen zwei Mahlzeiten bringt, wenn wir die Packung mit Klebeband sichern!*«

Fragen zu den fünf »S«: Was Eltern über das Einwickeln wissen wollen

1. *Wann sollte ich anfangen, mein Baby einzuwickeln?* Babys können direkt nach der Geburt eingewickelt werden. Sie fühlen sich warm und geborgen und ganz wie »Zuhause«.
2. *Gibt es Babys, die nicht eingewickelt werden müssen?* Viele ru-

hige Babys fühlen sich auch ohne Einwickeln wohl. Aber je unruhiger Ihr Baby ist, desto mehr braucht es das Einwickeln. Strammes Einwickeln beruhigt Babys so sehr, dass manche *ausgewickelt* werden müssen, damit man sie zu den Mahlzeiten aufwecken kann.

3. *Kann das Einwickeln den Schlaf eines Babys fördern?* Ja! Selbst ruhige Babys, die sonst nicht eingewickelt werden müssen, schlafen oft länger, wenn sie eingewickelt sind. Das Einpacken verhindert, dass sie aus dem Schlaf aufschrecken. Aber achten Sie auf strammen Sitz. Es kann gefährlich sein, Babys mit losen Decken schlafen zu legen.

Als Wendy und Brent Brandon einwickelten, schlief das vier Monate alte Baby in der Nacht statt vier Stunden fünf bis sieben Stunden am Stück!

4. *Wann ist es zu spät, damit anzufangen, wenn ein Baby noch nie eingewickelt wurde?* Sie können während der ersten drei Lebensmonate jederzeit mit dem Einwickeln anfangen. Aber haben Sie Geduld. Sie müssen möglicherweise ein paarmal üben, bis sich Ihr Baby daran gewöhnt. Versuchen Sie es, wenn es schon schläfrig und am aufnahmefähigsten ist.

5. *Wann ist ein Baby zu alt für das Einwickeln?* Wann der Zeitpunkt des Entwöhnens vom Einwickeln gekommen ist, ist von Baby zu Baby unterschiedlich. Viele Eltern glauben, dass sie nach ein paar Wochen (oder wenn ihr Baby sich gegen das Einwickeln wehrt) damit aufhören sollten. Aber dann ist das Einwickeln eigentlich am wertvollsten.

Machen Sie, wenn Ihr Baby zwei oder drei Monate alt ist, folgenden Versuch, um herauszufinden, ob es nicht mehr eingewickelt werden muss: Wickeln Sie es so ein, dass ein Arm frei bleibt. Wird das Baby dadurch unruhiger, sagt es Ihnen damit, dass es noch einige Wochen länger eingewickelt werden sollte. Ist es jedoch auch ohne das Einwickeln zufrieden, braucht es nicht mehr eingewickelt zu werden.

Mit wenigen Ausnahmen sind die meisten Babys mit drei oder vier Monaten so weit, dass Sie auf das Einwickeln verzichten können. Manche schlafen allerdings eingewickelt besser – selbst bis zum Alter von einem Jahr. (Mehr zum Einwickeln zur Schlafverlängerung erfahren Sie in Kapitel 15.)

Den Zwillingen Ari und Grace tat es bis zum Alter von acht Monaten gut, eingewickelt zu werden. Ohne die Verpackung wachten sie alle drei Stunden auf, aber eingewickelt schliefen sie selig zehn Stunden durch.

6. *Wie viele Stunden am Tag sollte ein Baby eingewickelt sein?* Alle Babys brauchen etwas Zeit, um sich zu strecken, gebadet zu werden und eine Massage zu bekommen. Aber Sie werden wahrscheinlich feststellen, dass Ihr Baby ruhiger ist, wenn es zu Anfang zwölf bis 20 Stunden am Tag eingewickelt ist. (Denken Sie daran, dass es als Fötus 24 Stunden am Tag »eingepackt« war.) Nach ein bis zwei Monaten können Sie die Einwickelzeit reduzieren, je nachdem, wie ruhig das Baby ohne Einwickeln ist.

7. *Woher weiß ich, ob ich mein Baby zu fest einwickle?* In traditionellen Kulturen wickeln Eltern ihre Babys sehr fest ein, weil lose Verpackungen unweigerlich wieder aufgehen. Manche westlichen Eltern fürchten zwar, sie könnten ihr Baby zu

stramm einwickeln, aber ich selbst habe noch nie davon gehört, dass tatsächlich jemals ein Baby zu fest eingepackt wurde. Andererseits hatte ich mit Hunderten von Eltern zu tun, deren Verpackungen wieder aufgingen, weil sie zu locker waren. Das liegt daran, dass sich die Decke durch das Zappeln Ihres Babys immer ein wenig lockert, wie eng Sie sie auch am Anfang gewickelt hatten.

Aber zu Ihrer Beruhigung können Sie folgenden Test machen, um sicherzugehen, dass Sie nicht zu eng gewickelt haben: Schieben Sie Ihre Hand zwischen die Decke und die Brust Ihres Babys. Es sollte so eng sein, als ob Sie – am Ende des neunten Monats – Ihre Hand zwischen Ihren elastischen Hosenbund und Ihren Bauch schieben.

8. *Woher weiß ich, ob mein Baby zu warm eingepackt ist?* Hillary dachte, für ihren neugeborenen Sohn Rob müsse die Raumtemperatur bei den tropischen 37 Grad liegen, die er aus dem Mutterleib kannte! Aber damit trieb sie das Konzept des vierten Trimesters zu sehr auf die Spitze. 1994 führten Ärzte an der Universität Los Angeles einen Test durch, mit dem sie herausfinden wollten, ob Babys durch warmes Einpacken überhitzt werden könnten. Sie legten 36 Babys im Alter zwischen zwei und 14 Wochen in einen auf etwa 23 Grad geheizten Raum und hüllten sie in Frottee-Overalls, Mützen, eine leichte Decke *und* eine warme Decke. Überraschenderweise zeigte die Studie, dass die Haut der Babys wärmer wurde, ihre rektale Temperatur aber kaum anstieg.

Frühgeborene brauchen oft einen Brutkasten, um warm zu bleiben, aber voll ausgetragenen Babys genügt normalerweise ein wenig Kleidung, eine Decke und ein auf 18 bis

21 Grad beheizter Raum. Wenn es bei Ihnen zu Hause wärmer ist, lassen Sie einfach etwas Kleidung weg und wickeln Ihr Baby nur mit der Windel bekleidet in eine leichte Baumwolldecke ein. (In warmen Klimazonen pudern Eltern die Haut ihrer Kinder mit Maisstärke ein, die Schweiß aufsaugt und Ausschläge verhindert.)

Sie können ganz leicht feststellen, ob Ihr Baby überhitzt ist: Fassen Sie einfach seine Ohren und Finger an. Wenn sie heiß, rot und schweißnass sind, ist es zu warm eingepackt. Wenn sie nur leicht warm sind und das Kind keinen Schweiß absondert, ist seine Temperatur wahrscheinlich perfekt.

9. *Woher weiß ich, wann mein Baby eingewickelt sein muss und wann es etwas zu essen braucht?* Ihr Baby gibt Ihnen mehrere Hinweise, wenn es hungrig ist:
  - Wenn Sie seine Lippen berühren, öffnet sich sein Mund wie der Schnabel eines kleinen Vogels, der auf das Muttertier wartet.
  - Es saugt nur ein oder zwei Minuten an einem Schnuller, bevor es zu frustriert davon ist.
  - Wenn Sie ihm die Flasche oder die Brust geben, saugt und schluckt es heftig.

  Sie brauchen nicht zu fürchten, dass Ihr Baby wegen des Einwickelns vergessen könnte zu essen. Das Einwickeln beruhigt ein leicht hungriges Baby, aber keines, das großen Hunger hat.

10. *Mein Baby ist oft zapplig und nervös. Hilft das Einwickeln dagegen?* Manche Babys schlafen bei einem Hurrikan, andere wachen bei jedem Telefonklingeln auf. Solche Babys sind

nicht nervös, sie sind einfach sensibel. Das Einwickeln hilft insofern, als es das Hochschrecken dämpft und sie daran hindert, sich selbst aus der Fassung zu bringen.

11. *Ist es riskant, mein Baby in eine Decke eingewickelt schlafen zu legen?* Wie bereits erwähnt, empfehlen Ärzte, Babys nicht mit losen Materialien wie Kissen, weichen Spielsachen usw. schlafen zu legen. Achten Sie darauf, dass die Decke sicher um Ihr Baby gewickelt ist.

12. *Sollten wir unsere Kinder nicht an die Freiheit gewöhnen statt an das Gebundensein?* Freiheit ist etwas Wunderbares. Aber wie wir alle wissen, kommt mit der Freiheit auch die Verantwortung. Wenn ein Baby sich selbst beruhigen kann, hat es ein Recht darauf, nicht eingewickelt zu werden. Aber viele Neugeborene kommen mit der großen Welt noch nicht zurecht. Sie brauchen noch einige Monate im kuscheligen Deckenpaket, um nicht unkontrolliert herumzuzappeln.

13. *Was ist, wenn es mein Baby irgendwo juckt, während seine Arme im Paket stecken?* Das ist glücklicherweise kein Problem. Kleine Babys erhalten keine klare Botschaften von ihrem Körper, empfinden also auch keinen Juckreiz. Außerdem haben Babys kurze Aufmerksamkeitsspannen. Im Gegensatz zu Erwachsenen, die es verrückt macht, wenn sie an eine juckende Stelle nicht herankommen, schenken Babys einem solchen Impuls keine weitere Beachtung. (Im Übrigen verfügen sie nicht über die entsprechende Körperbeherrschung, um sich zu kratzen.)

Mitten in der Nacht:
Schalten Sie das Schreien Ihres Babys mit den fünf »S« aus!

Es ist mitten in der Nacht, und Sie wollen Ihr Baby beruhigen! Sie erinnern sich nicht mehr genau, was zu tun ist? Hier finden Sie alles noch einmal übersichtlich zusammengestellt, damit Sie auf einen Blick finden, was Sie brauchen, um der »beste Babyhüter weit und breit« zu werden.

Denken Sie an folgende wichtige Punkte, während Sie die fünf »S« ausführen:
1. Ein Baby zu beruhigen, ist wie ein Tanz mit ihm ..., aber Sie müssen ihm die Führung überlassen. Führen Sie die fünf »S« mit der erforderlichen Intensität aus, und lassen Sie erst nach, wenn das Baby sich zu beruhigen beginnt.
2. Die fünf »S« müssen genau richtig ausgeführt werden, um zu funktionieren.

Das erste »S« – strammes Einwickeln

Es macht nichts, wenn Ihr Baby sich im ersten Moment gegen das Einwickeln wehrt. Das Einwickeln als solches wird es nicht sofort beruhigen, aber es verhindert unkontrollierte Arm- und Beinbewegungen, sodass Ihr Baby sich auf die nächsten »S« konzentrieren kann, die den Beruhigungsreflex auslösen und völlige Entspannung herbeiführen.

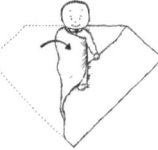

Das zweite »S« – Seiten-/Bauchlage

Je aufgeregter Ihr Baby ist, desto unwohler fühlt es sich auf dem Rücken. Es fühlt sich viel entspannter, wenn Sie es auf die Seite oder den Bauch drehen. Durch diesen einfachen Trick lässt sich der Beruhigungsreflex manchmal innerhalb von Sekunden auslösen.

Das dritte »S« – Schhhh

Durch den Schhhh-Laut fühlen sich schreiende Babys auf magische Weise beruhigt und ganz wie zu Hause, aber es muss so laut wie das Schreien sein und dicht beim Ohr des Babys ausgeführt werden, sonst nimmt das Baby gar keine Notiz davon. Mit diesem besonders wirkungsvollen »S« können Sie Ihr Baby in seiner unzufriedenen Phase ruhig halten, indem Sie ein Radio auf Rauschen einstellen, eine Bandaufnahme des Föhns oder ein Gerät, das weißes Rauschen produziert, verwenden.

Das vierte »S« – Schaukeln

Wie ein heftiges »Schhhh« kann auch energisches Schaukeln innerhalb von Minuten (oder schneller) den Übergang vom Schreien zu völliger Entspannung herbeiführen. Stützen Sie Hals und Kopf Ihres Babys, und bewegen Sie seinen Kopf in einem schnellen Rhythmus hin und her, als ob Sie zittern würden. Sobald es ruhig geworden ist, können Sie es eingewickelt in eine Schaukel legen, wo es einer gleichförmigen Bewegung ausgesetzt ist. Achten Sie darauf, dass der Riemen zwischen den eingewickelten Beinen Ihres Babys liegt, dass die Schaukel ganz nach hinten geneigt und auf höchste Geschwindigkeit eingestellt ist.

Das fünfte »S« – Saugen

Das letzte »S« funktioniert meistens am besten, wenn Sie Ihr Kleines bereits mit den anderen »S« etwas beruhigt haben. Ihre Brust, Ihr Finger oder ein Schnuller sind gewissermaßen der Zuckerguss auf der Beruhigungstorte. Mit einem Trick können Sie Ihrem Baby beibringen, den Schnuller im Mund zu behalten: Sobald es daran zu saugen beginnt, ziehen Sie leicht daran, als ob Sie ihn herausnehmen wollten. Es wird ihn fester ansaugen und bald lernen, ihn sogar dann im Mund zu behalten, wenn es vor sich hin lallt.

Die Elternperspektive: Zeugenaussagen von der Babyfront

> Durch das Einwickeln weiß das Kleine, wo es ist. Ohne es fühlt es nicht, wo sein Körper aufhört und das Universum anfängt.
> Al, Vater von Marie-Claire, Esmé und Didier

Die meisten Neugeborenen bleiben ruhiger und schlafen länger, wenn sie eingewickelt sind. Hier einige Geschichten:

Am Tag nach ihrer Geburt schrie Marie-Claire. Es war nicht dieses Neugeborenenwimmern, das einen »Aaaah« sagen lässt, sondern ein richtig herzhaftes Gebrüll. Ich war richtig schockiert darüber, dass ein einen Tag altes Baby einen solchen Lärm verursachen konnte!

Gerade da kam Dr. Karp in unser Zimmer. Er ging zu ihrem Bettchen hinüber, nahm unser Baby hoch und wickelte es ein wie einen Burrito. Dann legte er sie so auf seinen Schoß, dass ihre Füße zu ihm zeigten und ihr Kopf auf seinen Knien lag, und gab dicht bei ihrem Kopf ein lautes »Schhhh« von sich. Die Kombination aus Einpacken und weißem Rauschen funktionierte so gut, dass sie fast sofort aufhörte zu schreien.

Mein Mann und ich waren überrascht. So etwas hatten wir noch nie erlebt. Also lernten wir, unser Baby sehr, sehr stramm in eine leichte Decke einzuwickeln, und sie wurde das zufriedenste Baby der Welt!

Nachdem sie drei Monate alt war, sahen die Leute uns oft schief an, wenn wir sie einwickelten, als ob wir barbarische Maßnahmen anwandten. Wenn wir neugierig gefragt wurden, weshalb wir unser Baby so einwickelten, gaben wir stolz zur Antwort: »Weil es sie glücklich macht!« Wie auf ein Zeichen lächelte Marie-Claire dann meistens von einem Ohr zum anderen, und das überzeugte selbst die größten Skeptiker restlos! Renée, Al, Marie-Claire, Esmé und Didier

Sophia hatte am Anfang Probleme mit dem Trinken. Unsere Säuglingsschwester empfahl ein spezielles Hilfsmittel, um die Mahlzeiten zu erleichtern. Also klebte ich diesen dünnen Schlauch an meine Brust und führte ihn zusammen mit meiner Brustwarze in ihren Mund ein.

Um diesen Zeitpunkt herum wurde sie auch sehr unruhig. Während der Mahlzeiten schrie sie und fuchtelte mit den Armen herum, sodass fast immer sowohl die Brustwarze als auch der Schlauch aus ihrem Mund rutschten.

Trotz meiner Frustration hielt ich bis zu dem Abend vor ihrer Zwei-Monats-Vorsorgeuntersuchung durch. An diesem Abend war es schlimmer denn je. Sophia schlug um sich, zerrte an dem Schlauch und kaute auf meiner Brustwarze herum. Ich schwor mir, sie nie wieder auf diese Weise zu füttern, auch wenn es bedeutete, nicht mehr stillen zu können.

Am nächsten Tag berichtete ich Dr. Karp von meinen Stillproblemen, und er sagte vier Wörter, die alles veränderten: »Vergessen Sie nicht einzuwickeln.« Wir hatten Sophia am Anfang eingewickelt, aber dann wieder damit aufgehört, weil sie sich so dagegen wehrte. Aber Dr. Karp ermutigte uns, es noch einmal zu versuchen.

An diesem Nachmittag wickelte ich sie stramm ein und legte sie (ohne Ernährungsschlauch) an die Brust an. Da geschah etwas ganz und gar Außergewöhnliches: Sie saugte friedlich und konzentriert an der Brust. Es war, als ob es nie ein Problem gegeben hätte.

Sophia ist jetzt drei Monate alt, und das Stillen war während des

letzten Monats ein Kinderspiel. Wir wickeln sie jetzt nur noch ein, wenn sie einen schlechten Tag hat und sich nicht beruhigen kann. Das kuschelige Einpacken funktioniert immer tadellos. Colin, Beth und Sophia

Mit etwa einem Monat begann Jack jeden Abend zwischen 18.00 Uhr und Mitternacht sehr unruhig zu werden. Ich konnte ihn nur beruhigen, indem ich ihn ununterbrochen stillte.

Jack musste in den Schlaf gestillt werden und verweigerte heftig den Schnuller, als ob er damit um sein berechtigtes Erbe betrogen werden sollte. Dann entdeckte ich etwas (neben dem Stillen), womit ich ihn wunderbar beruhigen konnte: das Einwickeln. Während er eingepackt wird, ist er nicht sonderlich begeistert davon, aber dann beruhigt er sich innerhalb weniger Minuten. In einem Babykurs zeigte ich meiner Freundin, wie stramm wir ihn einwickeln, und sie konnte es kaum glauben, als er vor unseren Augen aus einem heftigen Schreianfall heraus völlig ruhig wurde. Ich war so stolz auf mich und meinen großartigen kleinen Jungen. Kelly, Adam und Jack

9 Das zweite »S«: Seiten-/Bauchlage – die Wohlfühlposition Ihres Babys

Wichtige Punkte:
- Wie die Seiten- oder Bauchlage Ihr Baby beruhigt, indem sie den Beruhigungsreflex aktiviert und den Moro-Reflex (Fallreflex) inaktiviert.
- Wichtige Informationen zum plötzlichen Kindstod und der Schlafposition Ihres Babys.
- Die umgekehrte Stillhaltung und andere großartige Methoden, Ihrem Baby Zärtlichkeit zu geben und es zu beruhigen.

Dean sah mit großen Augen zu, wie ich mit seinem kleinen Mädchen, Bobbie, umging. Als Bobbie zu schreien anfing, legte ich sie bäuchlings auf meinen Unterarm, sodass ihre Wange in meiner Hand lag. Bobbie hielt mitten im Schreien inne! Dann rüttelte ich sie hin und her, als ob ich extrem nervös wäre, und sie schlief innerhalb von zwei Minuten.

Dean erzählte später: »Als Junge spielte ich am liebsten Football, und ich trug den Ball, als ob es ein kostbarer Schatz wäre. Aber ich hätte mich nie getraut, mit Bobbie so umzugehen, wenn ich es nicht Sie vorher hätte tun sehen. Jetzt trage ich Bobbie jeden Tag wie einen Football und schaffe es meistens, sie zum Einschlafen zu bringen.«

Im Immobiliengeschäft lautet die wichtigste Regel: Wohnlage, Wohnlage und noch einmal Wohnlage. Bei der Beruhigung von Babys ist es Lagerung, Lagerung und noch einmal Lagerung!

Es steht außer Frage, dass unruhige Neugeborene leichter zu beruhigen sind, wenn sie auf der Seite oder auf dem Bauch liegen. Viele Babys liegen gern auf dem Rücken, wenn sie guter Laune sind. Aber es ist schwierig, sie in dieser Lage zu beruhigen, wenn sie unleidlich werden. Andere fühlen sich selbst in ruhigem Zustand in der Rückenlage unsicher. Diese unruhigen Kinder beruhigen sich oft in dem Augenblick, in dem sie auf die Seite oder bäuchlings auf den Unterarm oder über die Schulter eines Erwachsenen gelegt werden.

Warum ist die Seiten- oder Bauchlage so beruhigend für Ihr Baby?

Seiten- und Bauchlage funktionieren aus folgenden Gründen so gut:
- *Sie lösen den Beruhigungsreflex aus, indem sie die Haltung Ihres Babys im Uterus nachahmen.* Vor der Geburt lag Ihr Baby nie flach auf dem Rücken. Es verbrachte die meiste Zeit in der Embryonalhaltung – Kopf nach unten, Wirbelsäule gebogen, Knie gegen den Bauch gedrückt. Im Lauf von Jahrmillionen wurde diese Position zu einem starken Auslöser für den Beruhigungsreflex. Sie hielt die Föten ruhig, sodass sie sich nicht versehentlich in eine ungünstige Position manövrierten oder die Nabelschnur zerrissen.

  Außerhalb des Mutterleibs werden durch leichtes Vorbeugen

des Kopfes, Berühren des Bauches oder Seitenlage Positionssensoren in seinem Kopf aktiviert, die den Beruhigungsreflex auslösen. Spezialisten für Frühgeborene legen diese winzigen Geschöpfe gebeugt auf die Seite, sobald sie kräftig genug sind, um bewegt zu werden. (Auch viele Erwachsene finden die Embryonalhaltung beruhigend.)

Dass das Berühren des Bauches beruhigend wirkt, könnte auch ein erhalten gebliebener Reflex unserer Affenvorfahren sein. Jahrmillionenlang war es lebenswichtig für Affenbabys, sich ruhig zu verhalten, wenn sie Bauch an Bauch mit der Mutter waren und sich in ihrem Fell festklammerten. Möglicherweise hatten die Tiere, die den Bauchkontakt als beruhigend empfanden, bessere Chancen zu überleben und ihre Gene weiterzugeben, weil sie weniger zappelten und seltener fallen gelassen wurden.

♦ *Die Seiten- und Bauchlage verhindert, dass versehentlich der Moro-Reflex ausgelöst wird.* Ein unruhiges Baby zu trösten, während es auf dem Rücken liegt, ist etwa so, als ob man es gleichzeitig beruhigen und kneifen würde! Im Arm gehalten zu werden, ist großartig, aber die Rückenlage gibt manchen Babys ein Gefühl der Unsicherheit. In dieser Position kann jede Zuckung, jeder Schrei die Positionssensoren im Gehirn ansprechen und den Moro-Reflex auslösen, sodass Ihr Baby schreit und die Arme vorstreckt, als hätte man es von einem Baum fallen lassen.

Liegt Ihr Baby jedoch auf der Seite oder dem Rücken, senden die Positionssensoren in seinem Kopf eine andere Botschaft aus. Sie lautet: »Mach dir keine Sorgen. Es ist alles in Ordnung.« (Wenn der Moro-Reflex Ihres Babys ausgelöst wurde, kann es nach dem Drehen auf die Seite oder den Bauch eine oder zwei Minuten dauern, bis die Botschaft durchdringt, dass alles in Ordnung ist, und der Beruhigungsreflex ausgelöst wird.) Manche Babys sind so empfindlich, was ihre Lagerung angeht, dass es sie beruhigt, wenn sie ganz leicht von der Seite in Richtung Bauchlage gedreht werden, während es sie in Panik versetzt, aus der Seitenlage ganz leicht in Richtung Rückenlage gedreht zu werden.

Eine lebensrettende Position:
Wie man den plötzlichen Kindstod vermeidet

Babys liegen sehr gern auf der Seite und mögen es, am Bauch berührt zu werden. Diese Positionen sind wie Kekse mit warmer Milch für sie. Aber während diese Lagerungen für die wachen Stunden hervorragend geeignet sind, ist zum Einschlafen die Rückenlage vorzuziehen.

1992 empfahl die Vereinigung amerikanischer Kinderärzte, Babys nie auf dem Bauch schlafen zu legen. Wissenschaftliche Untersuchungen hatten gezeigt, dass Babys, die auf dem Bauch schliefen, einem erhöhten Risiko ausgesetzt waren, am plötzlichen Kindstod zu sterben. Es ist ein großartiger Erfolg, dass in Amerika die Zahl der Todesfälle durch plötzlichen Kindstod von 6000 auf 3500 pro Jahr gesenkt werden konnte – einfach dadurch, dass man Babys nicht mehr auf dem Bauch schlafen ließ.

Im März 2000 gaben die amerikanischen Kinderärzte ihre aktuellste Empfehlung zur Vermeidung des plötzlichen Kindstodes heraus. Sie erklärten, dass der plötzliche Kindstod selten bei Kindern unter einem Monat auftrat und seinen Höchstwert bei der Altersgruppe zwischen zwei und vier Monaten erreichte. Sie stellten außerdem fest, dass Babys, die auf dem Bauch oder auf weichen Unterlagen schliefen, deren Mütter rauchten, die überhitzt waren, bei denen keine Vorsorgeuntersuchungen während der Schwangerschaft durchgeführt worden waren, deren Mütter noch im Teenageralter waren oder die zu früh zur Welt kamen, das Risiko, am plötzlichen Kindstod zu sterben, am höchsten war. Die Kinderärztevereinigung vertrat die Auffassung, dass die Rückenlage die bevorzugte Schlafposition für Babys sei, dass die Seitenlage ebenfalls akzeptabel, aber mit einem leicht höheren Risiko verbunden sei (wohl weil Babys im Schlaf manchmal versehentlich aus der Seitenlage auf den Bauch rollten).

Zur Vermeidung des plötzlichen Kindstods empfehlen Kinderärzte, während der Schwangerschaft nicht zu rauchen und auch das Rauchen im Haus völlig zu unterlassen, keine alkoholischen Getränke oder Beruhigungsmittel zu sich zu nehmen (besonders wenn das Kind im Bett der Eltern schläft), nie mit dem Baby auf dem Sofa oder auf einem Wasserbett zu schlafen, keine weichen Gegenstände (wie Spielsachen, Kissen, Schaffelle, lose Decken oder Daunenbetten) in sein Bett zu legen und zu verhindern, dass es ins Schwitzen gerät.

Es war einmal: Wie Eltern in anderen Epochen und Kulturen die Seiten-/Bauchlage genutzt haben

> Bei den Inuit wird eine sehr große Kapuze als Babytasche und Fortführung des Mutterleibs verwendet. Das Neugeborene hält sich in einer warmen Umgebung innerhalb der Kleidung der Mutter auf und ist wie ein Halbmond zusammengerollt.
> Béatrice Fontanel und Claire d'Harcourt, *Baby, Säugling, Wickelkind. Eine Kulturgeschichte*

In den meisten traditionellen Kulturen auf der Welt hängen Babys sozusagen an Erwachsenen. Ihre Mütter, Schwestern, Tanten und Nachbarinnen tragen sie bis zu 24 Stunden am Tag, sieben Tage die Woche, in Körben und Tüchern auf der Brust, auf dem Rücken, auf der Hüfte und der Schulter.

Wenige Eltern auf der Welt legen ihre Babys auf den Rücken, und wenn sie es tun, dann gewöhnlich auf eine *gebogene*, nicht auf eine ebene Fläche. Durch die Wölbung einer kleinen Decke, die von einem Baum oder Holzgerüst hängt, wird ein Baby in die vertraute und beruhigende Embryonalhaltung gebracht, in der es ruhiger schlafen kann.

- Die Lappen in Grönland transportieren ihre Babys in Wiegen, die auf einer Seite eines Rentiers hängen (ein schwerer Mehlsack bildet das Gegengewicht auf der anderen Seite).
- Die !Kung San aus der Wüste Kalahari tragen ihre Babys den ganzen Tag in Tragehilfen aus Leder. Sie halten sie in einer halb sitzenden Position, weil sie glauben, dass diese Haltung die Entwicklung eines Babys fördert.
- In Teilen Indonesiens lassen liebevolle Mütter nie zu, dass ihre Babys ganz ausgestreckt sind. In ihrer Kultur ist das die

gefürchtete Position der Toten. Babys werden in einer sitzenden Haltung verpackt und an die Decke gehängt, sodass sie wie kleine schwebende Buddhas aussehen. (Auch Mütter, die gerade entbunden haben, müssen vierzig Tage lang sitzend schlafen, um böse Geister zu vertreiben, die sich von Menschen angezogen fühlen, die durch Krankheit oder Verletzung geschwächt sind.)

♦ Die Pygmäen vom Stamm der Efé in Zaire legen ihre Babys ungern auch nur für einen Augenblick ab. Sie stellen ihre Winzlinge zufrieden, indem sie sie den ganzen Tag und sogar während des Schlafs aufrecht oder zusammengerollt im Arm halten. Weil all dieses Tragen für eine Person allein jedoch sehr anstrengend wäre, halten die Efé viel von Teamwork. Während der ersten Lebensmonate wird ein Baby bis zu achtmal pro Stunde zwischen bis zu 20 Stammesmitgliedern weitergereicht.

Und wenn Frauen in anderen Kulturen ihre Babys aus dem Arm legen, hängen sie sie über ihren Schoß oder über ihre Brust, sodass der weiche Bauch des Babys ständig in warmem, beruhigendem Hautkontakt mit der Mutter ist.

Auf der Seite des Gewinners: Wie Sie Lagerungen zur Beruhigung Ihres Babys einsetzen können

Erfahren Sie jetzt, wie Sie Ihrem Baby das beruhigende Wohlgefühl der Seiten- oder Bauchlage verschaffen können. Wickeln Sie es zuerst kuschelig ein und probieren Sie dann eine der folgenden Positionen aus, die von zahllosen erfahrenen Eltern verwendet werden.

Die umgekehrte Stillhaltung

Das ist meine bevorzugte Haltung für schreiende Babys, die ich im Gehen herumtrage oder durch Wiegen zur Ruhe bringe. Sie ist ganz einfach und bequem auszuführen, und Kopf und Nacken des Babys werden dabei sehr gut gestützt.

1. Setzen Sie sich hin, und legen Sie das Baby so auf Ihren Schoß, dass es auf der rechten Seite liegt, mit dem Kopf auf Ihren Knien und den Füßen an Ihrer linken Hüfte.
2. Schieben Sie Ihre linke Hand zwischen Ihr Knie und seine Wange, um seinen Kopf (oder Hals und Kopf) mit Ihrer ausgestreckten Hand zu unterstützen.
3. Drehen Sie es auf Ihren linken Unterarm, sodass es mit dem Bauch auf Ihrem Arm liegt, und nehmen Sie es dicht an Ihren Körper heran, sodass sein Rücken leicht gegen Ihre Brust drückt.

In dieser Position ist Ihr Daumen direkt neben seinem Gesicht, und Sie können es sogar daran saugen lassen. (Bitte vorher immer die Hände waschen.)

Die Fliegerhaltung
Väter lieben die Fliegerhaltung. Diese Art der Bauchlage erfordert etwas zusätzliche Kraft im Arm, aber sie macht Spaß und

ist wirkungsvoll. Babys mitten im Schreien mit der Fliegerhaltung zur Ruhe zu bringen, ist einer der größten Baby-»Zaubertricks« aller Zeiten.

1. Setzen Sie Ihr Baby so auf Ihren Schoß, dass es nach links schaut, und legen Sie Ihre linke Hand unter sein Kinn, sodass Sie es wie mit einem Kinnriemen unterstützen.
2. Neigen Sie es leicht nach vorn und drehen Sie es über seine Hüfte, sodass es mit dem Bauch auf Ihrem linken Unterarm liegt. Sein Kopf liegt in Ihrer Handfläche, seine Brust und sein Bauch liegen auf Ihrem Unterarm, und seine Arme und Beine hängen zu beiden Seiten Ihres Unterarms entspannt herab.

Die Schulterhaltung

Ihr unruhiges Baby über Ihre Schulter zu legen, kann eine stark beruhigende Wirkung haben. Oft reicht es schon, es in eine aufrechte Position zu bringen, damit es die Augen öffnet und sich besser fühlt.

Wenn Ihr Baby in aufrechter Haltung ist, können Sie auch sein Körpergewicht gegen Ihre Schulter drücken lassen, sodass es in den Genuss zusätzlicher Bauchberührung kommt, wodurch diese Haltung besonders beruhigend wirkt. Wickeln Sie Ihr Baby ein, *bevor* Sie es über die Schulter legen. Dann schläft es weiter, wenn Sie es von der Schulter nehmen und in sein Bettchen legen.

Das ist keineswegs eine vollständige Liste aller beruhigenden Babyhaltungen. Sie können auch die Kanonenkugelhaltung ausprobieren, bei der das Baby ganz eng zusammengerollt auf Ihrem Schoß liegt, oder die Wärmflaschenposition, bei der das Baby über einer warmen Wärmflasche liegt und Wärme und Druck an seinem Bauch spürt. (Denken Sie daran, es nicht auf dem Bauch schlafen zu lassen.) Viel Spaß beim Entdecken der Position, in der sich Ihr Baby am wohlsten fühlt!

Fragen zu den fünf »S«: Was Eltern über die Seiten-/Bauchlage wissen wollen

1. *Wo sind die Hände meines Babys, wenn es auf der Seite liegt?* Die Arme sollten gerade an der Seite liegen. Selbst in der engsten Wickelung bleibt noch genügend Raum, damit Ihr Baby den unteren Arm ein wenig nach vorn schieben und eine bequeme Haltung finden kann.
2. *Kann einem Baby der Arm einschlafen, wenn es auf der Seite liegt?* Nein. Arme schlafen nur ein, wenn starker Druck auf einen Teil des Ellbogens ausgeübt wird, der als »Musikantenknochen« bezeichnet wird. Es kann zum Beispiel passieren, wenn Sie am Schreibtisch einschlafen und Ihre Arme als Kissen benutzen. Da sich die Arme eines eingewickelten Babys in der Verpackung ein wenig nach vorn bewegen, entsteht nie so starker Druck, durch den der Arm einschlafen könnte.
3. *Wenn das Baby die Empfindungen des Mutterleibs vermisst, wäre es dann nicht sinnvoll, es mit dem Kopf nach unten zu lagern?*

Nun, das ist ein interessanter Gedanke, aber die Antwort darauf lautet: »Nein.« Man könnte meinen, dass Babys, die Monate mit dem Kopf nach unten verbracht haben, diese Stellung mögen, aber die Fruchtblase ist mit Flüssigkeit gefüllt, das heißt, der Fötus schwebt fast schwerelos darin. Außerhalb des Mutterleibs lässt sich diese Schwerelosigkeit nicht nachempfinden, und ein mit dem Kopf nach unten gelagertes Baby würde durch das sich stauende Blut einen unangenehmen Druck im Kopf empfinden.

Die Elternperspektive: Zeugenaussagen von der Babyfront

Viele unruhige Babys waren außer sich vor Freude, als ihre Eltern sie in folgende Wohlfühlpositionen brachten:

Dina war verwirrt. Im Krankenhaus hatte man ihr gesagt, sie solle Noah auf dem Rücken schlafen lassen, aber ihre Mutter, die zu Besuch kam, sagte das Gegenteil. »Wir stritten über die beste Schlafposition für unseren sechs Wochen alten Sohn.

Flach auf dem Rücken liegend konnte er nur schwer zur Ruhe kommen. Ich musste ihn 15 bis 20 Minuten tätscheln, bis er schließlich einschlummerte. Und dann wachte er immer noch alle drei Stunden auf.

Meine Mutter plädierte dafür, ihn in der Bauchlage schlafen zu lassen. Er schlief in dieser Position zwar tiefer, aber ich hatte schreckliche Angst, dass ich dadurch das Risiko des plötzlichen Kindstodes erhöhte.

Ich fragte Dr. Karp nach seiner Meinung. Er zeigte mir, wie ich Noah fest einwickeln und dann auf dem Rücken zum Schlafen legen konnte.

Das zweite »S«: Seiten-/Bauchlage

Ich war begeistert, da es ebenso gut funktionierte wie die von meiner Mutter empfohlene Bauchlage, aber weniger riskant war.«

Amanda erzählte, dass sie während ihrer Kindheit eine einfache Methode zum Beruhigen von Babys kennengelernt hatte, die die Frauen in ihrer Familie von Generation zu Generation weitergaben. Sie wurde die »Big Mama«-Technik genannt.

Man setzte sich dazu mit einem Kissen auf dem Schoß hin und legte das schreiende Baby bäuchlings darauf. Dann wippte man (heftig) mit den Fersen auf und ab, tätschelte (heftig) den Po des Babys und sang dicht neben seinem Ohr ein Schlaflied.

Sobald die Sonne unterging, begann das abendliche Schreiritual der zwei Monate alten Ruby. Ihre Eltern, Steve und Sarah, befürchteten, sie könne Bauchschmerzen haben, bis sie herausfanden, dass sie sofort einschlief, wenn sie sie über die Schulter legten, sodass ihr Bauch fest dagegendrückte, und dabei mit ihr im Garten herumgingen, sodass sie mit jedem Schritt durchgerüttelt wurde.

Der Vater des kleinen Michael war der Profi in der Familie, wenn es darum ging, das schreiende Baby zu beruhigen. Er setzte sich in den Schaukelstuhl mit einem Kissen auf dem Schoß, legte Michael bäuchlings darauf und schaukelte dann heftig und schnell. Innerhalb von fünf Minuten befand sich Michael im Traumland.

10 Das dritte »S«: Schhhhh – der bevorzugte Beruhigungslaut Ihres Babys

Wichtige Punkte:
- »Schhhh« löst den Beruhigungsreflex Ihres Babys aus.
- Das zischende Geräusch, das Ihr Baby im Mutterleib hörte, war so laut wie ein Staubsauger.
- »Schhhh« beruhigt schreiende Babys nur, wenn es laut genug ist.
- Zehn Geräte, die Sie einsetzen können, um ein beruhigendes weißes Rauschen zu erzeugen.

Als ich in einem Provinzkrankenhaus meine Runden ging, sah ich, wie die erfahrene Säuglingsschwester Carol ein schreiendes Neugeborenes zu beruhigen versuchte. Sie hatte es stramm eingepackt, auf die Seite gelegt und flüsterte in sein Ohr: »Jaaa, ist ja gut.« Sie bot ihm sogar einen Schnuller an, aber nichts half. Ich fragte Carol, ob ich versuchen dürfe, das Baby zu beruhigen. Sie beschreibt, was dann geschah:

»Sophia war während ihrer ersten beiden Lebenstage kaum zu beruhigen gewesen. Nachdem Dr. Karp seine Hilfe angeboten hatte, beugte er sich über Sophias Bettchen, sodass sein Gesicht dicht neben ihrem Ohr war, und gab etwa zehn Sekunden lang ein scharfes, zischendes Geräusch von sich. Das half! Sophia hörte nach wenigen Sekunden dieses magischen Geräuschs auf zu schreien und blieb während der nächsten drei Stunden ruhig.«

Natürlich hält ein lautes »Schhhh« ein Baby nicht für immer ruhig, aber in der beschriebenen Situation war es genau das, was Sophia brauchte, um ihre Aufmerksamkeit lange genug auf Carols andere Beruhigungsmethoden richten zu können.

Warum ist das »Schhhh« so beruhigend für Babys?

> Mein junger Ehemann ging mit unserem schreienden Baby auf und ab und machte dabei »Schhhhhhhh«, den beruhigenden Laut, den Eltern nur allzu gut kennen.
> Eliza Warren, *How I Managed My Children from Infancy to Marriage*, 1865

Ist Ihnen schon einmal aufgefallen, wie entspannt und friedlich Sie sich fühlen, wenn Sie das Rauschen des Windes oder das Meeres hören? Dieser Laut ist so sehr ein Teil von uns, dass er selbst auf Erwachsene beruhigend wirkt.

Für Neugeborene ist das »Schhhh« der Beruhigungslaut, der Anti-Schrei. Es mag Ihnen merkwürdig vorkommen, einem schreienden Baby mit einem »Schhhh« zu helfen. Aber ist es nicht auch merkwürdig, einen Staubsauger einzuschalten? Und genau das wird in vielen Babybüchern empfohlen! Was ist das Besondere an diesem Geräusch?

Dieses laute weiße Rauschen ist eine Nachahmung der Geräusche, die Ihr Baby im Mutterleib hört, und es löst den Beruhigungsreflex aus.

Als ich Nancy und Gary fragte, was ihr Baby Natalie wohl im Mutterleib gehört habe, antwortete Nancy, es sei wahrscheinlich so etwas wie »Gary, komm doch mal her!« gewesen. Damit

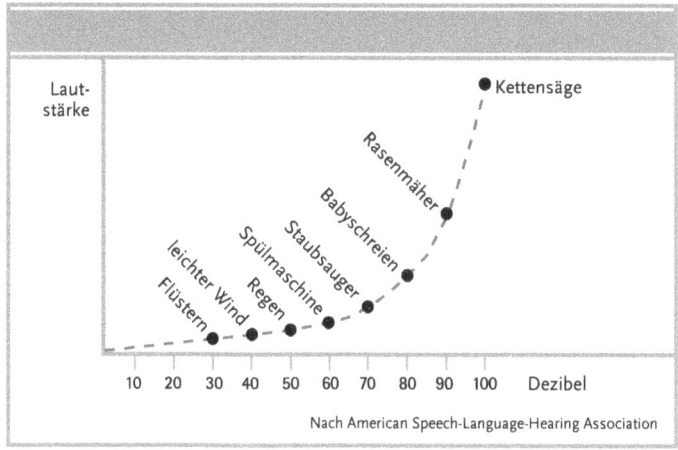

hatte Nancy teilweise recht. Föten hören tatsächlich gedämpfte Stimmen von »draußen«. Aber hauptsächlich besteht ihre tägliche Unterhaltung aus einer kontinuierlichen, rhythmischen Schhhh-Symphonie. Die Blutwellen, die durch Ihre Arterien strömen, verursachen dieses harte, zischende Geräusch, das so laut und rau ist wie ein Sturm, der in den Bäumen rauscht.

Woher wissen wir, dass es das ist, was ein Baby hört? Anfang der 70er Jahre setzten Ärzte winzige Mikrofone in die Gebärmutter von Frauen ein, die in den Wehen lagen. Sie stellten fest, dass die Lautstärke dieses Geräuschs unglaubliche achtzig bis neunzig Dezibel betrug (das ist lauter als ein Staubsauger)! Vielleicht haben Sie diese Geräusche aus dem Mutterleib gehört, als Ihr Frauenarzt oder Ihre Hebamme die Herztöne Ihres Babys mit einem auf dem Bauch aufgelegten Mikrofon abhörte. Sie können eine ziemlich genaue Vorstellung davon bekommen, wie sich dieses Geräusch für Ihr Baby anhört, indem Sie

Ihren Kopf ins Badewasser eintauchen, während der Wasserhahn voll aufgedreht ist.

Keine Sorge, Ihr Baby wird von einem so lauten Geräusch nicht überwältigt. Obwohl das Geräusch im Mutterleib lauter als ein Staubsauger ist, *hört Ihr Baby es nicht so laut*. Sein Mittelohr ist mit Flüssigkeit gefüllt, die Hörkanäle absorbieren Geräusche und sind mit einer wachsartigen Substanz verstopft, und es hat dicke, ineffiziente Trommelfelle.

Diese schallschluckenden Faktoren bleiben bis etwa zwei Monate nach der Geburt erhalten. Allmählich hört Ihr Baby besser, da sich seine Trommelfelle verändern: Sie sind nicht mehr mit einem Stück dicken Papier vergleichbar, sondern mit einem straff gespannten Stück Zellophan, das mit jedem entfernten Geräusch mitschwingt. Aber eine Zeit lang wird die Intensität des »Schhhh« oder eines Staubsaugers durch das schwache Gehör des Babys zu einem beruhigenden Summen gedämpft.

Stellen Sie sich vor, was für ein Schock es für ein Baby sein muss, aus der quadrophonisch zischenden Geräuschwelt des Mutterleibs in die Stille zu wechseln, die flüsternde, auf Zehenspitzen umhergehende Eltern für ihre Neugeborenen schaffen. Natürlich mag es für *uns* angenehm sein, uns in einem stillen Raum auszuruhen, aber für Ihr Baby kann die Stille betäubend sein. Und durch sein gedämpftes Hörvermögen erscheint ihm Ihre Wohnung noch leerer und stiller. Neugeborene erleben eine Art Entzug von Sinneseindrücken. Daher sollte es uns nicht überraschen, dass sie wegen zu großer Stille schreien. Es ist, als ob sie sagen wollten: »Könnte bitte jemand ein paar Geräusche machen?«

Es war einmal: Wie Eltern in anderen Epochen und Kulturen den »Schhhh«-Laut genutzt haben

Erinnern Sie sich noch daran, wie Sie als Schüler von einer Bibliotheksaufsicht ermahnt wurden, leise zu sein? Alle Menschen benutzen den Laut »Schhhh« oder »Sssss«, um zu sagen »Sei leise!«. Dies ist eine der wenigen Lautäußerungen, die von *allen* Menschen, in jedem Teil der Erde, verstanden wird. Und in vielen nicht miteinander verwandten Sprachen ist es die Wurzel des Wortes, das »Leisesein« bedeutet:

Tschut *(Urdu)*	Shuu *(Vietnamesisch)*
Tschutie *(Serbisch)*	Suus *(Armenisch)*
Tschuu-Tschuu *(Kahnada, Südindien)*	Tishina *(Slowenisch)*
	Hush, silence *(Englisch)*
Tuusst *(Schwedisch)*	Hushket *(Arabisch)*
Tshupraho *(Hindi)*	Sheket *(Hebräisch)*
Shuh-Shuh *(Chinesisch)*	Stille, leise, Psst *(Deutsch)*

Sogar im Japanischen ist »Schhhh« die Wurzel der Aufforderung, leise zu sein: »Shizukani« (obwohl ich als Liebhaber japanischen Essens eher auf »Su-shi« getippt hätte).

So merkwürdig es klingen mag – ich glaube, dass die beruhigende Wirkung des »Schhhh«-Lautes etwas ist, was Babys *uns* beigebracht haben. Hätten Höhlenbabys nicht so prompt auf diesen Laut reagiert, hätten Eltern nie seinen enormen Wert erkannt. Sicher konnte eine Steinzeitmutter, die diesen Trick gelernt hatte, es kaum erwarten, ihren Freundinnen davon zu erzählen. Und im Lauf der Jahrtausende wiederholte sich die

> **Die Geschichte des »Schhhh«: Der Beruhigungslaut,
> den Babys ... uns beigebracht haben**
>
> Wie haben Mütter von der Tundra Alaskas bis zu den albanischen Sümpfen entdeckt, dass dieser seltsame Laut Babys beruhigt? Niemand weiß es genau, aber ich würde vermuten, dass es ungefähr so abgelaufen ist:
>
> Vor etwa fünfzigtausend Jahren aßen zwei Steinzeitmütter gemeinsam zu Mittag, als eines ihrer Babys zu schreien anfing. Seine Mutter beugte sich sofort über die Wiege ihres Höhlenbabys und versuchte es zu beruhigen, indem sie in sein Ohr krächzte, wie sie es eine Pterodaktylus-Mutter erfolgreich mit ihrem Jungen hatte tun sehen. Aber das Baby schrie weiter.
>
> Als das arme Kind sich fast an den Rand der »Neandertal-Manie« gebrüllt hatte, fragte die Freundin seiner Mutter, ob sie etwas ausprobieren dürfe, das sie bei einer anderen Mutter beobachtet habe. Die Höhlenmutter überreichte ihr ihren kleinen »Infantosaurus Rex« und beobachtete erstaunt, wie ihre Freundin das Baby fest im Arm hielt und direkt neben seinem Ohr ein lautes, zischendes Geräusch von sich gab. Wie von Zauberhand wurde das Baby plötzlich ruhig!

Entdeckung und Verbreitung dieser Technik wohl in jedem Dorf und bei jedem Stamm dieser Welt.

Leider haben die meisten von uns heute kaum noch Gelegenheit, Frauen mit ihren Babys zu beobachten. Das ist einer der Gründe dafür, dass so viele Eltern und Großeltern diese uralte, wirkungsvolle Technik vergessen haben.

Wie man das »Schhhh« richtig macht

Als eine Säuglingsschwester am Zimmer einer frisch gebackenen Mutter vorbeiging, flog die Tür auf, und der Vater schob ein Bettchen heraus, das vom Schreien seines rot angelaufenen Babys förmlich vibrierte. Um dem armen kleinen Mädchen zu helfen, beugte sich die Schwester liebevoll über das Bettchen und produzierte ein »Schhhh«, das so laut wie das Zischen einer Dampflok war!

Ich bin davon überzeugt, dass sich das Baby beruhigt hätte, wenn sie Gelegenheit gehabt hätte, das Zischen noch eine Weile fortzusetzen. Aber sie wurde mittendrin unterbrochen. Der Vater riss das Bettchen von ihr weg und sagte mit vorwurfsvollem Blick: »Wie können Sie es wagen, meiner Tochter den Mund zu verbieten!«

Es muss eine bessere Möglichkeit geben ...

Natürlich ging es dieser fürsorglichen Schwester nicht darum, dem Baby das Schreien zu verbieten. Aber der Vater reagierte auf diese Weise, weil er nicht verstand, dass sich die Säuglingsschwester in einer anderen »Sprache« ausdrückte.

In der Erwachsenensprache ist »Schhhh« eine unhöfliche Art, jemanden zum Schweigen zu bringen. In diesem Fall sprach die Schwester jedoch die Babysprache, in der »Schhhh« eine sehr höfliche Grußformel ist. Alle Babys erkennen das Wort »Schhhh«, und sie lieben es!

Mütter auf der ganzen Welt bringen ihre Babys mit dem »Schhhh«-Laut zur Ruhe. Und so machen Sie es richtig:

1. Bringen Sie Ihren Mund in einen Abstand von etwa fünf bis zehn Zentimetern vom Ohr Ihres Babys.
2. Produzieren Sie mit vorgestülpten Lippen einen »Schhhh«-Laut.
3. Steigern Sie die Lautstärke des »Schhhh«, bis sie der Lautstärke des Schreiens entspricht. Versuchen Sie, wie die ärgerlichste Bibliotheksaufsicht der Welt zu klingen! Es geht hier nicht um ein sanftes oder höfliches »Schhhh«, sondern um ein grobes, scharfes, kontinuierliches Geräusch. Aber denken Sie daran, dass es für Sie viel lauter als für Ihr Baby klingt, weil sein Hörvermögen recht eingeschränkt ist. Außerdem wird sein eigenes Schreien mit einer Lautstärke von siebzig bis achtzig Dezibel (lauter als ein Staubsauger) übertragen – und das direkt neben seinem Ohr!

Manche Eltern empfinden es als hartherzig und vulgär, ihrem Kolikbaby ins Ohr zu zischen, oder es klingt in ihren Ohren zornig. Aber für die Ohren eines Babys klingt das »Schhhh« liebevoll und warmherzig.

4. Wie bereits erwähnt, ist das Beruhigen eines Babys mit einem Tanz vergleichbar – bei dem das Baby führt. Sie führen es nicht zur Ruhe, sondern Sie folgen ihm dorthin. Also lassen Sie in Ihrem »Schhhh« nicht nach, bis es durch gedämpftere Schreie zu erkennen gibt, dass es dazu bereit ist.

Wenn Sie das »Schhhh« zum ersten Mal ausprobieren, sollte sich Ihr Baby innerhalb von ein oder zwei Minuten beruhigen. Und wenn Sie es wirklich gut beherrschen, kann es sein, dass es sich innerhalb von Sekunden beruhigt. Sobald Ihr Baby zur Ruhe gekommen ist, braucht es vielleicht noch ein kontinuierliches weißes Rauschen, um nicht wieder mit dem Schreien anzufangen. Das sollte Sie nicht überraschen. Schließlich gab es eine Zeit, in der es rund um die Uhr und sieben Tage pro Woche von diesem Geräusch betört wurde. Wenn es jetzt einige

Stunden oder selbst die ganze Nacht danach verlangt, ist es aus der Sicht des Babys immer noch ein Kompromiss. (Es macht Spaß, älteren Kindern das »Schhhh« beizubringen. Sie können dadurch mehr an der Babybetreuung teilhaben und sind ganz stolz darauf, dass *sie* das Baby genauso beruhigen können wie Mama und Papa!)

Mary und Sigfried waren begeistert, wie gut sich ihr drei Wochen altes Baby Eric mit dem »Schhhh«-Laut beruhigen ließ:

»Wir hätten nie gedacht, dass sich Eric durch ein so störendes Geräusch beruhigen lassen würde. Aber wir haben herausgefunden, dass unser »Schhhh« umso lauter sein muss, je lauter er schreit. Und wir können die Lautstärke erst senken, wenn er angefangen hat, sich zu beruhigen.

Wenn man zwei bis drei Minuten lang einen zischenden Laut von sich gibt, wird einem ganz schön schwummrig. Aber Eric schien es oft länger zu brauchen. Nachdem wir uns mehrere Tage hintereinander beim »Schhhh« abgewechselt hatten, entdeckten wir, dass ein kontinuierliches Zischen aus unserem Synthesizer ein perfekter Ersatz für unsere nachlassende Lungenkapazität war. Dieses Geräusch funktioniert ganz allein schon sehr gut. In Kombination mit strammem Einwickeln und Bewegung ist es hundertprozentig erfolgreich.«

Eine gute »Inveschhhhtition« für Ihr Baby

Da es ziemlich schwierig sein kann, ein kontinuierliches Zischen von sich zu geben, haben Eltern Methoden zur Erzeugung von weißem Rauschen erfunden, mit dem sie ihre unruhigen Babys einlullen können. Bei den Amazonas-Indianern

> **Wie Sie die »Schhhh«-Empfindlichkeit Ihres Babys testen**
> Wenn Ihr Baby unruhig, aber nicht hungrig ist, versuchen Sie mit diesem Experiment seine »Schhhh«-Empfindlichkeit zu testen: Wickeln Sie Ihr Baby ein, und legen Sie es über Ihre Schulter. Bringen Sie Ihren Mund dicht neben sein Ohr, und produzieren Sie einige Sekunden lang ein leises »Schhhh«. Schreit es weiter, sollte das »Schhhh« lauter und härter werden.
> Wenn Sie den richtigen Laut gefunden haben, beruhigt sich Ihr Baby innerhalb von Sekunden, als ob es plötzlich in Trance gefallen wäre. Üben Sie das »Schhhh« in verschiedenen Tonhöhen, und finden Sie heraus, was bei Ihrem Baby am besten funktioniert.
> Wenn sich Ihr Baby beruhigt hat, können Sie allmählich die Lautstärke verringern. Fängt es wieder an zu schreien, steigern Sie einfach wieder die Intensität.

erhalten junge Mütter beispielsweise ein Babytragetuch, das mit klappernden Affenknochen geschmückt ist, die bei jedem Schritt ein weißes Rauschen verursachen.

Wenn Ihnen und Ihrer Familie jedoch die Affenknochen ausgegangen sein sollten, empfehle ich Ihnen den Kauf eines mechanischen Geräuschassistenten. Manchen Menschen kommt es merkwürdig vor, sie zu verwenden, aber wenn Sie jeden Tag mit einer Maschine zur Arbeit fahren können, können Sie doch auch eine benutzen, um Ihr Baby zufrieden zu stellen.

Hier sind zehn Geräuschquellen (als Ersatz für das »Schhhh«), mit denen Sie Ihrem Baby helfen können, wenn es Schreianfälle hat:

Seltsame Geräusche, die Sie zu Hause machen können (wenn Ihre Freunde nicht in der Nähe sind)

Alise erzählt, dass ihr Mann beim Beruhigen von Babys auf ein tiefes, vibrierendes Summen schwört, das eine Kreuzung zwischen »Schhhh« und den Vibrationen einer Wippe ist.

Tom und Karen fanden heraus, dass ihr Sohn Ben sich beruhigte, wenn sie stöhnten. »Er wird aufmerksam, wenn ich laut stöhne, als ob ich Wehen hätte oder als ob eine Gruppe buddhistischer Mönche zusammen singen würde. Ben mag es, wenn der Ton tief und vibrierend ist.«

Neben einem einfachen »Schhhh« gibt es noch verschiedene andere Geräusche, die Ihrem Baby zu einer sanften Landung verhelfen können. Einige Eltern, denen ich in meiner Praxis begegnet bin, arbeiten mit einer Art indianischem Gesang (Hey ... ho, ho, ho), andere klingen eher wie Nebelhörner oder summende Bienen.
Der Kinderarzt William Sears empfiehlt, den Kopf des Babys zwischen Ihr Kinn und Ihre Brust zu legen, sodass Ihr Resonanzkörper gegen seinen Kopf gedrückt wird, und tief hinten in der Kehle stöhnende Geräusche zu produzieren.

1. Ein lautes Gerät wie ein Föhn oder Staubsauger.
2. Ein Zimmerventilator, eine Mikrowelle oder ein Badezimmerventilator.
3. Fließendes Wasser.
4. Ein Gerät für weißes Rauschen.
5. Eine CD mit weißem Rauschen.

6. Ein Teddybär mit einer Aufnahme der Geräusche aus dem Mutterleib.
7. Statisches Rauschen aus dem Radio oder aus einem Babyphon.
8. Der Wäschetrockner, mit Turnschuhen oder Tennisbällen beladen (das Baby nie allein auf dem Wäschetrockner lassen – es könnte herunterfallen).
9. Eine Spülmaschine.
10. Eine Autofahrt.

Die beste Möglichkeit, die Lautstärke herauszufinden, die Ihr Baby braucht, besteht darin, die Lautstärke allmählich zu steigern und seine Reaktion darauf zu beobachten. Die folgenden Tipps helfen Ihnen, Ihre gute »Inveschhhhtition« sinnvoll einzusetzen:

- Lautes Rauschen funktioniert besser als das sanfte Trommeln des Regens oder das Geräusch eines Herzschlags.
- Nehmen Sie das Geräusch auf Band auf, sodass Sie es zunächst mit der wirkungsvollsten Lautstärke abspielen und später zurückdrehen können, sobald Ihr Baby eingeschlafen ist.
- Platzieren Sie die Geräuschquelle 30 bis 60 Zentimeter von Ihrem Baby entfernt, um mit der niedrigsten Lautstärke die maximale Wirkung zu erzielen.
- Scheuen Sie sich nicht, das Gerät für weißes Rauschen die ganze Nacht hindurch laufen zu lassen, wenn Ihr Baby damit länger und besser schläft (siehe Kapitel 15).
- Wenn das Geräusch Sie verrückt macht, versuchen Sie es mit Ohropax!

Fragen zu den fünf »S«: Was Eltern über das »Schhhh« wissen wollen

1. *Welches Geräusch beruhigt mein Baby am besten: Herzklopfen, ein Wiegenlied oder »Schhhh«?* Wenn Ihr Baby friedlich daliegt, kann es durch jedes dieser Geräusche zu einer tieferen Entspannung gelangen. Wenn es aber wirklich aufgeregt ist, ist ein weißes Rauschen, das das turbulente »Schhhh« des Mutterleibs nachahmt, am wirkungsvollsten.
2. *Wie viele Stunden pro Tag kann ich diese Geräusche einsetzen? Ist die ganze Nacht hindurch zu lang?* Viele Babys schlafen länger und besser, wenn ihre Eltern die ganze Nacht hindurch beruhigendes weißes Rauschen einsetzen. Wenn Sie es zwölf Stunden am Tag einsetzen, ist das gegenüber der Erfahrung im Mutterleib ein Rückgang um fünfzig Prozent. Sie brauchen nicht zu befürchten, dass Ihr Baby von dem Geräusch abhängig wird, denn – um die Wahrheit zu sagen – es ist schon davon abhängig! Es ist davon abhängig, weil es während der neun Monate in Ihrem Bauch jede Minute des Tages von lautem Zischen umgeben war.

Janes sechs Wochen alter Sohn Josh wachte nachts alle zwei bis drei Stunden schreiend auf, bis sie weißes Rauschen einzusetzen begann. »In der ersten Nacht, in der ich ein Gerät für weißes Rauschen einsetzte, beruhigte sich Josh schnell und schlief fünf Stunden. Dann trank er und schlief nochmal drei Stunden!«

3. *Wann sollte ich mein Baby dem weißen Rauschen entwöhnen?* Die meisten Eltern, die diese beruhigenden Geräusche verwenden, um ihren Kindern beim Einschlafen zu helfen, ver-

Die Geschichte von Tessa und dem Staubsauger

Tessa, jetzt fünf Jahre alt, ist ein »Knaller« – schlau, witzig und temperamentvoll. Aber während ihrer ersten Lebenswochen geriet sie oft völlig außer sich. Ihre Eltern, Eve und Todd, wickelten sie ein, gingen mit ihr umher und fuhren sie sogar im Auto spazieren, aber nichts half.

Eines Nachmittags schrie Tessa, aber Eve konnte sie nicht in den Arm nehmen, weil sie Besuch erwartete und entsprechende Vorbereitungen treffen musste. Sie ließ ihr Baby schreien und begann, Staub zu saugen. Sobald der Staubsauger eingeschaltet wurde, verstummte Tessa!

Eve eilte zu ihr, um nach ihr zu sehen. Tessa schlief völlig entspannt. Sie schlief nicht trotz des Lärms, sondern wegen ihm! Erstaunlicherweise wurde ihr die Mutterleiberfahrung, die sie so sehnlich vermisst hatte, durch Eves sieben Jahre alten Staubsauger vermittelt.

Von diesem Tag an nutzten Tessas Eltern den Staubsauger, um sie zu beruhigen, wenn sie außer sich geriet. Eve und Todd begannen zu scherzen, dass sie geheime Botschaften vom Planeten »Hoover« empfing. Dieser Beruhigungstrick funktionierte so zuverlässig, dass sie anfingen, Freunde dazu einzuladen, um ihnen die Show vorzuführen.

Wenn Eve Tessa während der folgenden sechs Monate zur Arbeit mitnehmen musste, brachte sie immer auch einen kleinen, tragbaren Staubsauger mit, um Tessa zu einem guten, langen Schläfchen zu verhelfen.

ringern allmählich die Lautstärke, wenn ihre Babys drei Monate alt sind. Aber für manche Babys ist das weiße Rauschen noch monatelang eine gute Einschlafhilfe. (Siehe die Ausführungen zur Entwöhnung von den fünf »S« in Kapitel 15.)

4. *Verliert das »Schhhh« seine Wirksamkeit, wenn man es zu oft einsetzt?* Man könnte meinen, dass dieses Geräusch Babys irgendwann langweilt, aber das ist nicht der Fall. Wie Milch ist es für Babys viele Monate lang beruhigend.
5. *Ich befürchte, dass das weiße Rauschen zu stark für mein Baby ist. Kann es sein, dass es davon eher überfordert als beruhigt wird?* Bitte bedenken Sie drei Dinge:
    a) Ihr Baby ist an die lauten Geräusche aus dem Mutterleib, nicht an die Stille Ihrer Wohnung gewöhnt.
    b) Sie machen es immer richtig, wenn Sie Ihrem Baby die Führung überlassen. Verwenden Sie nur dann laute Geräusche, wenn es schreit, und verringern Sie allmählich die Intensität, wenn es sich beruhigt.
    c) Alle Neugeborenen haben ein gedämpftes Hörvermögen. Geräusche, die für uns laut klingen, sind für sie viel leiser.

Die Elternperspektive: Zeugenaussagen von der Babyfront

Die verschiedenen Arten von »Schhhh«-Lauten, die Mütter und Väter einsetzen, sind anregende Beispiele für elterliche Erfindungsgabe. So haben einige Elternpaare, die ich kenne, Geräusche eingesetzt, um ihre Babys zu beruhigen:

Patrick bemerkte, dass sein Sohn Chris durch die Geräusche einer Aquariumpumpe beruhigt wurde. Also montierte er an beiden Seiten der Wiege seines kleinen Jungen eine solche Pumpe. Das Geräusch und die Vibrationen halfen Chris, sich zu beruhigen und einzuschlafen.

Als Talia im Supermarkt zu schreien begann, legte ich mein Gesicht neben ihres und gab ein hartes »Schhhh« von mir, bis sie sich beruhigte. Den Menschen, die mich beobachteten, mag dies grob erschienen sein, aber das Baby beruhigte sich innerhalb von Sekunden.

Einmal, als Talia im Federal-Express-Büro einen solchen Anfall hatte, wandte ich dieselbe Methode an. Das »Schhhh« funktionierte so gut, dass eine Angestellte mich bat, es noch einmal zu demonstrieren. Sie erzählte mir, dass ihre Tochter Zwillinge habe und eine wirkungsvolle Beruhigungsmethode suche. Sandra, Eric, Talia und Daniel

Wir schalteten das Radio für unsere unruhige Tochter Camille ein, aber statt eine leise Musik auszuwählen, stellten wir es zwischen zwei Sendern ein, um ein lautes statisches Rauschen zu erhalten. Wir entdeckten, dass Camille das krachende, unregelmäßige Rauschen von AM nicht mochte – sie bevorzugte das Rauschen von FM! Sobald ihr Lieblings»nichtsender« eingestellt worden war, entspannte sich ihr Gesicht innerhalb weniger Minuten. Dann schloss sie die Augen und schlummerte friedlich ein. Hylda, Hugo und Camille

Steves und Nancies sechs Wochen alter Sohn Charlie blieb im Auto nur ruhig, wenn sie während der Fahrt eine Bandaufnahme ihres Föhns abspielten. Nachdem er vier Monate alt war, benötigte er das Band nicht mehr, um bei Autofahrten zufrieden zu sein.

Das dritte »S«: Schhhh

Der zwei Monate alte William hatte nicht nur sehr unruhige Phasen, sondern auch einen so leichten Schlaf, dass er jedes Knarren im Haus hörte. Seine Eltern, Fern und Robert, fanden heraus, dass das weiße Rauschen ihres Zimmerventilators die Außengeräusche übertönte und ihm half, länger zu schlafen.

Annette beruhigte ihr Baby Sean, indem sie es »Shhhhh-ean« (gesprochen wie »Sch-on«) nannte. Es funktionierte so gut, dass der Junge mit vier Jahren dachte, sein Name sei »On«!

11 Das vierte »S«: Schaukeln – rhythmische Bewegung nach den Bedürfnissen Ihres Babys

Wichtige Punkte:
- Heftige rüttelnde Bewegungen können den Beruhigungsreflex Ihres Babys auslösen.
- Worauf es beim Schaukeln ankommt.
- Schlaflieder: Wie sich das Schaukeln anhört, wenn es in Musik umgesetzt wird.
- Der »Scheibenwischer«: eine gute Möglichkeit, Ihr Baby zu beruhigen, wenn Sie selbst müde sind.
- Wie eine Schaukel zum besten Freund Ihres Babys werden kann.

Jede Nacht legten Ellyn und Harold ihren Sohn Zachary in seinen Buggy und rollten ihn immer wieder über eine erhöhte Türschwelle. Jedesmal wurde Zack hochgeworfen wie in einem Auto, das über eine Bodenwelle rast. Manchmal machte Harold das hundertmal mit ihm, damit er aufhörte zu schreien. Und wenn er danach immer noch unzufrieden war, tat er es noch weitere hundert Mal!

Zacharys Bruder Ezra bevorzugte eine andere Art von Bewegung, um aus einem Schreianfall herauszufinden. Ellyn und Harold hielten ihn im Arm, während sie zur Musik der Rolling Stones tanzten. Ellyn bemerkte dazu, dass sie durch das stundenlange Herumtanzen mit Ezra innerhalb von vier Monaten ihren Wohnzimmerteppich abgenutzt hatten!

Warum ist Schaukeln so beruhigend für Babys?

> Das Leben war so reich im Mutterleib. Reich an Geräuschen und Tönen. Aber vor allem an Bewegung. Ständiger Bewegung. Wenn die Mutter sitzt, steht, geht, sich umdreht – Bewegung, Bewegung, Bewegung.
>
> Frederick Leboyer, *Sanfte Hände*

Wenn wir an die fünf Sinne – Tasten, Hören, Sehen, Riechen und Schmecken – denken, vergessen wir oft, dass wir einen starken sechsten Sinn haben. Nein, ich meine nicht außersinnliche Wahrnehmungen, sondern unseren alten und tief befriedigenden Sinn für Bewegung im Raum. Genau dieser wundervolle Sinn wird stimuliert, wenn Sie sich hin- und herwiegen, um Ihr Baby zu beruhigen. (Und es erklärt auch, weshalb Schaukelstühle bei Großeltern so beliebt sind.)

Rhythmische Bewegung beziehungsweise das, was ich als Schaukeln bezeichne, ist eine wirkungsvolle Methode zum Beruhigen von Babys – und uns selbst. Die meisten von uns können sich daran erinnern, von der hypnotischen Bewegung einer Hollywoodschaukel, einer Hängematte oder eines Zuges eingelullt worden zu sein. Weshalb führen diese Bewegungen zu einer so tiefen Entspannung? Schaukelbewegungen, die das Rütteln nachahmen, das Ihr Baby im Mutterleib spürte, aktivieren »Bewegungssensoren« im Ohr, die dann wiederum den Beruhigungsreflex auslösen.

Es war einmal: Wie Eltern in anderen Epochen und Kulturen das Schaukeln genutzt haben

> Die schwingende Bewegung der Wiege hatte etwas so Natürliches und gleichzeitig Befriedigendes, und sie war dem so ähnlich, was Kinder vor ihrer Geburt gewohnt waren.
> Michael Underwood, *Treatise on the Diseases of Children*, 1789

Seit Anbeginn haben aufmerksame Eltern die wunderbare Wirkung von Bewegung auf Babys erkannt. Für unsere Vorfahren war es ein Leichtes, ihre Babys durch ständige Bewegung zu beruhigen, da sie den ganzen Tag mit den Babys auf ihren Hüften umhergingen und arbeiteten.

Wie alle Eltern wissen, ist es unmöglich, mit einem Baby auf dem Arm stillzustehen. Man verlagert ständig das Gewicht, tätschelt den Po des Babys, berührt seinen Kopf und küsst seine Ohren. Stellen Sie sich vor, wie befremdlich die Stille seines Bettchens im Vergleich zu den sanften Berührungen und Bewegungen, mit denen es in Ihren Armen verwöhnt wird, für Ihr Baby sein muss.

Natürlich muss jede Mutter ihr Baby von Zeit zu Zeit ablegen. Aber in vielen Kulturen ist es gefährlich, ein Baby auf den Boden zu legen. Deshalb reicht die Mutter ihr Baby an einen Verwandten weiter oder legt es in einen selbst gefertigten Bewegungs»apparat«, wie beispielsweise eine Wiege.

In einem der ältesten medizinischen Bücher der Welt (aus dem Jahr 200 n. Chr.) gab ein Arzt namens Soranus Frauen Empfehlungen dazu, wie sie die Gesundheit ihrer Babys erhalten könnten. Einige der Tipps dieses »Dr. Spock« aus dem alten

Rom haben sich als unsinnig erwiesen (wie beispielsweise der Rat, kleine Jungen nicht auf den Schultern zu tragen, da sonst ihre Hoden verletzt und sie zu Eunuchen werden könnten!). Einige seiner Ratschläge sind jedoch zeitlos, wie beispielsweise die Empfehlung, Babys in Bewegung zu versetzen, indem man »das Bettchen auf einander diagonal gegenüberliegenden Steinen platziert« und es vor und zurück wippen lässt. Durch diese Idee wurde die Erfindung der Wiege angeregt (ein Bettchen, das statt auf Steinen auf Schaukelkufen steht), die Babys eine ebenso hypnotische, wenn auch weniger ruckartige Bewegung beschert.

In vielen Ländern werden Babys auch heute noch ständig in Bewegung gehalten. Ihr Körper hüpft und wackelt den ganzen Tag, während sie auf den Rücken der Mutter, der Schwester oder eines Yaks geschnallt sind. Thai-Eltern wiegen ihre Babys in Körben, die unter der Decke hängen. Osteuropäische Frauen schaukeln ihre Babys in Decken, die sie wie eine Hängematte halten. Iranische Frauen sitzen auf dem Boden und legen das Baby in die Rille zwischen ihren ausgestreckten Beinen. Dann schaukeln sie es wie ein Metronom, indem sie die Fersen hin- und herrollen.

In Amerika wurden Eltern jedoch lange Zeit davor gewarnt, sich zu viel mit ihren Babys zu befassen. Anfang des 20. Jahrhunderts schrieb der damals führende Kinderarzt Dr. Emmett Holt in *Care and Feeding of Children:* »Mit Babys, die weniger als sechs Monate alt sind, sollte man überhaupt nicht spielen. Babys brauchen eine friedvolle und stille Umgebung, um nicht überstimuliert zu werden.« Er befürchtete, Eltern könnten das empfindliche Nervensystem ihrer Babys schädigen. Bereits in den 20er Jahren stand die Frage »Wiegen oder Nichtwiegen« nicht mehr zur Debatte. Niemand wagte es mehr zuzugeben, dass er es tat.

Natürlich steht es außer Frage, dass man mit Babys sanft umgehen muss. Sie müssen immer den Kopf Ihres Babys stützen, wenn Sie es im Arm halten oder von einer Stelle zur anderen tragen. Aber denken Sie daran, dass Ihr Baby im Mutterleib ständig gerüttelt und geschüttelt wurde, während Sie umhergingen oder Treppen hinauf- und hinunterliefen. Kluge Mütter wissen, dass sie ein unruhiges Baby mit heftigem Wiegen viel schneller als mit langsamen, sanften Bewegungen beruhigen können.

So kommt Schwung in die Sache: Unzufriedene Babys mit Bewegung beruhigen

Jeannie fuhr Jordan im Auto spazieren, um ihre Temperamentsausbrüche etwas zu dämpfen, und war etwas entsetzt, als sie feststellen musste, dass sich ihr kleiner rothaariger »Tornado« am besten beruhigte, wenn sie durch jedes Schlagloch fuhr, das sie finden konnte.

Wenn Ruby mitten in einem Schreianfall war, nahm Jean Marie ihr vier Wochen altes Baby hoch, setzte sich mit ihr auf das Bett, sodass ihre Füße auf dem Boden standen, und hopste mit schnellen, kleinen Bewegungen auf der Matratze – wie ein Kind auf einem Hüpfball.

Babys lieben es, zu hopsen. Im Lauf der Jahrhunderte haben Eltern zahllose innovative Methoden entwickelt, ihre unzufriedenen Sprösslinge mit Bewegung zur Ruhe zu bringen. Hier die zehn beliebtesten:

1. Schaukeln in einem Schaukelstuhl.
2. Tanzen (mit schnellen, kleinen Auf- und Abbewegungen).
3. Babyschaukeln.
4. Rhythmisches Tätscheln des Rückens oder Pos.
5. Hängematten.
6. Babytragehilfen.
7. Autofahrten.
8. Vibrierende Wippen.
9. Hüpfen auf einem Gymnastikball.
10. Schnelle Spaziergänge.

Drei Schaukelregeln: Worauf es ankommt, wenn Sie Ihr Baby durch Bewegung beruhigen wollen

> Wenn rhythmisches Wiegen nicht funktioniert, wird fast immer zu langsam gewiegt.
> Penelope Leach, *Die ersten Jahres Ihres Kindes*

Bei wirklich unruhigen Babys muss die Verpackung stramm, das »Schhhh« hart und das Schaukeln schnell und rüttelnd sein.

Aber Achtung: Sie dürfen Ihr Baby niemals schütteln! (Siehe auch Seite 236f.)

Die drei Regeln des erfolgreichen Schaukelns lauten:

1. *Schnell und sanft rüttelnd anfangen.* Bei den meisten heftig brüllenden Babys sind zur Beruhigung kleine, »zittrige« Bewegungen erforderlich – so als ob man einen schlimmen Fall von Schüttelfrost habe. Durch diese Art der Bewegung wird

Eine Bonus-Technik: Der »Milchshake«

Diese Methode mag Ihnen zunächst seltsam vorkommen, aber Sie werden überrascht sein, wie gut sie funktioniert:

1. Setzen Sie Ihr Baby mit dem Gesicht nach links auf Ihren Schoß und legen Sie Ihre linke Hand wie einen Kinnriemen unter sein Kinn. Beugen Sie es ein wenig nach vorn, sodass sein Kinn fest in Ihrer Hand ruht.
2. Schieben Sie Ihre rechte Hand direkt unter seinen Po.
3. Heben Sie es mit der rechten Hand gerade hoch in die Luft. Es neigt sich dabei ein wenig nach vorn, sodass sein Kopf ein paar Zentimeter vor seinem Körper in Ihrer linken Hand liegt.

4. Lassen Sie es nun mit der rechten Hand mit schnellen, aber kleinen Bewegungen (zwei- oder dreimal pro Sekunde, drei bis fünf Zentimeter) hopsen, als ob Sie einen Milchshake herstellen wollten.

Der Milchshake ist auch eine großartige Möglichkeit, Ihr Baby aufstoßen zu lassen – und Ihren Bizeps aufzubauen.

der Beruhigungsreflex aktiviert und Ihr Baby denkt: »*Wow ... das fühlt sich wirklich gut an!*«

Manche Babys mögen auch das Gefühl des freien Falls, das ihre Eltern ihnen verschaffen, indem sie sich plötzlich nach vorn beugen. Aber seien Sie vorsichtig. Wenn Ihr Baby empfindlich ist, kann diese Bewegung es erschrecken und den

Moro-Reflex auslösen, wodurch es noch mehr außer sich gerät.
2. *Der Kopf wird stärker gerüttelt als der Körper.* Rütteln löst durch Aktivieren der Bewegungssensoren im Gehirn des Babys den Beruhigungsreflex aus. Es ist also die Bewegung des Kopfes (des Sitzes dieser Sensoren), *nicht* die Bewegung des Körpers, die diesen Reflex auslöst.

   Legen Sie Ihre Hände beim Rütteln des Babys nicht zu fest um seinen Kopf. Ihre Hände müssen ein wenig geöffnet und entspannt sein, sodass sein Kopf ganz leicht wackelt – *wie eine Götterspeise, die auf dem Teller zittert.* Wenn Sie seinen Kopf zu eng umfassen, wackelt er nicht, und Sie können wahrscheinlich den Reflex nicht auslösen.
3. *Überlassen Sie Ihrem Baby die Führung.* Wie heftig sollten Sie rütteln? Die Intensität der Bewegung sollte an die Intensität des Schreiens angepasst sein. Sanfte Bewegungen sind für entspannte, schläfrige Babys richtig, aber je aufgeregter Ihr Baby ist, desto schneller müssen Sie es schaukeln. Verringern Sie die Geschwindigkeit erst, wenn sein Schreien schwächer wird. Je ruhiger es wird, desto langsamer darf Ihr Schaukeln werden.

Tamara und Dan erkannten, dass sie ihrem Baby die Führung überlassen mussten:

Die wirkungsvollste Beruhigungsmethode, die wir für Damian gefunden haben, besteht darin, ihn über unsere Schulter zu legen und schnell und fest auf seinen Rücken zu klopfen. Während er sich beruhigt, verringern wir ganz allmählich die Intensität des Klopfens. Heftige Bewegungen funktionieren ebenfalls – entweder im Schaukel-

stuhl oder beim Herumtanzen. Mit einer Kombination aus Wiegen und Klopfen schaffen wir es immer, ihn zu beruhigen, wenn er nicht hungrig oder nass ist.

Es mag hart klingen, Ihrem Baby auf den Rücken zu klopfen, aber es wird ihm wahrscheinlich gefallen, und außerdem hilft es ihm aufzustoßen! Als Faustregel gilt: Das Klopfen sollte sich wie eine Trommel anhören, sodass man es auf der anderen Seite des Zimmers (aber nicht im Zimmer *nebenan!*) noch hören kann.

Kann das Rütteln einem Baby schaden?

Ken und Lisa scheuten sich, ihr Baby Emily zu rütteln. Wie viele andere Eltern fürchteten sie, es würde dann spucken, davon überstimuliert werden oder gar eine Verletzung davontragen. Als sie es aber ausprobierten, waren sie überrascht: »Wir hatten befürchtet, es könnte zu heftig für sie sein, aber es funktionierte wie ein Zauber!«

Fast jede Mutter mit mehr als drei Kindern weiß, dass sich unzufriedene Babys am schnellsten beruhigen, wenn sie sehr energisch gewiegt werden. Und Rütteln ist sicherlich weit weniger gefährlich für sie, als von einem übermüdeten Elternteil im Auto durch die Gegend gefahren zu werden. Aber vielen Paaren, die zum ersten Mal Eltern geworden sind, kommt das Rütteln widernatürlich und falsch vor. Wenn ich jungen Eltern meine Technik beibringe, fragen sie oft besorgt: »Ich weiß, dass es seit Millionen von Jahren gemacht wird, aber sind Sie sicher, dass durch das Rütteln nicht versehentlich ein Schütteltrauma verursacht werden kann?«

Glücklicherweise lautet die Antwort: »Nein und nochmals nein!«

Das Baby-Schütteltrauma: Der große Unterschied zwischen Rütteln und Schütteln

> Ein Schütteln, das bei einem Baby zu einem Schütteltrauma führt, ist so heftig, dass ein Beobachter die Gefahr für das Baby sofort erkennen würde.
> American Academy of Pediatrics, Bericht zum Baby-Schütteltrauma, Juli 2001

Das Schütteltrauma ist die Folge einer Misshandlung, die größere Kräfte erfordert, als beim Herunterfallen vom Bett oder aus Ihren Armen wirken. Es tritt auf, wenn der Kopf eines Babys mit einer heftigen Bewegung vor- und zurückgeschleudert wird. Man spricht auch vom Baby-Schleudertrauma. Durch das aggressive Schütteln können winzige Blutadern im Kopf des Babys aufplatzen, was zu Blutungen und Gehirnschädigung führt.

Das Rütteln, von dem ich spreche, unterscheidet sich von der heftigen Schleuderbewegung, die das Baby-Schütteltrauma verursacht, in zweierlei Hinsicht:

1. Beim Rütteln sind die Bewegungen schnell, aber *winzig*. Der Kopf Ihres Babys wird dabei nicht hin- und hergeschleudert. Stattdessen bewegt er sich – höchstens – einige Zentimeter von einer Seite zu anderen.

2. Beim Rütteln bleibt der Kopf Ihres Babys immer in einer Linie mit dem Körper. Es gibt keine Schleuderbewegung, bei der sich der Körper in eine Richtung und der Kopf abrupt in die entgegengesetzte Richtung bewegt.

Ich bin davon überzeugt, dass durch das Rütteln sogar Schütteltraumata verhindert werden können. Da Babys so schnell und erfolgreich damit beruhigt werden, erreichen Eltern nicht den Grad der Verzweiflung, der sie zu gewalttätigen Handlungen treiben könnte.

Dennoch kann der Umgang mit Kindern trotz aller guten Tipps und Ratschläge manchmal dazu führen, dass wir uns frustriert, genervt und unzulänglich fühlen. Deshalb ist es wichtig, dass Sie *Ihr Baby niemals schütteln – oder rütteln – wenn Sie wütend sind!*

Bitte legen Sie Ihr Baby hin, wenn Sie am Ende Ihrer Geduld sind (auch wenn es schreit), und gönnen Sie sich eine Pause. Scheuen Sie sich nicht, Ihren Ehepartner, Ihre Familie, einen Freund oder eine Notruf-Hotline um Hilfe zu bitten.

Schlaflieder: Wie sich das Schaukeln anhört, wenn es in Musik umgesetzt wird

Das Tempo von Schlafliedern ist gewöhnlich ein Schlag pro Sekunde – das entspricht ungefähr unserer Herzfrequenz. Dieser langsame Rhythmus ist perfekt für Ihr Baby, wenn es gefüttert wurde und schon im Begriff ist, ins Land der Träume hinüberzugleiten.

Kristi entdeckt, wie sie Kyles Schreianfälle mit der »Wackelkopf«-Methode beenden kann

Kristis und Johns Sohn Kyle war ein kräftiges rotbackiges Baby mit einem kupferroten Haarschopf. In manchen Nächten ging alles gut, in anderen schrie er drei Stunden lang! Kristi rief mich an, nachdem ihr fünf Wochen altes Baby stundenlang in voller Lautstärke gebrüllt hatte. Ich machte einen Hausbesuch. Kristi beschreibt, was sich an diesem Sonntagabend ereignete:

»Wie es der Zufall wollte, schlief Kyle schließlich wenige Augenblicke vor Dr. Karps Ankunft ein. Ich wollte nicht, dass Dr. Karp ihn aufweckte oder auch nur berührte. Als er sein Stethoskop auf Kyles Brust setzte, begann er natürlich zu schreien.

Dr. Karp entschuldigte sich dafür, dass er ihn aufgeweckt habe, versicherte uns aber, dass er gesund aussehe und anscheinend nur Schwierigkeiten habe, sich zu beruhigen. Dann wickelte er unser schreiendes Baby geschickt ein und wiegte es heftig, und wir sahen erstaunt mit an, wie Kyle innerhalb einer Minute wie ein kleiner Engel auf Dr. Karps Schoß schlief, als ob sein letzter Ausbruch nie stattgefunden hätte.

John und ich übten die Technik, und es klappte ganz gut, aber dann kniffen wir und baten Dr. Karp, Kyle wieder zum Schlafen zu bringen, bevor er ging. Unser Junge schlief in dieser Nacht gut, war aber am nächsten Tag unglaublich unruhig. Und wir trauten uns noch nicht zu, die Tricks auszuprobieren, die wir am Abend zuvor gelernt hatten. Schließlich kam meine Mutter als Retterin in der Not. Sie wickelte Kyle stramm ein, legte ihn auf ihren Schoß (er lag auf der Seite, mit dem Kopf in ihrer Hand), gab ein lautes ›Schhhh‹ von sich und wandte eine Methode an, die ich den ›Wackelkopf‹ nenne. Sie wackelte mit den

Knien, sodass sein Kopf zwischen ihren locker zusammengelegten Händen hin und her gerüttelt wurde wie ein Wackelpudding auf einem Teller. Zuerst widerstand Kyle ihren Bemühungen. Er wehrte sich gegen die Decke und schrie noch lauter. Aber nach drei oder vier Minuten beruhigte

Ein Baby mit dem »Wackelkopf« beruhigen

er sich, und nach fünfzehn Minuten schlief er tief und fest!

Meine Mutter wiederholte dieses Wunder während ihres Besuchs bei uns noch viele Male, und ich begann, sie als Expertin für Dr. Karps Methode zu sehen. Es fiel mir schwer, die ›Wackelkopf‹-Methode anzuwenden, aber ich arbeitete daran und fühlte mich schließlich sicherer.

Am Anfang dauerte es zwanzig Minuten, bis Kyle mit diesem Trick einschlief. Aber bald konnte ich es auf zehn Minuten reduzieren, und als er sieben Wochen alt war, brachte ich ihn innerhalb von zwei Minuten vom Schreien zum Lächeln.

Je mehr ich übte, desto klarer wurde mir, dass für Kyle die wichtigen Schritte strammes Einwickeln und der ›Wackelkopf‹ waren. Sanfte Rhythmen halfen ihm, wenn er schon ruhig war, aber um sich zu beruhigen, wenn er schrie, brauchte er beinahe ein Erdbeben. Nach kurzer Zeit stieß er dann einen tiefen Seufzer aus, und die Spannung schien aus seinem Körper zu weichen. Ich hatte das Gefühl, eine großartige Mutter zu sein! Mit vier Monaten war Kyle auch ohne Einwickeln, Schaukeln und die ›Wackelkopf‹-Methode glücklich und zufrieden.«

Kristi, John, Kyle und Cassandra

Aber mitten in einem Schreianfall sind diese ruhigen Lieder meist völlig wirkungslos. An diesem Punkt ist das Baby so außer sich, dass es Sie gar nicht hört, selbst wenn Sie sein Lieblingslied singen. Ebenso wie Erwachsene »blind vor Wut« sein können, können Babys »vor Aufregung taub« sein.

Glücklicherweise können Sie Ihr Baby aus dem Schreianfall befreien, indem Sie zu einem Lied mit einem flotteren Rhythmus von zwei bis drei Schlägen pro Sekunde wechseln. Diese Lieder wirken besonders gut, wenn Ihr Baby bereits eingewickelt ist. Sie sind sozusagen die Original-»Einwickelmusik«! Wenn Sie Beatles-Fan sind, versuchen Sie es doch einmal mit einem schnellen Rhythmus wie »It's Been a Hard Day's Night«. Gehen Sie dann zu etwas Langsamerem wie »We Can Work It Out« oder »All You Need Is Love« über, wenn sich Ihr Baby zu beruhigen beginnt. Und wenn es wie Wachs in Ihren Händen ist, ist ein langsamer Titel wie »Golden Slumbers« oder der Nummer-eins-Hit aller frisch gebackenen Eltern, »I'm So Tired«, genau das Richtige.

Schlaflieder wirken umso besser, je öfter sie wiederholt werden, denn Ihr Baby lernt allmählich, die Musik mit den Zärtlichkeiten, die Sie ihm dabei schenken, in Verbindung zu bringen.

Scheibenwischer und Babyschaukeln: Zwei großartige Möglichkeiten, Ihr Baby in die richtige Richtung zu bewegen

Deborahs zwei Monate alter Sohn Max liebte es, von seiner Mutter hochgehoben und wieder heruntergelassen zu werden, immer wieder, wie bei einer Jahrmarktsattraktion.

Genevieve musste mit ihrem Baby Runde um Runde um den Block spazieren gehen.

Den ganzen Tag mit einem Baby herumzutanzen, es zu tragen und hopsen zu lassen, ist harte Arbeit, besonders, wenn man ohnehin schon erschöpft ist. Gibt es eine Möglichkeit, Ihr Baby in Bewegung zu halten, ohne Ihren Rücken zu belasten oder Ihren Teppich, Ihre Reifen oder Ihren Sinn für Humor abzunutzen?

Ich empfehle zwei benutzerfreundliche und sehr erfolgreiche Beruhigungsbewegungen: den Scheibenwischer, der sich sehr gut zum Beruhigen heftig brüllender Babys eignet, und die Babyschaukel, die Babys ruhig *hält*, nachdem sie zur Ruhe gekommen sind.

Der Scheibenwischer: Wie Sie Ihr schreiendes Baby auf Ihrem Schoß beruhigen können

Beim Scheibenwischer werden die fünf »S« perfekt zu einer sehr wirkungsvollen Beruhigungstherapie kombiniert. Es ist meine Lieblingsmethode zur Aktivierung des Beruhigungsreflexes.

Lassen Sie sich nicht entmutigen, falls die Bewegung beim ersten Versuch etwas kompliziert erscheint. Nach fünf- bis zehnmaligem Üben werden Sie feststellen, dass es eine der einfachsten Möglichkeiten für erschöpfte Eltern ist, aufgeregte Babys zu beruhigen. (Am besten üben Sie den Scheibenwischer zunächst mit einer Puppe oder wenn Ihr Baby ruhig und wach ist.) So funktioniert es:

1. Wickeln Sie Ihr Baby stramm ein (das erste »S«).
2. Suchen Sie sich eine bequeme Sitzgelegenheit. Ihre Füße sollten flach auf dem Boden stehen. (Bei den meisten Eltern klappt es am bequemsten, wenn sie etwas weiter vorn auf dem Stuhl sitzen.)
3. Sitzen Sie mit geschlossenen Knien und etwa schulterbreit auseinander stehenden Füßen.
4. Legen Sie Ihr Baby auf die rechte Seite in die Vertiefung zwischen Ihren Beinen (das zweite »S«), sodass seine Wange und sein Kopf in Ihrer linken Hand (auf Ihren Knien) liegen. Wenn Ihr Baby relativ groß ist oder Ihre Arme kurz sind, ziehen Sie es näher zu sich heran und lassen seine Knöchel auf Ihrer linken Hüfte ruhen.
5. Schieben Sie Ihre *rechte* Hand unter den Kopf des Babys, sodass Ihre beiden Hände ein wenig überlappen und Sie seinen Kopf in einem offenen, *lockeren* Griff halten.
6. Lassen Sie die Schultern sinken, holen Sie tief Luft und entspannen Sie sich.
7. Rollen Sie Ihr Baby ganz oder teilweise auf den Bauch. Sein Bauch sollte gegen Ihren linken Arm oder gegen Ihre Beine drücken. *Es darf nicht auf dem Rücken liegen.*
8. Neigen Sie sich nach vorn über seinen Körper und produzieren Sie neben seinem Ohr ein lautes »Schhhh« (das dritte »S«). Das »Schhhh« sollte so laut wie sein Schreien sein.

9. Schwingen Sie jetzt Ihre Knie (das vierte »S«) von einer Seite zur anderen – wie einen Scheibenwischer. Wenn es heftig schreit, bewegen Sie sich schneller, *aber* mit immer kleineren Bewegungen. Innerhalb von Sekunden werden Sie schnelle, winzige Bewegungen ausführen – zwei bis drei Schläge pro Sekunde und zwei bis drei Zentimeter groß. Je lauter Ihr Kleines schreit, desto schneller und kleiner sollten Ihre Bewegungen sein.

Wenn es anfängt, sich zu beruhigen, können Sie Ihre Bewegungen allmählich verlangsamen. (Denken Sie daran, dass sein Kopf wie ein Wackelpudding zwischen Ihren Händen zittern muss, damit der Beruhigungsreflex ausgelöst wird.)

Manche Eltern ziehen es vor, ihr Baby auf den Knien auf- und abhopsen zu lassen, aber das funktioniert oft nicht so gut wie das Hin- und Herschwingen.

10. Schließlich sollte Ihr linker Daumen vor dem Mund Ihres Babys sein, wenn Ihre Hände in der richtigen Position sind. Bieten Sie ihm Ihren (sauberen) Daumen zum Saugen an (das fünfte »S«). Keine Sorge, Ihr Daumen ist nicht zu dick, um in seinen Mund zu passen – denken Sie nur daran, wie weit es seinen Mund zum Schreien aufsperren kann! Wenn es Ihnen lieber ist, können Sie ihm in dieser Position auch einen Schnuller anbieten.

> **Eine Anfängerversion des Scheibenwischers**
>
> Bevor Sie den Scheibenwischer ganz beherrschen, können Sie die einfachere Version ausprobieren:
>
> 1. Wickeln Sie Ihr Baby stramm ein und legen Sie es in seinem Bettchen oder in der Wiege abgesichert auf die Seite (siehe Kapitel 9).
> 2. Ergreifen Sie das Bettchen an der Seite, neben seinem Kopf.
> 3. Rütteln Sie es schnell, als ob Sie zittern würden, sodass der Kopf des Babys wie Götterspeise wackelt.
> 4. Geben Sie ein lautes »Schhhh« von sich, oder schalten Sie ein Gerät ein, das lautes weißes Rauschen produziert.
>
> Mit dieser Methode sollte sich Ihr Baby nach zwanzig bis dreißig Sekunden beruhigen. Rollen Sie es dann auf den Rücken und lassen Sie es schlafen.

Babyschaukeln: So bringen Sie Ihr unruhiges Baby in Schwung

Wahrscheinlich leben viele von Ihnen weit weg von den Verwandten, und die Bürde der Babybetreuung lastet 24 Stunden am Tag auf Ihren Schultern. Kein Wunder, dass Sie etwas Hilfe brauchen! In Zeiten, in denen so nützliche Geräte wie Waschmaschinen und Müllschlucker erfunden wurden, war es unvermeidlich, dass früher oder später auch Babybetreuungshilfen wie Schaukeln, Wippen ... und Autos ... auf den Markt kamen. (Natürlich wurden Autos nicht für diesen Zweck erfunden, aber viele Eltern benutzen sie dafür.)

Viele erschöpfte Eltern finden Produkte, die vibrieren oder schaukeln, noch hilfreicher als Autofahrten. Wenn sie richtig eingesetzt werden, sind diese Geräte wirkungsvoller, verursachen keine Unfälle und keine Umweltverschmutzung, und sie geben einem die Möglichkeit, den Schlafanzug anzulassen!

Leider schrecken manche Eltern davor zurück, Schaukeln zu nutzen, weil sie an folgende Mythen glauben: »Sie bewegen sich zu schnell.« – »Den Babys wird davon schlecht.« – »Babys werden davon abhängig.« – »Sie sind für ältere Kinder gedacht.«

Betsy fand die Schaukel hilfreich, aber sie hatte solche Angst, dass Hannah sich dabei wehtun könnte, dass sie ein Kilo Bananen mit hineinlegte, um das Ding zu verlangsamen!

Lisanne war hin- und hergerissen. Die Schaukel half Sascha, aber sie befürchtete, dass er davon abhängig werden könnte.

Natürlich wollen Eltern ihren Kindern keinen Schaden zufügen oder sie in ihrer Entwicklung hemmen. Aber vergessen Sie nicht, dass Babys monatelang im Mutterleib gerüttelt und gewiegt werden. Deshalb waren für Sasha seine acht Stunden in der Schaukel nur eine kleine Wiedergutmachung für seine Verstoßung aus dem Mutterleib. Sobald er drei Monate alte war, konnte er sich ohne Schaukel selbst beruhigen. Wie Sasha finden die meisten Babys zwischen drei und vier Monaten die Schaukel isolierend und langweilig. Ich habe es noch nie erlebt, dass ein Baby nicht mit spätestens fünf Monaten leicht der Schaukel entwöhnt werden konnte. (Näheres hierzu siehe Kapitel 15.)

Vielleicht haben auch Ihre Freunde und Verwandten Bedenken in Bezug auf Babyschaukeln. Manche bemerken missbilligend: »Babys gehören in die Arme der Mutter, nicht in eine

Das vierte »S«: Schaukeln

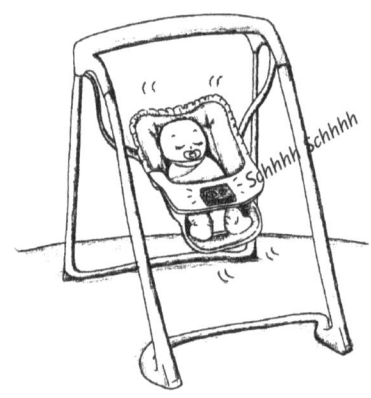

Maschine.« Oder: »Es sollte nicht Schaukel heißen, sondern ›Vernachlässiger‹!«

All das ist ziemlicher Unsinn. Jemanden für eine bessere Mutter oder einen besseren Vater zu halten, weil sie oder er nie eine automatische Schaukel benutzt, ist so, als ob man ein besserer Koch wäre, weil man nie einen elektrischen Dosenöffner benutzt. Denken Sie daran, dass Eltern in früheren Zeiten durch die gesamte Verwandtschaft bei der Kinderbetreuung unterstützt wurden. In der Kleinfamilie von heute kann eine elektrische Schaukel das fehlende Paar Hände ersetzen, das Sie brauchen würden, um duschen, zur Toilette gehen oder sich auch nur für einen Augenblick in Ruhe hinsetzen zu können. Ihre Babyschaukel ist so etwas wie eine hilfsbereite Nachbarin – mit dem Unterschied, dass sie batteriebetrieben ist und keine lauten Partys feiert.

Acht Tricks zur optimalen Nutzung Ihrer Schaukel

Fanny berichtete: »Die Schaukel wirkte für unseren Sohn William wahre Wunder. Die Bewegung und das Geräusch ließen ihn friedlich einschlafen. Die Schaukel wurde meine dritte Hand.«

Wie bei allen Baby-Beruhigungstechniken gibt es auch beim Einsatz der Schaukel einige Tricks, die sie noch erfolgreicher machen.

1. *Fangen Sie früh mit dem Schaukeln an.* Ein Baby kann schon mit drei Wochen in der Schaukel sein. Schließlich wurde es neun Monate lang in Ihrem Bauch durchgerüttelt. (Fragen Sie immer zuerst Ihren Arzt, wenn Ihr Baby krank ist oder zu früh geboren wurde.)
2. *Legen Sie Ihr Baby niemals in die Schaukel, wenn es noch schreit.* Das Karp'sche Schaukelgesetz lautet: Wenn man ein schreiendes Baby in eine Schaukel legt, erhält man ein schaukelndes schreiendes Baby!
   Es scheint wenig bekannt zu sein, dass sich Schaukeln (und Wippen) kaum dazu eignen, aufgeregte Babys ruhig *werden zu lassen*. Sobald sich das Schreien Ihres Babys jedoch vorübergehend gelegt hat, sind sie sehr gut dazu geeignet, es ruhig zu *halten* und es in den Schlaf zu lullen.
3. *Wickeln Sie die Arme Ihres Babys ein.* Eingewickelte Babys beruhigen sich schneller und bleiben länger ruhig. Sie müssen es aber trotzdem sicher im Schaukelsitz anschnallen, indem Sie die Stange oder den Gürtel zwischen seine eingewickelten Beine legen.
4. *Neigen Sie den Sitz so weit wie möglich nach hinten.* Wenn der Sitz zu aufrecht ist, kann es für Ihr Baby schwierig sein, seinen Kopf zu halten. Neigen Sie den Sitz so weit wie möglich nach hinten, oder verwenden Sie eine Schaukel mit einem Wiegenaufsatz.
5. *Rütteln Sie 20 Sekunden lang, sobald das Schreien wieder anfängt.* Ihr Baby kann auch in der Schaukel wieder unruhig werden. Denken Sie daran, dass nur *heftige* Bewegungen den Beruhigungsreflex aktivieren. Wenn es also wieder zu schreien anfängt, ergreifen Sie die Rückenlehne des Schaukel-

sitzes und rütteln Sie daran (zwei Zentimeter vor und zurück), mit zwei bis drei Bewegungen pro Sekunde. Ihr Baby sollte innerhalb von 20 Sekunden wieder entspannt sein.

6. *Verwenden Sie die höchste Geschwindigkeitsstufe.* Wenn Ihr Baby nicht gerade fest schläft, ist die niedrige Geschwindigkeitseinstellung wahrscheinlich zu sanft, um es tief entspannt zu halten. Unleidliche Babys beruhigen sich am besten bei der hohen Geschwindigkeit, und viele schlafen so am besten die ganze Nacht durch. Finden Sie heraus, was für Ihr Baby am besten ist.

7. *Verwenden Sie gleichzeitig weißes Rauschen.* Lassen Sie 30 bis 60 Zentimeter vom Kopf des Babys entfernt ein rauschendes Gerät laufen, bis das Baby so tief schläft, dass Sie das Gerät auf ein kräftiges Schnarren zurückschalten können, ohne das Baby aufzuwecken.

8. *Übung macht den Meister.* Wie bei allen fünf »S« ist es auch hier so, dass sich Ihr Baby nach ein paar angenehmen Erfahrungen mit der Schaukel möglicherweise schon zu beruhigen beginnt, wenn Sie es hineinlegen.

Sandy konnte Harriet auf ihrem Schoß beruhigen, aber wenn sie das Baby in die Schaukel legte, begann es von neuem zu brüllen. Sandy war davor gewarnt worden, ihr bereits aufgeregtes Baby übermäßig zu stimulieren, und stellte an der Schaukel die niedrigste Geschwindigkeit ein. Aber diese Bewegung war zu sanft, um den kleinen Vulkan zu bändigen.

Sandy änderte ihre Vorgehensweise, indem sie Harriets Arme stramm einwickelte und den Föhn einschaltete, um sie vorübergehend zu beruhigen. Dann legte sie sie schnell in die Schaukel und rüttelte ei-

nige Sekunden von Hand daran. Sobald das Baby einen friedlichen Eindruck machte, stellte Sandy die Schaukel auf maximale Geschwindigkeit ein. Sofort wirkte alles zusammen. Harriet zu beruhigen, wurde ein Kinderspiel, und von da an funktionierte die Schaukel immer.

Fragen zu den fünf »S«: Was Eltern über das Schaukeln wissen wollen

1. *Sind Schaukeln schlecht für Beine, Hüften oder Rücken eines Babys?* Nein. In Ihrem Bauch war das Baby verschlungen wie eine Brezel. Sein geschmeidiger Körper ist unglaublich flexibel. Deshalb kann es in eine Schaukel gelegt werden, ohne dass schädliche Auswirkungen auf Beine, Hüften oder Rücken zu befürchten sind.
2. *Ich befürchte manchmal, dass der Hals meines Babys in der Schaukel zu stark abgeknickt ist. Ist das möglich?* In der Schaukel sollte Ihr Baby so weit wie möglich nach hinten geneigt liegen. Sein Hals sollte nicht abgeknickt sein. Das könnte das Atmen erschweren, besonders wenn Ihr Baby krank ist oder wenn es sich um ein Frühgeborenes handelt.
3. *Sollte ich es vermeiden, mein Baby direkt nach einer Mahlzeit heftig zu wiegen?* Ob Sie es glauben oder nicht, aber durch Schaukeln oder Rütteln spucken Babys nicht häufiger als sonst. Indem Sie es vom Schreien abhalten, verringern Sie sogar die Wahrscheinlichkeit, dass es erbricht. Durch Auf- und Abbewegungen können sich außerdem Gasbläschen lösen, sodass Ihr Baby leichter aufstoßen kann.
4. *Kann einem Baby von der Schaukel oder vom Scheibenwischer*

schwindlig oder schlecht werden? Nein. Rüttelnde Bewegungen sprechen nicht das Brechzentrum im Gehirn an. Schwindelgefühle und Übelkeit werden durch *weite* Bewegungen, wie beispielsweise beim Befahren einer serpentinenreichen Straße in den Bergen, ausgelöst. Durch Schaukeln fühlen sich unruhige Babys wohler, nicht unwohler.

5. *Verliert die Schaukel ihre Wirkung, wenn ich mein Baby zu oft hineinlege?* Manche Babys saugen gern, andere brauchen weißes Rauschen, um ruhig zu bleiben, und wieder andere sind nur zufrieden, wenn sie den ganzen Tag schaukeln. Glücklicherweise ist es so, dass Babys das, was sie mögen, immer mögen! Deshalb werden ihnen Milch, Zärtlichkeit und Schaukeln nie langweilig.

6. *Was sollte ich tun, wenn mein Baby noch lauter schreit, wenn ich es schnell schaukle?* Möglicherweise schreit Ihr Baby noch eine Weile weiter, nachdem Sie mit dem Schaukeln begonnen haben, weil es nicht gleich bemerkt, dass Sie etwas tun, das ihm angenehm ist. Wenn Ihr Baby auch bei heftigem Schaukeln weiterschreit, sollten Sie Ihre Technik überprüfen. Achten Sie darauf, dass Sie schnelle, kleine Bewegungen machen, dass Sie lautes Rauschen einsetzen, dass das Baby stramm eingewickelt ist und dass es, wenn Sie es auf dem Arm oder auf dem Schoß haben, auf der Seite oder auf dem Bauch liegt.

Die Elternperspektive: Ein Loblied auf Schaukeln und andere nützliche Dinge

Wie jeder weiß, können Menschen so bewegt sein, dass ihnen die Tränen kommen, aber viele Eltern lernen, dass Bewegung ihre Babys glücklich macht. Hier zwei Beispiele für Babys, die sich beruhigten, als ihre Eltern ein kleines Happening inszenierten:

 Als der kleine Noah zu weinen begann, versuchte David ihn aufstoßen zu lassen, indem er ihn über die Schulter legte und leicht auf seinen Rücken klopfte. Trotz Davids liebevoller Versuche, ihm ein Bäuerchen zu entlocken, brüllte Noah weiter.

Vielleicht aus Frustration oder aus einem uralten Instinkt heraus fing David an, stärker auf Noahs Rücken zu klopfen. Er klopfte wie auf eine Trommel, mit gebogener Hand, mit etwa zwei Schlägen pro Sekunde.

Noah wurde fast sofort ruhig. Sein Körper entspannte sich in Davids Armen, und nach ein paar Minuten schlief er ein. »Ich war überrascht, wie fest das Klopfen für ihn sein durfte. Aber er entspannte sich so schnell und so tief, dass ich wusste, dass es richtig war.«

Als Margies und Barbaras Sohn Michael sechs Wochen alt war, schrie er nachts so laut, dass oft von unten an die Decke geklopft wurde.

Margie versuchte ihn durch sanftes Wiegen und beruhigende Lieder zu besänftigen, aber nichts half, bis sie etwas entdeckte, das sie als »indianischen Kriegstanz« bezeichnete. Sie presste Michael fest an ihre Brust, sodass sein Bauch gegen ihren gedrückt wurde, und umschlang ihn mit den Armen wie mit einer Zwangsjacke. Dabei rief sie laut: »HA-ja ja ja, HA-ja ja ja.« Bei jedem lauten »HA« beugte sie sich nach vorn und ging in die Knie, sodass Michael das Gefühl haben musste, durch eine Falltür zu stürzen. Bei jedem »Ja« klopfte sie ihm auf den Rücken und richtete sich wieder halb auf. Beim dritten »Ja« stand sie wieder aufrecht, bereit für das nächste »HA«.

Margie bemerkte dazu, dass um drei Uhr morgens Intensität und Lautstärke besonders wichtig waren. Normalerweise schlief Michael innerhalb von zehn Minuten wieder ein.

12 Das fünfte »S«: Saugen – der Zuckerguss auf dem Kuchen

Wichtige Punkte:
♦ Saugen beruhigt Babys, indem es ihren Hunger stillt und ihren Beruhigungsreflex aktiviert.
♦ Wie Sie Ihrem Baby helfen können, mit Schnullern zurechtzukommen.
♦ Wie Sie sechs häufige Schnullerprobleme umgehen.

Wenn das Kombinieren aller fünf »S« mit der Zubereitung eines Kuchens vergleichbar ist, dann entspricht das Saugen dem Zuckerguss auf dem Kuchen. Dieser letzte wohltuende Impuls hilft Babys, ruhig zu werden, loszulassen und einzuschlafen.

Das Überleben eines Babys außerhalb des Mutterleibs ist von seiner Fähigkeit zu saugen abhängig. Wie ein Schauspieler, der für eine Hauptrolle probt, beginnt Ihr Baby lange vor seiner Geburt das Saugen an seinen Fingern zu üben. (Ultraschallaufnahmen zeigen Föten, die – bis zu drei Monate vor dem errechneten Geburtstermin – an den Fingern lutschen.) Im Mutterleib ist es für Babys ganz einfach, an den Fingern zu saugen, da die weichen Wände der Gebärmutter dafür sorgen, dass die Hände immer bequem in der Nähe des Mundes bleiben. Sobald Ihr ungeborenes Baby etwa vier Monate alt ist und über genügend Muskelkontrolle verfügt, um seinen Daumen jederzeit im Mund halten zu können, wird es ein Kinderspiel für es sein, daran zu lutschen.

Aber während des vierten Trimesters wird es kaum jemals an seinen Fingern saugen – was nicht daran liegt, dass es nicht will. Es würde wahrscheinlich 24 Stunden am Tag daran lutschen, wenn es könnte. Aber für ein Neugeborenes ist es mit einer schier übermenschlichen Anstrengung verbunden, einen Finger zum Mund zu führen und dort zu halten. Selbst wenn sich Ihr Baby sehr konzentriert und schon voller Vorfreude auf das bevorstehende Erfolgserlebnis ist, führt sein schlechtes Koordinationsvermögen im Allgemeinen dazu, dass seine Hände am Ziel vorbeifliegen, wie Kekse, die den Mund eines hungrigen Kleinkindes knapp verfehlen.

Warum ist das Saugen für Babys eine so angenehme Erfahrung? Auf welche Weise verschafft es ihnen so viel Wohlbehagen?

Warum ist Saugen so beruhigend für Babys?

Saugen ist für Babys aus zwei Gründen so angenehm:
1. *Es stillt – natürlich – ihren Hunger.* Wer isst nicht gern? Nun, Neugeborene tun es so gern, dass sie acht- bis zwölfmal am Tag eine Milchmahlzeit zu sich nehmen! Für Babys bedeuten all diese Mahlzeiten stundenlanges Wohlbehagen durch Saugen, Saugen, Saugen.
Manche Leute sagen, dass Babys wie »kleine Ferkel« essen, aber selbst Ferkel können einem Baby kaum das Wasser rei-

> **Kann ein Baby zu viel saugen?**
> Manche Autoren warnen Eltern davor, ihre Babys »zu viel« saugen zu lassen, und weisen darauf hin, dass Saugen zur Gewohnheit werden kann. (Ob diese Experten wohl schon Föten im Mutterleib am Fingerlutschen hindern würden, wenn sie die Möglichkeit dazu hätten?) Glücklicherweise können Babys nicht zu viel saugen. Saugen ist keine Süßigkeit oder Droge, sondern eine hochentwickelte Selbstberuhigungsmethode. Es ist fester Bestandteil des vierten Trimesters und der erste Schritt Ihres Babys zur Unabhängigkeit.

chen. Neugeborene »verputzen« pro Pfund Körpergewicht pro Tag etwa 85 Gramm Milch. Um die entsprechende Menge zu sich zu nehmen, müsste ein Erwachsener jeden Tag etwa 23 Liter Vollmilch trinken. Kein Wunder, dass sie so oft Nahrung zu sich nehmen müssen.

2. *Es aktiviert den Beruhigungsreflex.* Babys nehmen ihre Nahrung durch Saugen auf, aber Saugen ist gleichzeitig auch ein weiterer Impuls, mit dem prähistorische Föten ihren schützenden Beruhigungsreflex aktivierten und ihre Überlebenschancen erhöhten.

Saugen zum Zweck der Nahrungsaufnahme wird Trinken genannt, und Saugen zur Beruhigung kann man auch als »nichtnährendes Saugen« bezeichnen. Wenn Ihr Baby hungrig ist, saugt es vielleicht eine Minute am Schnuller, bevor es zu schreien anfängt, als ob es sich beklagen wolle: »He, ich hatte Milch bestellt, nicht Gummi!« Braucht es jedoch nur etwas Beruhigendes, wird es eine ganze Weile zufrieden am Schnuller nuckeln.

Dieselbe tiefe Ruhe, die im Gehirn Ihres Babys durch das Saugen ausgelöst wird, kann auch im Gehirn älterer Kinder oder Erwachsener durch andere »Saugerfahrungen« wie Lolly-Lutschen, Zigarettenrauchen und Nägelkauen ausgelöst werden. (Kein Wunder, dass Psychologen das Zigarrenrauchen mit Daumenlutschen vergleichen!)

Viele Studien haben gezeigt, dass nicht nährendes Saugen für Babys gesund ist. Es ist wie Vitamin S! Es verringert Stress (Blutdruck, Herzfrequenz usw.) und kann die Ausschüttung natürlicher schmerzstillender Substanzen im Gehirn des Babys anregen, die die Beschwerden nach Injektionen, Blutentnahmen oder Beschneidungen lindern. Wissenschaftler haben auch festgestellt, dass Frühgeborene, die an Schnullern saugen, schneller wachsen, und dass für voll ausgetragene Babys, die »schnullern«, das Risiko eines plötzlichen Kindstodes niedriger ist.

Es war einmal: Wie Eltern in anderen Epochen und Kulturen das Saugen genutzt haben

> ... dass ihr euch labet und satt werdet
> an der Brust ihres Trostes ...
> Jesaja 66,11

Ist Ihnen schon aufgefallen, wie gut Ihr Baby einschläft, während es saugt? Die meisten Babys schmelzen dahin wie Butter. Natürlich haben Mütter zu allen Zeiten das Saugbedürfnis ihrer Babys auf die altmodische Weise, mit ihrer Brust, gestillt. Die Muttermilch ist für ein Baby das Zentrum der Welt – weshalb manche Leute stillende Mütter als Erdmütter bezeichnen.

Aber ich finde eher, sie sollten als galaktische Göttinnen bezeichnet werden! Die alten Griechen leiteten das Wort *Galaxie* und *galaktisch* von ihrem Wort *gala* für *Milch* ab. Nach der Legende sind die Sterne am Himmel aus Milch entstanden, die aus den Brüsten der Göttin Juno spritzte. Das ist auch der Grund dafür, dass wir unsere Galaxis Milchstraße nennen.

Für Mütter vom Stamm der Efé in Zaire oder der !Kung San aus Botswana ist Saugen meistens das Erste, was sie ausprobieren, um ihr weinendes Baby zu beruhigen. Beim kleinsten Maunzen legen sie ihr Baby an die Brust – dreißig-, vierzig-, hundertmal am Tag!

In den letzten Jahrhunderten war es in manchen Kulturen üblich, Babys an einem Lappen saugen zu lassen, in den Zucker eingewickelt war. Manchmal wurde diese »Zuckerbrust« in Brandy getaucht, wenn ein Baby besonders unruhig war. Meine Freundin Celia, die in den 20er-Jahren in Russland aufwuchs, erinnert sich daran, dass ihre Nachbarn, die sich keinen Zucker leisten konnten, schreienden Babys ein kleines Stück zerkautes Brot, in dünnen Stoff eingewickelt, anboten.

Anfang des 20. Jahrhunderts kamen gleichzeitig mit Gummisaugern für Babyflaschen auch Schnuller in Mode. In England wurden sie »Dummys« genannt – nicht weil Babys mit einem Schnuller im Mund dumm aussehen, sondern weil ein »Dummy« im Englischen auch eine stumme Person ist und diese kleinen Gumminippel Babys so schnell verstummen ließen.

Wie Sie Ihrem Baby helfen, mit Schnullern zurechtzukommen

Für die meisten Babys ist das Daumenlutschen so schwierig, als ob sie versuchen würden, Eis mit Essstäbchen aufzuheben – der Daumen rutscht trotz aller Bemühungen immer wieder weg. Deshalb brauchen sie meistens ein wenig Saughilfe. Sie können die Saugbedürfnisse Ihres Babys auf zwei Arten stillen:

1. Mit Ihnen selbst als Schnuller.
2. Mit einem Schnuller.

Jahrtausendelang haben Mütter ihren Babys ihre Brüste als Schnuller angeboten. Für manche Mütter mag dieses Arrangement angenehm sein, für andere ist es eine Last. Glücklicherweise verfügen Eltern heute über eine sehr wirkungsvolle Alternative – Schnuller.

Wie bei anderen Beruhigungsmethoden sind auch bei Schnullern bestimmte Dinge zu beachten. Die folgenden Tipps erhöhen die Chancen Ihres Babys auf erfolgreiches Schnullern:

♦ *Probieren Sie verschiedene Schnullerformen aus.* Nach meiner Erfahrung ist keine Schnullerform der anderen überlegen. Manche Babys bevorzugen kiefergerecht geformte Schnuller mit langem, an der Spitze einseitig abgeflachtem Sauger, andere Babys Schnuller mit kurzem Sauger. Letztlich ist die Schnullerform die beste für Ihr Baby, die es am liebsten mag.

♦ *Versuchen Sie es nicht auf die harte Tour.* Sie können versuchen, Ihrem Baby den Schnuller in den Mund zu stecken, wenn es schreit, aber erzwingen Sie es nicht, wenn es sich dagegen wehrt. Sie werden mehr Erfolg haben, wenn Sie es zuerst mit den anderen »S« beruhigen und ihm dann den Schnuller anbieten.

♦ *Verhindern Sie mit einem Trick, dass der Schnuller herausfällt.* Das ist der beste Trick, den ich kenne, um einem Baby beizubringen, den Schnuller im Mund zu behalten. Bieten Sie Ihrem Baby den Schnuller an, wenn es zufrieden ist. Sobald es zu saugen anfängt, ziehen Sie ganz leicht daran, als ob Sie ihn herausziehen wollten (aber nicht so fest, dass er tatsächlich herausrutscht).
Ihr Baby reagiert darauf, indem es gegen den Zug Widerstand leistet und automatisch etwas fester am Schnuller saugt. Warten Sie einen Augenblick, und ziehen Sie dann wieder leicht daran. Wiederholen Sie diesen Vorgang immer, wenn Sie Ihrem Baby den Schnuller geben, zehn- bis zwanzigmal. Durch seine natürliche Neigung, dem Herausziehen entgegenzuwirken, wird es seinen Mund darin trainieren, den Schnuller sicher im Mund zu behalten. Viele zwei bis drei Monate alte Babys können den Schnuller sogar beim Lächeln – und Weinen – im Mund behalten.

Die Tücken des Schnullers

Manche Eltern und Großeltern fürchten, dass ein Baby durch den Gebrauch des Schnullers schlechte Gewohnheiten annehmen könnte. Aber in Wahrheit ist der Schnuller nur ein Instrument, das Ihr Baby beruhigen hilft, bis es aus eigener Kraft dazu in der Lage ist. Es gibt jedoch sechs mögliche Schnullerprobleme, die Sie vermeiden sollten:

1. *Verwechslung mit der Brustwarze.* Manche Stillbabys werden durch Gummisauger verwirrt. Ein Baby, das an einem Gummisauger lutscht, tut dies oft mit einer nachlässigen, kauenden Bewegung, die viel weniger Anstrengung und Koordination als das Saugen an der Brust erfordert. Leider eignen sich manche Babys dadurch einen falschen Gebrauch der Mundmuskulatur an.

   Sie können Ihrem Baby schon am ersten Tag einen Schnuller anbieten, sollten aber bereit sein, darauf zu verzichten, wenn Ihr Baby Probleme beim Stillen hat. Ich rate dazu, einem Baby erst mit zwei Wochen eine Flasche anzubieten, wenn das Stillen schon sehr gut funktioniert. Dann ist eine Flasche pro Tag völlig in Ordnung. Die meisten Mütter geben ihrem Baby Muttermilch, Wasser, Glukose oder Tee aus der Flasche zu trinken.

   Warten Sie nicht, bis Ihr Baby ein oder zwei Monate alt ist, bevor Sie ihm zum ersten Mal die Flasche anbieten. Eltern, die dies tun, sind oft unangenehm überrascht, wenn ihr Baby den künstlichen Sauger entschlossen zurückweist.

2. *Chemische Verunreinigung.* Kaufen Sie durchsichtige Silikonsauger anstelle der gelben Gummisauger. Das gelbe Gummi wird klebrig und zersetzt sich nach einer Weile. Dabei können winzige Mengen schädlicher chemischer Rückstände abgegeben werden.

3. *Keine Süßungsmittel verwenden.* Tauchen Sie den Schnuller nicht in Sirup, damit Ihr Baby eifriger daran saugt. Durch Süßungsmittel wie Honig und Ahornsirup kann Ihr Baby an Botulismus erkranken (einer Krankheit, die zu vorübergehender Lähmung und sogar zum Tod führen kann).

4. *Sauberkeit.* Reinigen Sie einen neu gekauften Schnuller gut mit Wasser und Spülmittel. Spülen Sie ihn ab, wenn er auf den Boden gefallen ist, und auch mehrmals täglich, wenn er nicht herunterfällt. Lutschen Sie nicht selbst am Schnuller Ihres Babys, um ihn zu reinigen, da Sie mit Ihrem Speichel Erkältungs-, Herpes- und andere Erreger übertragen können.
5. *Keine Bänder.* Hängen Sie Ihrem Baby seinen Schnuller nie um den Hals. Schnüre oder Bänder können sich um seine Finger wickeln und die Durchblutung behindern oder sich um seinen Hals wickeln und ihm die Luft abschnüren.
6. *Genug ist genug.* Sobald ein Baby vier oder fünf Monate alt ist, schaffe ich die Schnuller meist ab. In diesem Alter kann das Baby an den eigenen Fingern saugen und viele andere Dinge tun, um sich selbst zu beruhigen. Den Schnuller nach sechs Monaten loszuwerden, ist schon etwas schwieriger, weil Ihr Baby zu diesem Zeitpunkt bereits eine enge emotionale Beziehung zu seinem »Schnulli« aufgebaut hat – wie zu einem Teddybär oder einer Schmusedecke.

Fragen zu den fünf »S«: Was Eltern über das Saugen wissen wollen

1. *Woher weiß ich, ob mein Baby Milch braucht oder einfach nur saugen will?* Folgende Zeichen deuten darauf hin, dass Ihr Baby vor Hunger schreit:
    - Wenn Sie sein Gesicht berühren, dreht es den Kopf und öffnet den Mund, um nach der Brustwarze zu suchen.

- Ein Schnuller beruhigt es zunächst, aber nach wenigen Minuten fängt es wieder an zu weinen.
- Wenn Sie ihm Milch anbieten, nimmt es sie willig an und ist anschließend ruhig und zufrieden.

2. *Wird durch die Verwendung eines Schnullers das Stillen verkürzt?* Da sich das Saugen an einem Schnuller vom Saugen an einer Brust unterscheidet, sollten Sie ein oder zwei Wochen warten, bis das Stillen gut eingespielt ist, bevor Sie den Schnuller anbieten. Zu diesem Zeitpunkt können Schnuller das Stillen gelegentlich sogar *erleichtern*, weil das Baby weniger schreit und die Mutter hin und wieder eine Stillpause einlegen kann.

3. *Können Schnuller Ohrinfektionen verursachen?* Es gibt einige Studien, aus denen hervorgeht, dass bei Babys, die Schnuller verwenden, häufiger Ohrinfektionen auftreten. Das liegt wahrscheinlich daran, dass sich durch heftiges Saugen an einem Schnuller der Ohrdruck verändert (wie Kinder auch durch die Druckveränderungen beim Fliegen Ohrinfektionen bekommen können). Glücklicherweise können kleine Babys nicht so heftig an einem Schnuller saugen, dass viel Druck entsteht. Während der ersten vier Monate brauchen Sie sich deswegen also keine Sorgen zu machen.

4. *Können Schnuller Babys vor dem plötzlichen Kindstod schützen?* Aus vielen wissenschaftlichen Studien geht hervor, dass das Risiko des plötzlichen Kindstods bei Babys, die Schnuller verwenden, geringer ist. Da der genaue Zusammenhang jedoch nicht geklärt ist, warnt die Vereinigung amerikanischer Kinderärzte davor, aus diesen Studien zu schließen, dass Schnuller den plötzlichen Kindstod verhindern.

5. *Kann mein Baby vom Schnuller abhängig werden, wenn es immer damit schläft?* Nein! Das ist ein Ammenmärchen, das Sie ruhig vergessen können. Als Hannah fünf Monate alt war, brauchte ihre Mutter nur drei Tage, um den Schnullergebrauch von der ganzen Nacht und mehreren Stunden pro Tag auf zwei Minuten pro Tag zu reduzieren.
Aber wie bereits erwähnt, kann ein Baby, das älter als fünf oder sechs Monate ist, eine emotionale Bindung zu seinem »Dudu« entwickeln. Die Schnullerentwöhnung ist zwar auch in diesem Alter noch möglich, verläuft aber oft traumatischer.
6. *Sollte ich beim Einwickeln des Babys die Hände frei lassen, damit es daran saugen kann?* Ruhige Babys können die Hände frei haben, aber unruhigen Babys fällt es sehr schwer, an den Fingern zu saugen, ohne sich selbst ins Gesicht zu schlagen. Für diese Babys ist es eine frustrierende Verlockung, die Hände frei zu haben. Für unruhige Babys ist es viel besser, wenn sie eingewickelt sind und einen Schnuller zum Saugen erhalten, da sie ihren Körper unter Kontrolle haben und besser saugen können, wenn sie nicht mit den Armen herumfuchteln.
7. *Führt häufiges Stillen dazu, dass mein Baby verwöhnt wird oder noch schlimmere Kolikprobleme bekommt?* Viele Eltern werden – wie Valerie und David – davor gewarnt, das Baby oft zu füttern, da es davon Bauchschmerzen bekomme.

»Unser Baby Christina schrie viel und beruhigte sich nur an meiner Brust. Mein Mann sagte, sie bekomme davon Koliken, dass ich sie immer stillte, wenn sie schrie. Meine Freundinnen meinten, ich würde sie verwöhnen, wenn ich sie so oft stillte. Was soll ich tun?«

Als Valerie mir diese Frage stellte, sagte ich ihr, dass sie erstens froh sein könne, eine wirkungsvolle Beruhigungsmethode für ihr Baby zu haben, und dass es zweitens unmöglich sei, einen Fötus zu verwöhnen – und während der ersten drei Monate nach der Geburt sind alle Babys noch »Föten«. Und drittens riet ich ihr, ihren Arzt zu konsultieren, um sicherzugehen, dass ihr Baby genug Milch bekam.

Ungeachtet dieser drei Punkte klang es für mich jedoch, als ob Valerie einen grundlegenden Fehler beging. Es gibt im Englischen ein Sprichwort, wonach »alles wie ein Nagel aussieht, wenn das einzige Werkzeug, das man besitzt, ein Hammer ist«. Nun, anscheinend war das einzige »Werkzeug«, mit dem Valerie Christina beruhigen konnte, ihre Brust.

Meine Sorge ist nicht, dass Babys schlechte Gewohnheiten annehmen oder von zu viel Milch Bauchschmerzen bekommen. Aber in diesem Fall war ich der Meinung, dass Valerie einige andere gute Beruhigungsinstrumente außer Acht ließ. Ich empfahl daher, dass sie und David die anderen vier »S« kennenlernen sollten.

Väter sind meistens besonders erpicht darauf, andere Beruhigungstechniken zu beherrschen, weil sie sich oft ausgeschlossen fühlen, wenn sich ihr Baby nur durch Stillen beruhigen lässt. Sobald Väter gelernt haben, wie sie ihr Baby schnell beruhigen können, trauen sie sich viel eher zu, es zu betreuen.

8. *Wenn ich mein Baby die ganze Nacht an meiner Brust saugen lasse, schlafe ich gut, und es fühlt sich sehr kuschelig an. Ist es irgendwie schädlich, das zu tun?* Die Nacht ganz dicht bei ih-

rem Baby zu verbringen, ist etwas, das Mütter zu allen Zeiten getan haben. Ich glaube, es ist für eine Mutter eines der schönsten Gefühle, mit einem Baby an ihrer Brust zu schlafen. Wenn Sie so nahe bei Ihrem Baby sind, ist es ganz natürlich, dass es von Zeit zu Zeit ein wenig an Ihrer Brust nuckelt. Aber es ist Ihre Entscheidung. Sie können Ihr Hemd anlassen bzw. zugeknöpft lassen und versuchen, das Baby auf andere Weise zu beruhigen. Es geht hier nicht um richtig oder falsch. Es liegt ganz bei Ihnen. (In Kapitel 15 wird auch die Frage behandelt, ob ein Säugling im Bett der Eltern schlafen sollte.)

Wenn Ihr Baby in Ihrem Bett schläft, sollten Sie jedoch auf folgende Dinge achten:

- Halten Sie Kissen und Decken von ihm fern, verzichten Sie auf Wasserbetten und achten Sie darauf, dass es nicht aus dem Bett fallen oder gegen die Wand gedrückt werden kann. (Durch strammes Einwickeln lässt sich verhindern, dass es an gefährliche Stellen rutscht.)
- Achten Sie darauf, dass Sie genügend Schlaf bekommen. Es nützt Ihrem Baby nichts, wenn Sie krank werden oder vor Müdigkeit einen Autounfall verursachen.
- Sobald Ihr Baby Zähne bekommt, ist zu bedenken, dass Stillmahlzeiten, die länger als eine halbe Stunde dauern, die Zähne schädigen können.

9. *In meiner Familie gibt es viele Daumenlutscher. Kann ich verhindern, dass mein Baby später am Daumen lutscht, wenn ich ihm einen Schnuller gebe, oder wird es gerade dadurch dazu ermutigt?*

Manche Babys haben einen unglaublich starken Saugdrang. Dieser starke Drang ist kein Zeichen von Unreife, Abhängigkeit oder Unsicherheit (oder Nachlässigkeit von Ihrer Seite). Nach meiner Erfahrung ist langes Schnullern oder Daumenlutschen einfach vererbt wie Augenfarbe oder Grübchen. Oder anders ausgedrückt, es ist etwas, das Sie *wirklich* Ihren Eltern anlasten können!

Es gibt kaum Zweifel daran, dass Schnuller Daumenlutschen verhindern: Schließlich ist es etwas schwierig, beides gleichzeitig in den Mund zu stecken. Aber nach meiner Erfahrung hat die Verwendung eines Schnullers keinen Einfluss darauf, wie lange ein Baby danach verlangt, an etwas (Finger oder Schnuller) zu saugen.

Die Elternperspektive: Zeugenaussagen von der Babyfront

Manche Babys sind nur am Saugen interessiert, wenn sie Nahrung aufnehmen wollen. Für andere Babys ist Saugen wie eine Massage, ein Beruhigungsmittel und ein warmes Bad in einem! Hier einige Beispiele für Babys, die »um des Saugens willen« saugten:

Annie und Michael waren besonders beunruhigt, wenn ihr kleiner Ronnie schrie, weil wegen eines Herzfehlers große Anstrengungen gefährlich für ihn waren. Also trug Ann ihn stundenlang in der Wohnung herum, bis ihr der Rücken so wehtat, dass sie es nicht mehr aushielt.

Sie verzichtete darauf, Ronnie einen Schnuller zu geben, weil sie ihm »keine schlechten Gewohnheiten anerziehen wollte, die er später nicht mehr loswerden würde«. Irgendwann versuchte sie es dann aber aus schierer Verzweiflung doch, und es war ein Volltreffer! »Der Schnuller war wirklich ein Gottesgeschenk! Wir mussten ihn immer noch beschäftigen, aber dank dem Schnuller konnte ich auch mal von ihm weggehen und eine Pause machen, besonders wenn er in seiner Wippe saß.«

Stanley begann, sich gegen die Stillmahlzeiten zu wehren, als er sieben Wochen alt war. Er hatte seine Mahlzeiten immer mit großem Eifer begonnen, aber jetzt ließ er die Brustwarze nach zehn Minuten los und leckte nur noch daran, als ob er vergessen hätte, wie man saugt. Sekunden später bog er den Rücken durch und brüllte, als ob er vom Arm seiner Mutter springen wollte. Aber das war es nicht, was er wollte, denn sobald man ihn hinlegte, schrie er noch lauter.

Stanleys Eltern, Maria und Bill, versuchten es mit Wiegen und Einwickeln, aber wenn er wirklich aufgeregt war, bekam er seine Hände innerhalb von Sekunden frei. Verwirrt und frustriert fragte sich Maria, ob ihre Milch schlecht geworden oder ausgetrocknet sei.

Glücklicherweise war das Problem viel einfacher. Maria hatte sehr viel Milch – genau genommen zu viel. Wenn Stanley am Ende seiner Mahlzeit noch zum Vergnügen nuckeln wollte, floss immer noch ein Strom Milch in seine Kehle. Er musste die Brustwarze loslassen, um sich nicht zu verschlucken. Aber sein Problem war, dass er immer noch saugen wollte.

Als Maria und Bill anfingen, ihm am Ende der Mahlzeit einen Schnuller anzubieten, wurde er wieder ein friedlicher kleiner Engel.

Steven und Kelly erzählten, dass ihr vier Wochen altes Baby Ian gern an seinem Schnuller sauge, aber immer zu schreien anfange, wenn er ihm aus dem Mund falle. Kelly klagte: »Es funktioniert wun-

derbar, aber wir fühlen uns allmählich wie seine Schnullersklaven. Meine Mutter meinte im Scherz, wir sollten den Schnuller in seinem Mund festkleben. Ich wusste, dass es schrecklich war, darüber auch nur zu scherzen, aber es machte uns wirklich verrückt.«

Als Steven und Kelly mich anriefen, zeigte ich ihnen den Schnullertrick. Eine Woche später rief Kelly wieder an und berichtete, dass das Schnullerproblem erstaunlich schnell gelöst worden sei. Innerhalb einer Woche war Ians Mundmuskulatur so gut trainiert, dass er den Schnuller ein oder zwei Stunden halten konnte, ohne ihn zu verlieren.

Kelly meinte dazu: »*Es ist schon merkwürdig. Ich dachte, die beste Methode, um den Schnuller in seinem Mund zu halten, sei es, ihn immer wieder hineinzuschieben. Aber funktioniert hat das genaue Gegenteil!*«

Manche Babys saugen an allem, was man ihnen in den Mund steckt, andere sind kleine Gourmets. Beispielsweise weigerte sich der zwei Monate alte Liam, an irgendetwas zu saugen, ob es Schnuller, seine Finger, oder eine Flasche waren. Es gab nur eine Ausnahme: Er saugte liebend gern am Zeigefinger seiner Mutter!

13 Die Kuscheltherapie: Die fünf »S« – das perfekte Rezept für das Wohlbehagen Ihres Babys

Wichtige Punkte:
- Manche Babys lassen sich mit einem einzigen »S« beruhigen, aber die meisten brauchen mehrere »S«, um ganz ruhig zu werden.
- Die Kuscheltherapie ist die wirkungsvolle Anwendung aller fünf »S« zur gleichen Zeit.
- Zwei wichtige Schritte zur Perfektionierung der Kuscheltherapie:
  Präzision – Ein Überblick über die wichtigsten Aspekte der einzelnen »S«.
  Übung – Weshalb Sie üben müssen, um die Kuscheltherapie zu beherrschen.

Wie Sie inzwischen wissen, basieren die erfolgreichsten Babyberuhigungstechniken, die jahrhundertelang weitergegeben wurden, auf den fünf »S«. Verlieren Sie nicht den Mut, wenn es Ihnen noch nicht gelungen ist, Ihr Baby mithilfe der fünf »S« innerhalb von Minuten zu beruhigen. Sie können es lernen, Ihrem schreienden Baby mit diesen Methoden zu Wohlbehagen und Entspannung zu verhelfen.

Was tun, wenn Ihr Baby weiterschreit, obwohl Sie alles richtig machen?

> Keine Fehler zu machen, steht nicht in der Macht des Menschen. Aber aus ihren Irrtümern und Fehlern schöpfen kluge und gute Menschen Weisheit für die Zukunft.
> Plutarch

Jedes der fünf »S« kann auf leicht unzufriedene Babys eine beruhigende Wirkung haben. Aber auf wirklich aufgeregte Kolikbabys macht ein wenig Einwickeln oder ein kleines »Schhhh« möglicherweise gar keinen Eindruck. Hier einige mögliche Gründe dafür, dass Sie Ihr Baby mit den fünf »S« nicht beruhigen können:

1. *Es hat ein kleines Problem.* Ihr Baby ist hungrig oder kämpft mit seinem Stuhlgang. Glücklicherweise sind diese Probleme gewöhnlich leicht zu erkennen und auch ohne die »S« zu beheben.
2. *Es hat ein großes Problem.* Bei etwa zehn bis fünfzehn Prozent der Kolikbabys gibt es eine medizinische Erklärung für ihre Unruhe, wie beispielsweise Nahrungsmittelunverträglichkeit oder Rückfluss von Magensaft. (Vgl. Anhang A: Medizinische Ursachen für Drei-Monats-Koliken; Kapitel 14: Hinweise zur Behandlung vieler dieser Probleme.)
3. *Die »S« werden nacheinander ausgeführt.* Je lauter ein Baby schreit, desto wichtiger ist es, dass mehrere »S« gleichzeitig ausgeführt werden.
4. *Die »S« werden nicht korrekt ausgeführt.* Wie bei jedem Reflex gilt auch hier: Wenn nicht genau die richtige Art von Stimulation erfolgt, lässt er sich nicht auslösen.

> **Lernen Sie Ihr Baby kennen: ein Beruhigungsexperiment**
>
> Legen Sie Ihr Baby auf den Rücken, wenn es ein wenig unruhig ist, um seine bevorzugte Beruhigungstechnik herauszufinden. Fügen Sie nach und nach weitere »S« hinzu, um zu sehen, wie viele nötig sind, um es zu beruhigen.
>
> 1. Versuchen Sie es zuerst mit einem leisen »Schhhh«. Falls es nicht funktioniert, werden Sie lauter, direkt neben seinem Ohr.
> 2. Wickeln Sie es ein, damit seine Arme nicht herumfuchteln. Machen Sie dabei weiter »Schhhh«.
> 3. Legen Sie Ihr eingewickeltes Baby auf die Seite oder auf den Bauch und machen Sie weiter »Schhhh«.
> 4. Fügen Sie jetzt eine schnelle, rüttelnde Bewegung hinzu.
> 5. Bieten Sie ihm schließlich einen Schnuller oder Ihren Finger an.
>
> Zu diesem Zeitpunkt haben sich die meisten Babys beruhigt.

In diesem Kapitel wird erklärt, wie sich die fünf »S« perfekt zur Kuscheltherapie kombinieren lassen und welche Fehler Eltern machen, wenn sie anfangen, die »S« zu lernen.

Eins ist gut, zwei sind noch besser: Babys mit mehreren »S« beruhigen

Nina und Dimitri mussten mit Schrecken feststellen, dass ihre kleine Brüllweltmeisterin Lea noch mehr außer sich geriet, wenn sie versuchten, sie mit dem Geräusch des Föhns oder mit der Babyschaukel zu beruhigen. Als sie jedoch Föhn und Schaukel zusammen einsetzten, funktionierte es einwandfrei.

Babys unterscheiden sich nicht nur in Bezug auf Haarfarbe und Temperament, sondern auch in Bezug auf ihre bevorzugte Beruhigungsmethode. Manche beruhigen sich am besten, wenn sie gewiegt werden, andere hören sofort auf zu schreien, wenn sie weißes Rauschen hören, und manche werden ruhig, wenn man sie auf den Bauch legt. Diese einfachen Babys brauchen nur ein »S«, um sich ruhig und entspannt zu fühlen.

Schwierige Babys brauchen jedoch mehr Hilfe. Sie brauchen oft zwei, drei oder vier »S«, um den Schreizyklus unterbrechen zu können. Und bei den unruhigsten Kolikbabys müssen alle fünf »S« gleichzeitig angewendet werden.

Die Kuscheltherapie: Alle fünf »S« zu einem Rezept für das Wohlbehagen Ihres Babys kombinieren

Auf einem Flug von New York nach Los Angeles beobachtete ich eine ältere Frau dabei, wie sie ein Baby mit so präzisen, eleganten Bewegungen beruhigte, dass ich mich an ein Ballett erinnert fühlte.

Das Baby hatte während des Flugs plötzlich zu schreien angefangen. Nach ein paar durchdringenden Schreien nahm die zierliche Großmutter ihren aufgeregten Reisegenossen auf den Arm und begann, eine wahre Symphonie von Beruhigungstechniken anzuwenden. Sie drückte den Bauch des kleinen Mädchens gegen ihre Schulter, produzierte neben seinem Ohr ein kontinuierliches »Schhhh«, klopfte rhythmisch auf seinen Po und wiegte gleichzeitig ihren Oberkörper hin und her – wie eine Schlange, die bergauf kriecht.

In weniger als einer Minute schlief ihr kleines Bündel tief und fest.

Alle fünf »S« für das Wohlbehagen Ihres Babys kombinieren

Man ist versucht anzunehmen, dass jemand, der Babys gut beruhigen kann, eine besondere »Gabe« hat. Aber das entspricht nicht den Tatsachen. Das Beruhigen von Säuglingen hat nichts mit besonderen Talenten zu tun. Vielmehr geht es darum, die Gründe für das Schreien zu verstehen und die Techniken, die zur Beruhigung eines Babys erforderlich sind, zu erlernen und zu üben.

Die meisten Eltern nehmen schreiende Babys automatisch in den Arm und wiegen sie. Aber manchmal genügt das nicht. Bei der Kuscheltherapie werden alle fünf »S« zu einer Technik kombiniert, die so wirkungsvoll ist, dass sie selbst bei ausgesprochenen Kolikbabys zur Beruhigung führt.

In vielen Kulturen auf der Welt setzen Mütter Variationen

der Kuscheltherapie ein. In Tansania beruhigen manche Frauen ihre schreienden Babys damit, dass sie sie im Arm halten und gleichzeitig so tun, als würden sie Mais zerstampfen! Sie beugen sich nach vorn und richten sich wieder auf und geben dabei eine Art Mahlgeräusch von sich, bis sich das Baby beruhigt.

Wenn die Kuscheltherapie mit einem alten Kuchenrezept vergleichbar ist, dessen Zutaten die fünf »S« sind, dann sind die meisten Babybücher leider unvollständige Kochbücher, denn darin werden lediglich die fünf »S« aufgelistet, aber es wird nicht erklärt, wie man sie ausführt oder kombiniert.

Ohne Anweisungen zum Mischen der Zutaten eines Kuchens haben Sie am Ende wahrscheinlich eher eine warme Pampe als ein köstliches Dessert. Und ohne Anweisungen zum Ausführen und Kombinieren der fünf »S« haben Eltern zum Schluss eher ein noch *unzufriedeneres* Baby als ein ruhiges!

Außerdem ist es damit noch nicht getan, dass Ihr Baby dank der Kuscheltherapie aufhört zu schreien. Die Kuscheltherapie eignet sich auch sehr gut dazu, Ihr Baby ruhig zu halten, *nachdem* es aufgehört hat zu schreien.

Wenn Ihr Kleines in Ihren Armen eingeschlafen ist, können Sie es möglicherweise nicht einfach hinlegen und sich anderen Dingen zuwenden. Es mag sehr entspannt sein, aber es ist nicht bewusstlos. Tief drinnen in ihrem Gehirn nehmen schlafende Babys die Welt um sie herum durchaus wahr. Deshalb kann es geschehen, dass ein Baby mitten aus dem scheinbar tiefsten Schlaf heraus wieder zu schreien anfängt, wenn die hypnotischen Rhythmen der Kuscheltherapie plötzlich enden.

Glücklicherweise können Sie Ihr Baby sehr gut mit der Kuscheltherapie ruhig halten, nachdem Sie einen Schreianfall beendet haben. Ihr Kolikbaby kann stundenlang zufrieden bleiben, wenn es sich (durch Einwickeln, Schaukeln und lautes weißes Rauschen) so geborgen wie im Mutterleib fühlt. Wenn Ihr Baby plötzlich wieder unruhig wird, genügt meist die Erhöhung des Tempos, um seine Aufmerksamkeit zu erregen und es wieder zur Ruhe zu bringen.

Wie Sie der beste Kuschler weit und breit werden

Obwohl sich die Kuscheltherapie besser als alles andere zur Beruhigung von Kolikbabys eignet, mag sie Ihnen anfangs nicht leicht von der Hand gehen. Vielen unerfahrenen Eltern kommt es vor, als würden sie lernen, Rad zu fahren. Am Anfang ist es schwierig und entmutigend. Manche Eltern geben nach ein paar Versuchen auf, weil sie glauben, dass es *nur bei manchen Babys funktioniert, ihr eigenes Baby es aber hasst.*

Ich kann diese Frustration nachvollziehen. Es ist schrecklich, wenn man versucht, ein Baby zu beruhigen, und alles, was man tut, die Sache nur noch schlimmer zu machen scheint. Aber wie beim Radfahren ist es auch bei der Kuscheltherapie so, dass es richtig Spaß macht, wenn man erst einmal den richtigen Dreh herausgefunden hat. Man hat bald das Gefühl, es schon immer gekonnt zu haben.

Und wenn die Kuscheltherapie nicht perfekt funktioniert, liegt es wahrscheinlich nur daran, dass Sie Ihre Technik etwas aufpolieren müssen. Der häufigste Grund dafür, dass diese uralte Methode nicht funktioniert, besteht darin, dass sie nicht korrekt ausgeführt wird. Falsches Einwickeln, Schaukeln und »Schhhh« kann tatsächlich dazu führen, dass Ihr schreiendes Baby noch *mehr* außer sich gerät! Wie es in einem Song heißt: »If you're gonna do it, do it right, right.« (Wenn du es tust, mach es richtig.)

Wir wollen noch einmal die wichtigsten Punkte durchgehen, um ihre fünf »S« auf Vordermann zu bringen:

Strammes Einwickeln
Eltern geben das Einwickeln oft auf, weil ihre Babys sich dagegen wehren. Sie interpretieren die Reaktion des Babys so, als ob es sagen wollte: »Lass mich frei. Ich hasse das, es ist unfair!« Aber bitte geben Sie bei diesem wichtigen ersten Schritt nicht auf. Beim Einwickeln ist Folgendes zu beachten:
- Die Arme des Babys müssen gerade an den Seiten liegen.
- Ziehen Sie die Decke bei jedem Faltschritt so fest wie möglich an, und stecken Sie sie fest.
- Sorgen Sie dafür, dass sich die Decke nach dem Einwickeln nicht wieder lösen kann.

Denken Sie daran: *Das Einwickeln an sich soll das Baby noch nicht beruhigen!* Es hat den Zweck, das Herumfuchteln der Arme zu verhindern und die Aufmerksamkeit des Babys auf die anderen »S« zu richten, die es letztlich beruhigen werden.

Seiten-/Bauchlage
Die Rückenlage ist für ruhige Babys durchaus geeignet. Aber bei empfindlichen Babys können die Positionssensoren in sei-

nem Kopf ansprechen und Alarm auslösen, wenn es auf den Rücken gedreht wird, wodurch das Schreien noch verschlimmert wird.
- Wenn das Baby auf der Seite liegt, drehen Sie es wenigstens leicht in Richtung Bauchlage. Manche Babys sind so empfindlich, dass sie sich nicht beruhigen können, wenn sie auch nur leicht in Richtung Rückenlage gedreht sind.
- Stellen Sie sicher, dass Ihr Baby nicht hungrig ist. Wenn es Nahrung will, kann sein Suchreflex ausgelöst werden, wenn Sie es so halten, dass Sie sein Gesicht berühren. Sie können sich vorstellen, wie verwirrend und frustrierend das für ein hungriges Baby sein kann.

»Schhhhh«

Das »Schhhhh« ist sehr leicht zu produzieren, und die meisten Eltern finden es einfach auszuführen – jedenfalls leise. Darin liegt das Problem: Bei den meisten Eltern ist das »Schhhh« zu leise und wird zu weit vom Ohr des Babys entfernt ausgeführt.
- Erhöhen Sie die Lautstärke des »Schhhh«, bis es ein wenig lauter als das Schreien des Babys ist. Denken Sie daran, dass die Geräusche im Mutterleib lauter als ein Staubsauger sind und das Hörvermögen Ihres Babys in den ersten Monaten gedämpft ist.
- Wenn Sie mit einem Gerät weißes Rauschen produzieren, stellen Sie es 30 bis 60 Zentimeter vom Kopf des Babys entfernt auf, damit es laut genug ist, um den Beruhigungsreflex auszulösen.

Schaukeln

Sanftes Wiegen mag für ein ruhiges Baby angenehm sein, aber für schreiende Babys ist es viel zu mild. Hier die wichtigsten Tipps für erfolgreiches Schaukeln:
- Bewegen Sie Ihr unruhiges Baby schnell und »zitternd« hin und her. Mit langsamen, großen Bewegungen können Sie den Schlaf Ihres Babys unterstützen, aber sie sind nicht intensiv genug, um ein schreiendes Baby zu beruhigen.
- Stützen Sie Kopf und Hals des Babys, aber halten Sie seinen Kopf locker, sodass er wie eine Götterspeise in Ihrer Hand hin- und herwackeln kann.

Jakes Vater Jimmy erzählte mir, dass er die Kuscheltherapie ausprobiert habe, dass sie aber nicht funktioniere. Ich ging die einzelnen Schritte der Kuscheltherapie durch und fand heraus, dass er fast alles richtig machte, aber mit zu weiten Bewegungen wiegte. Statt seine Knie zwei bis drei Zentimeter hin, und herzubewegen, schwang er jedesmal dreißig Zentimeter aus. Durch diese weiten Bewegungen wackelte Jakes Kopf nicht genug. Sobald er kleine, schnelle Bewegungen ausführte, konnte er Jake mit dem Schaukeln fast jedesmal beruhigen.

Saugen

Beim Saugen kann man normalerweise die wenigsten Fehler machen. Falls Ihr Baby jedoch den Schnuller ablehnt, können Sie es so umstimmen:
- Beruhigen Sie es zuerst. Die meisten Babys können keinen Schnuller annehmen, solange sie schreien.
- Probieren Sie verschiedene Marken aus. Manche Babys bevorzugen eine bestimmte Schnullerform.

♦ Nutzen Sie den Schnullertrick. Ziehen Sie sanft am Schnuller, sobald es zu saugen beginnt. Es wird Widerstand leisten, und je öfter Sie dieses Spiel spielen, desto schneller trainieren Sie seine Mundmuskulatur dazu, den Schnuller ausdauernd festzuhalten.

Kuschelexperte werden: Übung macht den Meister

> Wenn Sie am Anfang keinen Erfolg haben – entsprechen Sie in etwa dem Durchschnitt.
> M. H. Alderson

Denken Sie daran, dass diese Technik jahrmillionenlang funktioniert hat. Auch wenn es bei den ersten Versuchen nicht klappt, werden Sie sie mit einiger Übung erlernen. (Am Anfang ist es am besten, diese Technik mit einer Puppe – oder wenn Sie und Ihr Baby ruhig sind – auszuprobieren. Es ist schwieriger, etwas zu lernen, wenn Sie erschöpft sind und Ihr kleiner Engel Geräusche produziert, die Glas zerspringen lassen könnten.)

Nicht nur Eltern lernen durch Übung. Auch Ihr Baby lernt dazu. Nach und nach lernt es zu erkennen, was Sie tun – und dass es ihm angenehm ist.

Geduld ist besonders wichtig, wenn Sie diese Techniken in Angriff nehmen, wenn Ihr Baby schon sechs bis acht Wochen alt ist. Vielleicht brauchen Sie mehrere Anläufe, um sie zu erlernen, und einige weitere Versuche, bis Ihr Baby vorherige Erfahrungen vergisst und sich an die fünf »S« gewöhnt. Aber mit etwas Ausdauer können Sie auch dann noch hundertprozentig erfolgreich sein!

14 Andere Koliktherapien: Massage, Behandlung von Ernährungsstörungen und einige umstrittene Heilmethoden

Wichtige Punkte:
- Drei praxiserprobte alte Kolikheilmittel: Massage, frische Luft und zusätzliche Wärme.
- Wirksame Heilmittel gegen vier medizinische Ursachen bei Schreianfällen: Allergien, Verstopfung, Ernährungsprobleme und Magensaftrückfluss.
- Vier Kolikbehandlungen mit nicht erwiesener Wirksamkeit.

Fülle die Ohren mit Watte und den Magen mit Gin!
Kolikempfehlung aus dem 19. Jahrhundert

Im Lauf der Jahrhunderte haben Experten die verschiedensten Kolikheilmittel erdacht, die das beheben sollten, was jeweils als Ursache der Schreianfälle angesehen wurde. Diese Fehleinschätzungen führten zur Favorisierung der verschiedensten Arten von »Therapien«, die sich letztlich als völlige Sackgassen erwiesen: Alkohol, Zuckerwasser, Beruhigungsmittel, krampflösende Mittel und blähungstreibende Tropfen.

Neben den fünf »S« gibt es jedoch eine Reihe anderer Möglichkeiten, schreienden Babys zu helfen, die tatsächlich auch wirksam sind.

Drei wirksame Kolikheilmittel aus Großmutters Trickkiste

Wenn Sie mit den fünf »S« einmal aussetzen wollen, gibt es drei althergebrachte Methoden, die bei Kolikbabys gut funktionieren: Massage, Spaziergänge und ein wenig zusätzliche Wärme.

Massage: Das Wunder der Berührung

> Massage ist Liebe – ein ganz besonderer Atem, der von zweien geteilt wird.
> Frederick Leboyer, Sanfte Hände

Massage ist eine uralte Behandlungsform für Koliken. Ihre außerordentlich beruhigende Wirkung basiert auf unserer ältesten und tiefsten Sinneswahrnehmung: der Berührung.

Berührung und das vierte Trimester

Es gibt im Englischen eine Redewendung, wonach ein *Kind* mit Milch und Lob genährt wird. Ich würde sie dahingehend abwandeln, dass ein *Baby* mit Milch und Zärtlichkeit genährt wird. Die ersten Zärtlichkeiten erhielt Ihr Baby im Mutterleib, wo es 24 Stunden am Tag von einer sanften, samtigen Hülle umgeben war. Auch außerhalb des Mutterleibs möchte Ihr Baby noch berührt und gestreichelt werden. Enger Hautkontakt mit Ihrem Baby ist die Umsetzung beruhigender, hypnotischer Bewegungen oder Geräusche in Berührung.

Berührung ist nicht nur eine wunderbare Erinnerung an die Zeit im Mutterleib, sondern sie ist wie Milch auch ein wichtiger wachstumsfördernder »Nährstoff«. In mancher Hinsicht hat sie sogar positivere Wirkungen als Milch. Es macht Ihr Baby

> **Zärtlichkeit fördert die Intelligenz**
>
> Eine kürzlich an der McGill University durchgeführte Studie befasst sich mit der Frage, ob Zärtlichkeit Tiere klüger macht. Die Wissenschaftler beobachteten zwei Gruppen von Rattenbabys. Die erste Gruppe hatte sehr »liebevolle« Mütter, die ihre Jungen viel leckten und berührten, während die zweite Gruppe deutlich weniger Zuwendung erhielt.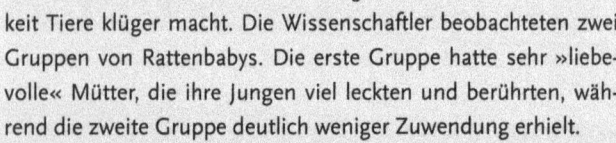
> Als die jungen Ratten alt genug waren, um Labyrinthe und Puzzles kennenzulernen, stellten die Wissenschaftler fest, dass die Tiere, die viel Zärtlichkeit bekommen hatten, besonders intelligent waren. Sie hatten in einem Teil des Gehirns, der bei Ratten (und Menschen) sehr wichtig für das Lernen ist, zahlreiche Nervenverbindungen hergestellt.
> Die Moral der Geschichte ist eindeutig: Zärtlichkeiten für Ihr Baby fühlen sich gut an und fördern sogar seine Intelligenz!

nicht gesünder, wenn Sie es mit zusätzlicher Milch abfüllen, aber je öfter Sie es umarmen und kitzeln, desto stärker und zufriedener wird es.

1986 bestätigte eine Babyexpertin namens Tiffany Field mit einer Studie über die Wirkung von Massage auf Frühgeborene die positiven Auswirkungen von Berührung. Sie ließ eine Gruppe von Frühgeborenen zehn Tage lang dreimal pro Tag für jeweils 15 Minuten von Säuglingsschwestern massieren. Die Ergebnisse waren erstaunlich. Babys, die Massagen erhielten, nahmen 47 Prozent mehr zu als erwartet und konnten eine ganze Woche früher nach Hause entlassen werden als Babys, die keine Massage erhielten. In einer ebenso erstaunlichen Folgestudie, bei der die Babys, die Massagen erhalten hatten, ein Jahr später untersucht wurden, stellte sich heraus, dass ihre IQs höher waren als die der Babys, die routinemäßig versorgt worden waren. Dr. Field fand auch heraus, dass voll ausgetragene Babys, die 15 Minuten pro Tag massiert wurden, weniger weinten, wacher waren, mehr Kontakt aufnahmen, schneller zunahmen und weniger Stresshormone produzierten.

Babymassage: Wie Sie Ihr Baby richtig rubbeln

Die hübsche, großäugige Mica war so sensibel und wach, dass es ihr – selbst wenn sie erschöpft war – oft schwer fiel, die Welt »auszublenden«. Als Mica einen Monat alt war, riet ich ihren Eltern, Lori und Michael, ihrer Tochter mit Massage zur Entspannung zu verhelfen.

Am Anfang schien Mica dieser Art der Berührung misstrauisch gegenüberzustehen. Sie ließ ein wenig Fußmassage zu, aber weiter kam ich nicht, bevor sie unzufrieden wurde. Ich behielt es jedoch bei, und nach einer Woche begann Mica die Berührung zu genießen. Sie wurde sogar aufgeregt, wenn sie hörte, wie ich meine Hände mit Massageöl einrieb. Ich war hocherfreut! Die Massagezeit wurde bald unsere ganz besondere Zeit inniger Nähe. Mica entspannte sich ganz tief und schlief manchmal ein. Ich genoss es, das für unsere Tochter zu tun. Und das Beste daran war, dass es ihr half, insgesamt ruhiger zu werden und über ihre abendliche Schreiphase hinwegzukommen. Lori, Michael und Mica

Hier die fünf Schritte zu einer perfekten Babymassage:
1. *Die Vorbereitung auf das Vergnügen.* Treffen Sie etwa eine Stunde nach der Mahlzeit Ihres Babys folgende Vorberei-

tungen: Legen Sie Ihren Schmuck ab, heizen Sie das Zimmer, sorgen Sie für gedämpfte Beleuchtung, legen Sie den Hörer neben das Telefon und legen Sie, wenn Sie mögen, sanfte Musik auf. Halten Sie leicht angewärmtes Pflanzenöl (Mandelöl eignet sich hervorragend) und – für alle Fälle – ein paar Reinigungstücher und Windeln bereit.

2. *Konzentrieren Sie sich auf das Hier und Jetzt.* Setzen Sie sich bequem hin und legen Sie Ihr nacktes Baby direkt neben sich oder auf Ihre nackten, ausgestreckten Beine. Legen Sie ein Handtuch um das Baby, um es warm zu halten. Atmen Sie jetzt fünfmal tief ein und aus, um sich ganz auf diese wunderbare Erfahrung einzulassen. Massage ist keine mechanische Routine, es ist ein Austausch von Liebe in einem flüchtigen und zärtlichen Augenblick.

Bei den ersten Massagen werden Sie feststellen, dass Sie »im Kopf« sind und darüber nachdenken, wie Sie die Massage ausführen sollen. Aber keine Sorge: Wenn Sie mit den Abläufen vertrauter geworden sind, werden Sie Ihre Aufmerksamkeit auf Ihre Fingerspitzen, die weiche Haut Ihres Babys und die Liebe in Ihrem Herzen zu richten beginnen.

3. *Sprechen Sie mit den Händen zu Ihrem Baby.* Verreiben Sie etwas Öl zwischen Ihren Händen und beginnen Sie mit den Füßen Ihres Babys. Achten Sie darauf, dass immer eine Hand in Kontakt mit seiner Haut bleibt, und erzählen Sie ihm leise, was Sie gerade tun oder was Sie sich für Ihr Baby wünschen, oder singen Sie ein Wiegenlied. Decken Sie immer nur einen Körperteil auf und massieren Sie ihn fließend, aber *fest*. Streichen Sie langsam – im Einklang mit Ihrem Atem – über den Körper des Babys.

> **Weshalb bleiben nicht mehr Eltern »in Berührung«, indem sie ihre Babys massieren?**
> Trotz aller Hinweise darauf, wie wundervoll Berührung und Massage für Babys und Eltern sind, ist Babymassage noch nicht sehr verbreitet. Vielleicht liegt es daran, dass Eltern davor gewarnt worden sind, ihre Kinder zu verwöhnen.
> Diese Warnungen haben zu einem kühleren Umgang mit unseren Kindern geführt.
> Wir streicheln unsere Babys nicht oft, und wenn wir es tun, dann durch einige Schichten Kleidung hindurch. Während in unserer Kultur Babys oft weniger als acht Stunden im Arm gehalten werden, bleiben viele Eltern in anderen Kulturen mehr als 20 Stunden pro Tag mit ihren Babys in Berührung. Deshalb sind die westlichen Industriestaaten aus der Babyperspektive Länder der Dritten Welt, in denen es an häufiger Berührung und einem ausgeglichenen Schenken von Zärtlichkeiten mangelt.

Streichen Sie über Füße, Beine, Bauch, Brust, Arme, Hände, Rücken, Gesicht und Ohren, wobei Sie sanft drehen, ziehen, dehnen und drücken. Drehen Sie an seinen Armen und Beinen Ihre Hände gegeneinander, als ob Sie vorsichtig einen nassen Schwamm auswringen wollten. Experimentieren Sie mit Ihren Fingern und verschiedenen Teilen Ihrer Hände, Handgelenke und Unterarme.

4. *Belohnen Sie den Bauch Ihres Babys.* Danken Sie dem Bauch Ihres Babys dafür, dass er seine Arbeit so gut macht. Bewegen Sie seine Beine, als ob es Rad fahren würde, und drücken Sie dann seine beiden Knie zehn bis zwanzig Sekunden

gegen seinen Bauch, sodass es eine angenehme Dehnung spürt. Massieren Sie dann den Bauch mit festen, kreisförmigen Bewegungen (im Uhrzeigersinn): Beginnen Sie an seinem rechten Unterbauch, gehen dann nach oben und zur linken Seite und enden schließlich am linken Unterbauch. (Das hilft Babys manchmal, Gase oder Stuhl loszuwerden.)
5. *Achten Sie auf die Signale Ihres Babys.* Wenn Ihr Baby unruhig wird, ist das ein Hinweis darauf, dass Sie das Tempo ändern oder die Massage beenden sollten. Wischen Sie das überschüssige Öl von seinem Körper. Lassen Sie ein wenig zur Hautpflege übrig. Baden Sie Ihr Baby später oder am nächsten Morgen.

Ihr Baby zu massieren, ist auch deshalb wunderbar für Mütter und Väter, weil es Stress reduziert und das Selbstvertrauen stärkt. Wenn Sie mehr über die Technik der Babymassage lernen wollen, ist das Buch *Babymassage* von Vimala Schneider zu empfehlen.

Spaziergänge: Manche Babys lassen sich mit einem Gang durch den Park beruhigen

Wenn unsere Babys sprechen könnten, würden sie wahrscheinlich nörgeln: »Warum können wir nicht draußen leben wie alle anderen Steinzeitfamilien?« Unsere Vorfahren lebten in freier Natur, und das ist vielleicht einer der Gründe dafür, dass einige unserer kleinen Höhlenbabys sich zu Hause zu Tode langweilen. Für sie ist nichts anregender, als den Wind in den Bäumen zu hören, die Luft auf ihrem Gesicht zu spüren und die sich ständig bewegenden Schatten zu beobachten.

Manche Eltern fragen mich, wie das Beruhigen durch Spaziergänge mit dem Konzept des vierten Trimesters zusammenpasst. Für Babys ist ein Spaziergang eine Abfolge beruhigender verschwommener Bilder und rüttelnder, beruhigender Rhythmen. Ich glaube, dass sie durch diesen hypnotischen Fluss sanfter Empfindungen wie durch ein ständiges weißes Rauschen, das alle Sinne anspricht, eingelullt werden.

Versuchen Sie es also mit etwas frischer Luft, wenn Ihr Baby schreit. Ein Spaziergang hebt auch Ihre Stimmung und gibt Ihnen ein Gefühl des inneren Friedens.

Erwärmen Sie Ihr Baby für die Beruhigung
Im Mutterleib sind Babys ständig in warmem Wasser. Vielleicht mögen deshalb so viele Babys warme Dinge. Versuchen Sie es mit folgenden »heißen Tipps«, wenn Ihr Baby unruhig ist:

- *Ein warmes Bad.* Jedesmal, wenn ihr sechs Wochen alter Sohn Jack unruhig wurde, badeten Kim und John ihn in warmem Wasser. »Jack entspannt sich in einem warmen Bad immer sehr gut. Er gerät in eine Art Zen-Zustand und ist hinterher entspannt und bereit für das Bett.«
- *Eine warme Decke.* Als ihre Nichte Erica eines Tages sehr unruhig war, erwärmte Barbara die Babydecke einige Minuten im Wäschetrockner, überprüfte sie gründlich auf heiße Stellen und wickelte Erica dann darin ein. Erica beruhigte sich so schnell, dass sie von da an immer in warme Decken eingewickelt wurde, wenn sie unruhig wurde. (Barbara achtete immer sehr darauf, dass die Decke nicht zu heiß war.)
- *Eine warme Mütze.* Wenn der Kopf Ihres Babys bedeckt ist, fühlt es sich kuschelig und geborgen. Neugeborene verlieren

> **Warnung: Vermeiden Sie Überhitzung**
> Es kann hilfreich sein, Ihr Baby warm zu halten, aber Überhitzung ist ungünstig. Es macht Ihr Baby unruhig, kann Hitzepickel verursachen und möglicherweise das Risiko des plötzlichen Kindstods leicht erhöhen.
>
> Achten Sie auf folgende Signale, um Überhitzung zu vermeiden:
>
> - Wenn die Ohren oder Zehen Ihres Babys rot und heiß und seine Achselhöhlen schweißnass sind, ist ihm wahrscheinlich zu heiß, und es sollte leichter bekleidet werden.
> - Sie können Handtücher, Decken, Socken und Mützen im Wäschetrockner, mit dem Föhn oder dreißig Sekunden in der Mikrowelle erwärmen. Aber bevor Sie erhitzte Tücher oder Kleidungsstücke mit Ihrem Baby in Berührung bringen, sollten Sie sie immer auseinander falten und gegen Ihren Unterarm halten, um sicherzugehen, dass sie nicht zu heiß sind.
> - Legen Sie niemals Kleidungsstücke, die Metallfäden enthalten, in die Mikrowelle.
> - Verwenden Sie nie eine Heizdecke. Sie kann Babys überhitzen und sie unnötiger elektromagnetischer Strahlung aussetzen.
> - Wickeln Sie Ihr Baby bei warmem Wetter in leichte Tücher ein.

fünfundzwanzig Prozent ihrer Körperwärme über den Kopf. Das heißt, ein Baby mit nicht bedecktem Kopf ist mit einem Erwachsenen vergleichbar, der in einer kühlen Nacht in Unterwäsche herumläuft.

- *Eine warme Wärmflasche.* Dr. Spock empfahl Eltern gern, ihre Kolikbabys mit dem Bauch auf eine warme Wärmflasche zu legen. Er dachte, es lindere Bauchschmerzen auf dieselbe

Weise, wie Wärme bei Menstruationskrämpfen helfen kann. Wahrscheinlicher ist aber, dass der angenehme Druck auf den Bauch des Babys den Beruhigungsreflex auslöst.
♦ *Warme Socken.* Wie die Decke können Sie auch die Socken Ihres Babys aufwärmen, damit es sich besonders behaglich fühlt. Prüfen Sie sie einfach auf heiße Stellen, bevor Sie sie ihm anziehen.

Vier wirkungsvolle moderne Kolikheilmittel aus der Trickkiste eines Arztes

Obwohl Schreianfälle im Allgemeinen nicht durch medizinische Probleme verursacht sind, schreien nach meiner Schätzung zehn bis 15 Prozent extrem unruhiger Babys wegen einer der folgenden vier Arten von Verdauungsbeschwerden: Nahrungsmittelallergie, Verstopfung, Ernährungsprobleme und Magensaftrückfluss. Kinder, die an diesen therapierbaren Störungen leiden, bekommen möglicherweise durch die fünf »S« und die bereits vorgestellten Großmuttertipps etwas Erleichterung. Was viele dieser Babys wirklich brauchen, ist jedoch eine medizinische Lösung für ihre speziellen Beschwerden.

Im Folgenden finden Sie einige Empfehlungen dazu, wie Sie diese unglücklichen Babys beruhigen können.

Vermeidung von Nahrungsmittelallergien:
den Bauch wieder auf Kurs bringen
Es wird davon ausgegangen, dass etwa zehn Prozent aller unruhigen Babys aufgrund von Nahrungsmittelunverträglichkeiten

schreien. Leider gibt es keinen genauen Test für diese Störungen. Wenn Sie herausfinden wollen, ob Ihr Kind unter einer Lebensmittelallergie leidet, müssen Sie Sherlock Holmes spielen und bestimmte Nahrungsmittel von Ihrem eigenen Speisezettel streichen oder die Fertignahrung des Babys wechseln. (Fragen Sie vorher immer Ihren Arzt.) Normalerweise dauert es nur zwei bis vier Tage, um herauszufinden, ob das Schreien nachlässt.

Wenn es Ihrem Baby besser geht, wenn Sie bestimmte Nahrungsmittel weglassen, hat es möglicherweise eine Nahrungsmittelallergie. Manchmal ist diese Besserung aber auch nur ein Zufall. Um sicherzugehen, dass Ihr Kind diese Nahrungsmittel wirklich meiden muss, rate ich dazu, zwei Wochen abzuwarten und dann einen Löffel des verdächtigen Nahrungsmittels zu essen oder Ihrem Baby 15 Gramm der verdächtigen Fertignahrung zu füttern. Versuchen Sie das vier bis fünf Tage lang. Wenn eine Allergie vorliegt, werden die Schreianfälle wiederkehren.

Die meisten Babys mit Nahrungsmittelallergien sind nur gegen ein oder zwei Nahrungsmittel allergisch, wobei Kuhmilch und Milchprodukte die weitaus häufigsten Allergieauslöser sind.

Deshalb empfehlen Ärzte bei Babys, die mit der Flasche gefüttert werden, oft einen Wechsel von Fertignahrung auf Kuhmilchbasis zu Sojaprodukten. Vielen Babys geht es danach besser, aber wie ich bereits erwähnt habe, sind mindestens zehn Prozent der Babys mit Kuhmilchallergie auch gegen Sojamilch allergisch. Für diese Babys ist eine spezielle hypoallergene Fertignahrung erforderlich. Fragen Sie Ihren Arzt danach.

> **Hinweis: Der Kalziumbedarf Ihres Babys**
> Wenn Sie stillen und auf Milchprodukte verzichten, weil Ihr Baby allergisch darauf reagiert, können Sie versichert sein, dass es viele andere geeignete Kalziumquellen gibt. Neben speziellen Nahrungsergänzungsmitteln kommen auch grüne Gemüse (Brokkoli, Blattgemüse), Sesambutter, dunkle Melasse, konzentrierter Orangensaft oder Sojamilch, Maistortillas usw. als Kalziumquellen infrage.
> Der Verzicht auf Milchprodukte stellt kein Risiko für Ihr Kind dar. Wenn Sie mehr als einige Wochen auf Milchprodukte verzichten, sollten Sie jedoch mit Ihrem Arzt sprechen, um sicherzustellen, dass *Ihr eigener* Kalziumbedarf gedeckt ist.

Verstopfung: Interessante Ideen zu einem trockenen Thema
Wie die Großmutter schon sagte: »Regelmäßigkeit ist wichtig.« Und das gilt besonders für Babys! Glücklicherweise leiden Stillkinder fast nie unter Verstopfung. Ihr Stuhl ist selbst dann meist weich bis flüssig, wenn mehrere Tage zwischen den Darmentleerungen liegen. Bei Babys, die mit der Flasche ernährt werden, kommt dagegen Verstopfung vor, aber normalerweise lässt sich das Problem mit relativ einfachen Maßnahmen lösen:

- *Wechsel der Fertignahrung.* Manchmal wird die Verstopfung durch einen Wechsel der Fertignahrung beseitigt. Bei manchen Babys wird der Stuhl weicher, wenn konzentrierte Nahrung statt Pulver verwendet wird (oder umgekehrt). Bei anderen sind Produkte auf Kuhmilchbasis günstiger als Sojaprodukte, und in seltenen Fällen ist ein Wechsel zu einer eisenarmen Fertignahrung günstig.

- *Verdünnen der Mischung.* Der Stuhlgang Ihres Babys kann sich verbessern, wenn Sie ein- oder zweimal pro Tag ca. 30 Gramm Wasser oder 15 Gramm Pflaumensaft (am besten aus biologischem Anbau) zu der Fertignahrung hinzugeben. (Geben Sie Babys unter einem Jahr niemals Honig oder Maissirup als Abführmittel.)
- *»Die Tür öffnen«.* Eine letzte Möglichkeit, die Verstopfung zu beseitigen, kann darin bestehen, das Baby zum Entspannen des Schließmuskels zu bewegen. Babys, die sich beim Stuhlgang sehr anstrengen, kneifen oft versehentlich den After zusammen. Wie Erwachsenen, die sich nicht gleichzeitig den Kopf tätscheln und mit kreisenden Bewegungen den Bauch reiben können, fällt es vielen Babys schwer, gleichzeitig die Bauchmuskeln anzuspannen und den Schließmuskel locker zu lassen.

Versuchen Sie, Ihrem Baby bei der Entspannung des Schließmuskels zu helfen, indem Sie mit seinen Beinen »Rad fahren« oder seinen Po massieren. Wenn dies nicht zum Erfolg führt, führen Sie ein mit Vaseline eingefettetes Thermometer oder Wattestäbchen in seinen After ein. Babys reagieren darauf normalerweise, indem sie versuchen, es herauszuschieben. Oft kommt dann gleichzeitig auch Stuhl.

Ernährungsprobleme – Babys, die weinen, weil sie von etwas Gutem zu viel (oder zu wenig) bekommen
Glücklicherweise passen Ihr Baby und Ihre Milch in 99,9 Prozent aller Fälle perfekt zusammen. Aber es kann zu heftigen Schreianfällen führen, wenn Ihr Baby zu viel oder zu wenig Milch bekommt.

> **Ein Stuhlratgeber: Manchmal weist Verstopfung auf ein ernsteres Problem hin**
>
> Gesunde Babys haben manchmal nur jeden zweiten oder dritten Tag Stuhlgang. Aber seltenerer Stuhlgang kann auf ein ernsteres Problem hindeuten. Wenn Ihr Baby länger als zwei bis drei Tage keinen Stuhlgang hat, sollten Sie Ihren Arzt aufsuchen. Er könnte es auf drei seltene, ernste, aber heilbare Krankheiten untersuchen, die sich auch durch Verstopfung äußern:
> 1. *Hypothyreose.* Diese leicht zu therapierende Störung wird durch eine Unterfunktion der Schilddrüse verursacht und kann die geistige Entwicklung verzögern, wenn sie nicht behandelt wird.
> 2. *Hirschsprung-Krankheit.* Diese seltene Darmverengung tritt auf, wenn die Rektummuskulatur sich nicht entspannt, um den Stuhl herauszulassen. Sie kann durch einen chirurgischen Eingriff behoben werden.
> 3. *Säuglingsbotulismus.* Diese sehr seltene Krankheit führt bei Babys zu vorübergehenden Lähmungen. Sie wird durch Botulismussporen verursacht, die im Boden und in süßen Flüssigkeiten wie Honig oder Maissirup vorkommen (die Babys nie erhalten sollten).

Babys, die weinen, weil sie nicht genug Milch bekommen
Bei Flaschenkindern ist es normalerweise einfach, festzustellen, ob sie die erforderliche Menge zu sich genommen haben. Sie können einfach die Anzahl Gramm ablesen. Bei Stillkindern ist die Sache etwas schwieriger. Wenn Sie stillen, können Sie sich folgende Fragen stellen, um herauszufinden, ob Ihr Baby schreit, weil es nicht genug Milch bekommt:

- *Wird in Ihren Brüsten genügend Milch produziert?* Wenn sich Ihre Brüste beim Aufwachen schwer anfühlen, wenn gelegentlich Milch heraustropft und wenn Sie Ihr Baby beim Trinken schlucken hören können, dann reicht Ihre Milchproduktion sehr wahrscheinlich aus.
- *Saugt Ihr Baby zufrieden an Ihrem Finger oder am Schnuller?* Dass Ihr unruhiges Baby saugen will, bedeutet noch nicht, dass es hungrig ist. Bieten Sie ihm einen Finger zum Saugen an. Wenn es zufrieden einige Minuten lang daran saugt, braucht es Unterhaltung, nicht Nahrung.
- *Ist Ihr Baby nach dem Trinken ruhig und entspannt?* Gut genährte Babys sind nach einer Mahlzeit normalerweise entspannt und zufrieden.
- *Pinkelt Ihr Baby genug?* In den ersten Lebenstagen urinieren Babys nicht sehr oft, aber sobald Ihre Milch einschießt, sollte Ihr Baby fünf- bis achtmal pro Tag Wasser lassen.
- *Nimmt Ihr Baby normal an Gewicht zu?* Viele Mütter und Großmütter machen sich Gedanken darüber, dass ihr Baby als einziges schlank ist, während alle anderen wie kleine Sumo-Ringer aussehen! Um herauszufinden, ob Ihr Baby genug zunimmt, müssen Sie es auf einer Babywaage wiegen. Den genauesten Wert erhalten Sie auf der Waage in der Praxis Ihres Arztes. Denken Sie daran, dass Babys während der ersten Lebenstage 200 bis 300 Gramm Körpergewicht verlieren, danach aber 100 bis 200 Gramm pro Woche zunehmen.

Wenn Sie eine dieser Fragen mit Nein beantwortet haben, sollten Sie mit Ihrem Kinderarzt darüber sprechen, da das Schreien möglicherweise durch Hunger verursacht ist.

Anregung der Milchbildung

Wenn zusätzliche Milch Ihr Baby beruhigt und Sie Ihre Milchbildung anregen wollen, dürfte das kein Problem sein. Sprechen Sie mit Ihrem Arzt oder einer Stillberaterin. Sie können auch einige der folgenden Empfehlungen ausprobieren:

1. *Identifizierung des Problems.* Unabhängig von der Ursache sollten Sie so schnell wie möglich Hilfe suchen, wenn ein Stillproblem vorliegt.
   - Manchmal liegt es an der Mutter, wenn es mit der Ernährung nicht klappt. Vielleicht legen Sie Ihr Baby falsch an. Oder Sie haben flache Brustwarzen, ein Schilddrüsenproblem, leiden an Erschöpfung, Schmerzen, falscher Ernährung oder haben – in seltenen Fällen – unzureichendes Brustgewebe. Wenn Ihre Brustwarzen rissig oder wund sind, lassen Sie nach jedem Stillen ein wenig Muttermilch antrocknen. Muttermilch enthält bestimmte Substanzen, die die Heilung gereizter Haut beschleunigen.
   - Manchmal liegt es auch am Baby, wenn es mit der Ernährung nicht klappt. Manchen Babys fällt es schwer, das Saugen an der Brustwarze zu lernen.
   Manche sind zu schwach dafür, manche sind »faul«, manche saugen an ihrer Zunge, statt an der Brustwarze der Mutter, bei manchen liegen Zungenverwachsungen vor, und andere sind einfach verwirrt und beißen, statt zu saugen.

2. *Das Angebot erhöhen.* Sobald Sie sicher sind, dass Ihre Brüste in Ordnung sind und Ihr Baby richtig saugt, besteht der nächste Schritt darin, die Milchbildung zu verstärken.

Andere Koliktherapien

- Ernähren Sie sich gut und ruhen Sie sich so viel wie möglich aus.
- Entleeren Sie Ihre Brüste oft. Stillen Sie Ihr Baby (tagsüber) alle zwei bis drei Stunden.
  Manche Stillberaterinnen empfehlen, das Baby pro Stillmahlzeit nur an eine Brust anzulegen. Aber gerade wenn Sie die Milchbildung anregen wollen, ist es wohl am besten, häufig die Brust zu wechseln (alle sieben bis zehn Minuten, bis das Baby nicht mehr saugen will).
  Wenn Sie nicht zu müde sind, können Sie Ihre Milchproduktion weiter steigern, indem Sie ein- oder zweimal pro Tag (fünf bis zehn Minuten *vor* dem ersten Stillen oder wenn Ihre Brüste sich besonders voll anfühlen) Milch abpumpen oder ausstreichen. Machen Sie sich keine Gedanken darüber, dass Sie Ihrem Baby Milch wegnehmen. Sie nehmen etwas Vormilch ab, aber es bleibt noch genug reichhaltige Nachmilch für das Baby übrig. Nach ein paar Tagen müsste die Milchmenge deutlich ansteigen.
- Setzen Sie während des Stillens oder Abpumpens Ihre Fantasie ein, um die Milchproduktion zu steigern. Machen Sie es sich bequem, denken Sie an Ihren Lieblingsplatz und stellen Sie sich vor, dass Ihre Brüste sehr viel Milch produzieren. Ich kenne eine Mutter, die sich vorstellte, wie sie auf einer tropischen Insel in der Sonne lag und Milchflüsse aus ihren Brüsten in das Meer flossen, das davon ganz weiß wurde – es funktionierte!
- Versuchen Sie mit Tee aus Bockshornklee oder einer Mischung aus Fenchel, Anis, Pfefferminze und Bockshornklee, die Milchdrüsen anzuregen.

- Fragen Sie Ihren Arzt nach Medikamenten, die die Milchbildung fördern oder bewirken, dass die vorhandene Milch besser zur Verfügung steht. Fragen Sie auch, ob Ihre Schilddrüse überprüft werden sollte.
3. *Ergänzen Sie die Muttermilch durch eine Fertignahrung.* Sie können Ihrem hungrigen Baby auch helfen, indem Sie ihm abgepumpte Milch oder Fertignahrung mit der Flasche zufüttern.

»Mein Becher läuft über!« –
Babys, die weinen, weil zu viel Milch da ist
Manche Babys mögen die Muttermilch so sehr, dass sie zu viel davon trinken. Sie nehmen bei jeder Mahlzeit 100 bis 200 Gramm zu sich und erbrechen dann alles wieder, weil »die Augen größer als der Magen« waren. Andere Babys trinken nicht aus Gier so viel, sondern um sich selbst zu schützen. Die Milch ihrer Mutter schießt so heftig aus der Brust, dass sie schnell trinken müssen, um nicht daran zu ersticken.

Auch bei Flaschenkindern kann ein Überangebot da sein. Wenn der verwendete Gummisauger zu weich ist oder ein zu großes Loch hat, kann ein stark saugendes Baby das Gefühl haben, an einem geöffneten Wasserhahn zu trinken.

Wenn Sie denken, dass Ihr Milchfluss zu stark für Ihr Baby ist, achten Sie auf folgende Zeichen:
- Tropft Ihre Milch schnell aus einer Brust, während Ihr Baby an der anderen trinkt?
- Schluckt und saugt es laut?
- Wehrt es sich, hustet und lässt die Brustwarze los, sobald die Milch in seinen Mund zu fließen beginnt?

Wenn Sie diese Fragen mit Ja beantworten, versuchen Sie direkt vor der nächsten Stillmahlzeit dreißig bis sechzig Gramm Milch abzudrücken. Halten Sie beim Stillen Ihre Brustwarze zwischen Zeige- und Mittelfinger (wie eine Zigarette), und drücken Sie gegen die Brust, um den Milchfluss zu verlangsamen. Vielleicht klappt es dann besser.

Rückfluss von Magensaft: Wie Sie das Schreien beenden, indem Sie das Brennen lindern

Heftiges Schreien während oder unmittelbar nach einer Stillmahlzeit kann darauf hindeuten, dass der Milchfluss zu stark ist, dass die Milch einen merkwürdigen Geschmack hat, dass bei Ihrem Baby ein starker gastrokolischer Reflex vorliegt (siehe Kapitel 4) oder dass es zu den etwa drei Prozent der Kolikbabys gehört, die an Magensaftrückfluss leiden.

Wenn Sie den Verdacht haben, dass Ihr Baby wegen Magensaftrückflusses schreit, sollten Sie noch einmal die in Kapitel 4 aufgeführten Anzeichen durchgehen. Natürlich müssen Sie in diesem Fall auch einen Arzt aufsuchen.

Im Lauf der Jahre wurde eine Reihe von Maßnahmen bei Magensaftrückfluss empfohlen. Einige sind wirkungslos, andere durchaus zu empfehlen.

Wirkungslose Maßnahmen bei Magensaftrückfluss

♦ *Position.* Eltern von Babys mit Magensaftrückfluss ist lange empfohlen worden, ihr Baby nach den Mahlzeiten aufrecht in eine Schaukel oder einen Kindersitz zu setzen, damit die Schwerkraft dazu beitragen kann, die Milch im Magen zu halten. Studien haben jedoch gezeigt, dass diese Körperhal-

tung keinen Einfluss auf Häufigkeit und Schweregrad des Rückflusses hat (obwohl manche Eltern immer noch darauf schwören).
- *Mit Reismehl eingedickte Nahrung.* Einige Ärzte empfehlen, die Nahrung mit Reismehl einzudicken, damit die Milch »schwerer« wird und im Magen bleibt. Aber auch hier konnte in Studien keine positive Wirkung auf den Magensaftrückfluss nachgewiesen werden.

Wirkungsvolle Maßnahmen bei Magensaftrückfluss

- *Position.* Aufrechtes Sitzen scheint zwar nicht zu helfen, aber es gibt zwei Positionen, die den Rückfluss nachweislich reduzieren: die Bauchlage und die Linksseitenlage. Beide Positionen sind sehr gut, wenn Ihr Baby wach ist. Die Lagerung auf der linken Seite ist auch zum Schlafen geeignet, sofern das Baby eingewickelt und abgesichert ist, sodass es nicht auf den Bauch rollen kann. Die Rückenlage ist für alle Babys die günstigste Schlafposition, aber manche Ärzte empfehlen für Babys mit schwerem Reflux und nächtlichem Erbrechen die Seitenlage. Fragen Sie Ihren Kinderarzt nach seiner Meinung.
- *Aufstoßen.* Lassen Sie Ihr Baby während einer Stillmahlzeit alle fünf bis zehn Minuten aufstoßen. Ein großes Bäuerchen am Ende der Mahlzeit könnte sonst den brennenden, sauren Mageninhalt des Babys nach oben bringen.
- *Ernährungstipps.* Achten Sie darauf, dass Ihr Baby nicht zu viel trinkt. Versuchen Sie, ihm etwas weniger Milch zu geben, und beobachten Sie, ob das Spucken aufhört und das Baby weniger schreit. Solange es 100 bis 200 Gramm pro

Woche zunimmt und nach einer Mahlzeit einige Stunden zufrieden ist, können Sie es weiterhin kürzer füttern.
- *Vermeidung von Kuhmilchprodukten.* Bei manchen Babys deutet saurer Rückfluss auf eine Milchallergie hin. Sprechen Sie mit Ihrem Arzt darüber, ob die Vermeidung von Kuhmilchprodukten ratsam ist.
- *Säurehemmer.* Ihr Arzt empfiehlt möglicherweise verschreibungspflichtige oder nicht verschreibungspflichtige säurehemmende Medikamente mit Wirkstoffen wie Famotidin, Ranitidin, Omeprazol und Lansoprazol, um das Sodbrennen zu lindern. (Geben Sie Ihrem Baby niemals ohne Rücksprache mit Ihrem Arzt Säurehemmer!)
- *Medikamente, die die Magenleerung beschleunigen.* In den 90er-Jahren fanden Ärzte heraus, dass bestimmte Medikamente bewirken, dass der Magen seinen sauren Inhalt schneller in den Darm entleert und den oberen Magenausgang verschließt, sodass keine Säure in Richtung Mund fließen kann. Medikamente wie Metoclopramid werden jetzt auch manchmal bei Babys mit Magensaftrückfluss eingesetzt, die trotz aller sonstigen Maßnahmen weiter schreien.

Kräutertees, Homöopathie, Chiropraktik und Osteopathie: Sackgassen oder wirkungsvolle Heilmethoden?

Kräutertee – eine Tasse Beruhigung?
Zu allen Zeiten wurden verdauungsfördernde Kräutertees für unruhige Babys empfohlen. Traditionsgemäß gossen Mütter Kamille, Pfefferminze, Fenchel oder Dill für den grummelnden Bauch ihrer Babys auf.

Die alten Wurzeln dieses Brauchs sind an den Namen dieser Kräuter erkennbar. Das spanische Wort für Pfefferminze ist *yerba buena*, was so viel bedeutet wie *gutes Kraut*, im Serbischen heißt sie *nana*, was *Großmutter* bedeutet. Dill hat schon im alten Ägypten, in Griechenland und bei den Wikingern Bauchgrimmen gelindert. Sein Name ist von dem alten nordischen Wort *dilla* abgeleitet, das so viel wie *beruhigen* bedeutet.

Kamille soll beruhigende Eigenschaften haben. Pfefferminze lindert Darmkrämpfe. Dill hilft bei Blähungen, und Fenchel erweitert die Blutgefäße im Darm, wodurch die Verdauung erleichtert und eine wärmende Wirkung erzielt wird.

Sosehr ich Kräutertees auch mag, muss ich doch sagen, dass sie bei Kolikbabys leider kaum eine positive Wirkung erzielen. Allerdings schaden sie auch nicht. Wenn Sie Ihrem Baby Tee geben wollen, hier einige Hinweise:

Lassen Sie für Dill- oder Fencheltee zwei Teelöffel zerstoßener Samen zehn Minuten in einer Tasse mit heißem Wasser ziehen. Ein unruhiges Baby kann mehrmals täglich einen Teelöffel davon bekommen. Wenn Ihr Baby den Tee ablehnt, können Sie ihn mit ein wenig Babyapfelsaft oder Zucker süßen (keinen Honig oder Maissirup verwenden). Dill kann außerdem in Form eines in Großbritannien beliebten Tonikums namens »The Original Gripe Water« verabreicht werden. Es enthält neben Dill auch Ingwer und Natriumbikarbonat.

Homöopathie, Chiropraktik, Osteopathie:
Sind sie einen Versuch wert?
Homöopathie ist eine medizinische Lehre, wonach »Gleiches Gleiches heilt«. Mit anderen Worten, der Körper kann dazu angeregt werden, sich selbst zu heilen, indem man ihm das, was in hoher Dosierung sein Problem verursachen könnte, in kleinen Dosen verabreicht. Beispielsweise könnte ein Homöopath winzige Mengen giftigen Efeuextrakts zur Behandlung eines juckenden Ausschlags verordnen.

Wirken homöopathische Medikamente? Manche Eltern schwören darauf. Es ist jedoch schwierig, Beweise dafür zu finden. Hoffentlich wird sich das im Lauf der nächsten fünf bis zehn Jahre ändern, wenn die Ergebnisse verschiedener Studien vorliegen, die zu diesem Thema durchgeführt werden.

Es gibt vier wichtige homöopathische Medikamente, die zur Behandlung von Koliken empfohlen werden: Kamille, Colocynthis, Magnesium phosphoricum und Pulsatilla. Sie können einzeln oder in Kombination verabreicht werden. Im Allgemeinen wird jedoch das richtige homöopathische Heilmittel anhand der spezifischen Symptome des Patienten (in diesem Fall Unruhe) ausgewählt.

Wie bei konventionellen Medikamenten ist auch bei homöopathischen eine Rücksprache mit dem Arzt zu empfehlen.

Ob chiropraktische oder osteopathische Behandlungen die

Schreianfälle von Kolikbabys lindern können, ist ebenfalls ungewiss. Den Behandlern zufolge gibt es zwar einige Studien, aus denen hervorgeht, dass Koliken durch Einwirkung auf Wirbelsäule oder Schädelknochen geheilt werden können, aber ich kenne auch einige Eltern von Kolikbabys, die mit geringem Erfolg oder völlig erfolglos die Hilfe eines Chiropraktikers oder Osteopathen in Anspruch genommen haben.

15 Das magische sechste »S«: Süße Träume!

Wichtige Punkte:
- Wie das normale Schlafmuster eines Babys aussehen sollte.
- Wie Sie Ihrem Baby mit den fünf »S« zu einem besseren und längeren Schlaf verhelfen.
- Die Wahrheit über feste Schlaf- und Essenszeiten.
- Noch ein paar hilfreiche Tipps zum Thema »Schlaf« – von zusätzlichen Mahlzeiten bis hin zu abgedunkelten Räumen.
- Gemeinsames Schlafen: etwas ganz Natürliches (aber nicht jedermanns Sache).

Bei Allys Zwei-Monats-Vorsorgeuntersuchung sagte mir ihre Mutter, dass Ally nachts nur drei Stunden am Stück schlafe. Shaya klagte, dass das häufige Aufstehen sie zermürbe und es ihr schwer mache, mit ihren beiden anderen kleinen Kindern geduldig zu sein.

Ich fragte Shaya, ob sie Ally nachts noch einwickle. Sie verneinte. »Ich habe vor etwa einem Monat damit aufgehört, weil die Nächte so warm waren und weil sie sich sowieso immer freistrampelt!« Ich schlug vor, Ally nur eine Windel anzuziehen, sie stramm in eine große Decke einzuwickeln, die sicher um sie herum festgesteckt werden könne, und lautes weißes Rauschen in ihrem Zimmer abzuspielen. Eine Woche später hatte Shaya gute Neuigkeiten. Wenn Ally stramm eingewickelt wurde, schlief sie jede Nacht acht Stunden durch.

Ahhh ... Schlaf!

Für die meisten jungen Eltern ist ein ungestörter Nachtschlaf der Topf voll Gold am Ende des Regenbogens, den ihr durch Schlafentzug zermürbter Geist ihnen vorgaukelt. Neugeborene schlafen in so kurzen Etappen, dass wir nie damit prahlen sollten, dass wir »wie ein Baby« schlafen. Es ist viel sinnvoller zu sagen, wir schlafen wie ein Bär – oder wie frisch gebackene Eltern.

Warum schlafen Babys nicht länger? Tatsächlich schläft Ihr Baby ziemlich viel. Allerdings hätte die Natur im Hinblick auf die Verteilung dieser Schlafperioden ein kleines bisschen rücksichtsvoller sein können. Die meisten Neugeborenen verteilen ihre Schlafzeiten ziemlich gleichmäßig über die Nacht (und den Tag).

Überall auf der Welt nehmen Mütter diese zufällige Schlafverteilung gelassen hin. Vor vielen Jahren berichtete Dr. T. Berry Brazelton, dass auch im ländlichen Mexiko Babys oft abends unruhig seien. Aber ihre Mütter reagierten darauf eher amüsiert als gestresst und meinten, der Abend sei eben die Zeit, zu der die Babys etwas von sich hören ließen – die Erwachsenen redeten schließlich den ganzen Tag.

Anthropologen, die die !Kung San im südlichen Afrika beobachteten, stellten fest, dass ihre Babys alle 15 Minuten aufwachten. Die Mütter reagierten darauf, indem sie sie an die Brust legten. Meist schliefen sie innerhalb von Sekunden wieder ein.

In unserem Teil der Welt lassen die meisten Eltern ihre Babys in einer Wiege neben ihrem Bett schlafen. Während seiner ersten Lebensmonate wird Ihr Baby die Nacht hindurch alle zwei bis vier Stunden nach Ihrer Nähe verlangen, um eine kleine Mahlzeit einzunehmen. Mit der Flasche ernährte Babys schlafen oft etwas länger, weil Fertignahrung große Klumpen bildet, die länger im Magen verbleiben als die kleinen, leicht verdaulichen Klümpchen der Muttermilch.

Es ist jetzt sicher schwer vorstellbar, aber die Stillmahlzeiten am frühen Morgen werden vielleicht einmal zu Ihren schönsten Erinnerungen gehören. Diese wunderbaren Augenblicke – ohne Lärm und Hektik – können Ihnen das Gefühl geben, losgelöst von Raum und Zeit in einer Wolke zu schweben. Gretchen, Mutter von drei Kindern, sagte dazu: »Unser zwei Monate alter Sohn Julian wird unser letztes Baby sein, und so verrückt es klingen mag, ich freue mich darauf, ihn mitten in der Nacht zu stillen! Das ist die einzige Zeit, zu der wir wirklich allein sind und ich meinen süßen kleinen Jungen in Ruhe und Frieden genießen kann.«

Babyschlaf: Die normalen Schlafmuster Ihres Säuglings

Alle Babys haben Schlaf- und Wachzyklen. Wenn es Ihnen wie den meisten Eltern Neugeborener geht, wünschen Sie sich, dass Ihr Baby seine längste Schlafphase in der Nacht hat und tagsüber am längsten wach ist.

Aber wie lang sollte Ihr Baby genau schlafen? Babys schlafen während eines 24-Stunden-Zeitraums im Schnitt 14 bis 18 Stunden. Das klingt wahrscheinlich, als wäre es ziemlich viel, aber die Schlafphasen sind in kleine Schnipsel unterteilt, die zwi-

Die normalen Schlafmuster Ihres Säuglings

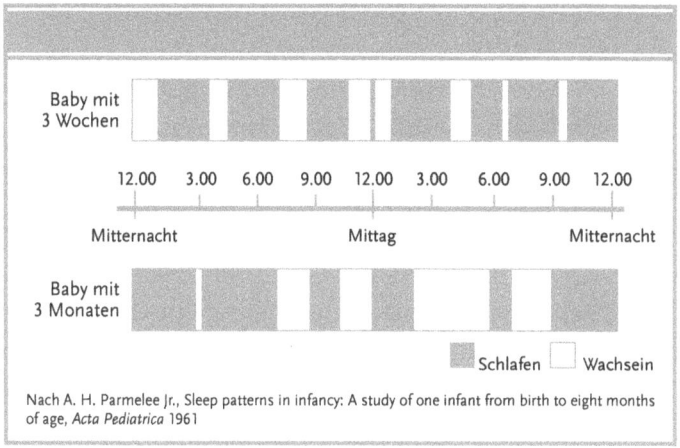

Nach A. H. Parmelee Jr., Sleep patterns in infancy: A study of one infant from birth to eight months of age, *Acta Pediatrica* 1961

schen kurze Wachphasen eingeschoben sind. Es ist, als ob tausend Euro in Cent ausgezahlt würden!

Wie Sie am Diagramm sehen, entfallen während der ersten Lebenswochen Ihres Babys zwei Drittel des Tages auf den Schlaf (graue Bereiche). Das durchschnittliche Baby schläft jeweils zwei bis drei Stunden und ist zwischendurch etwa eine Stunde wach (weiße Bereiche), in der es trinkt, weint oder aufmerksam seine Umgebung wahrnimmt. Am Anfang wird die längste Schlafphase Ihres Babys wohl etwa vier Stunden dauern.

Im Alter von drei Monaten schläft Ihr Baby immer noch 14 bis 18 Stunden pro Tag, aber die Wachzeiten (weiße Bereiche) fließen jetzt zu längeren Perioden zusammen, und der Schlaf (graue Bereiche) kann sechs bis acht Stunden andauern.

Während dieser ersten Monate gelingt es dem Gehirn Ihres Babys immer besser, die 24 Stunden des Tages auf drei Hauptaktivitäten zu verteilen:

- *Wachzeit* – Essen und die Umgebung wahrnehmen.
- *Aktiver Schlaf (REM-Schlaf)* – Träumen und »Abspeichern« der Lektionen des Tages.
- *Ruhiger Schlaf* – Ausruhen und Erholen von den Anstrengungen des Tages.

Sowohl bei Babys als auch bei Erwachsenen gibt es zwei Arten von Schlaf (und ich spreche nicht von zu wenig Schlaf und kein Schlaf). Ruhiger Schlaf macht etwa fünfzig Prozent des Babyschlafs aus. Ihr Baby ist in dieser Phase völlig »weggetreten«. Sein Atem geht leicht und gleichmäßig, sein Gesicht ist friedlich und entspannt. Während des ruhigen Schlafs sind die Muskeln Ihres Babys sogar ein wenig angespannt. Es ist nicht schlaff wie eine Stoffpuppe.

Die anderen fünfzig Prozent des Babyschlafs entfallen auf aktiven Schlaf. Diese Schlafphase ist durch plötzlich auftretende Gehirnaktivität gekennzeichnet. In dieser so genannten REM-Phase (Rapid Eye Movement) finden die Träume statt, und in den Gedächtniszentren werden alle Erfahrungen des Tages eingeordnet. Während des aktiven Schlafs atmet Ihr Baby unregelmäßig, es zuckt hin und wieder, seine Gliedmaßen fühlen sich wie zu lang gekochte Spaghetti an, und es zeigt manchmal ein anrührendes Lächeln. Entgegen einem verbreiteten Irrglauben wird dieses Lächeln nicht durch Darmgase verursacht, sondern Ihr Baby übt etwas, das bald sein bezauberndstes und wirkungsvollstes Instrument der Kontaktaufnahme sein wird – sein Lächeln.

Bei uns Erwachsenen dauert die REM-Phase ganze zwei Stunden. Im Vergleich dazu genießt Ihr Baby fast acht Stunden

Die normalen Schlafmuster Ihres Säuglings

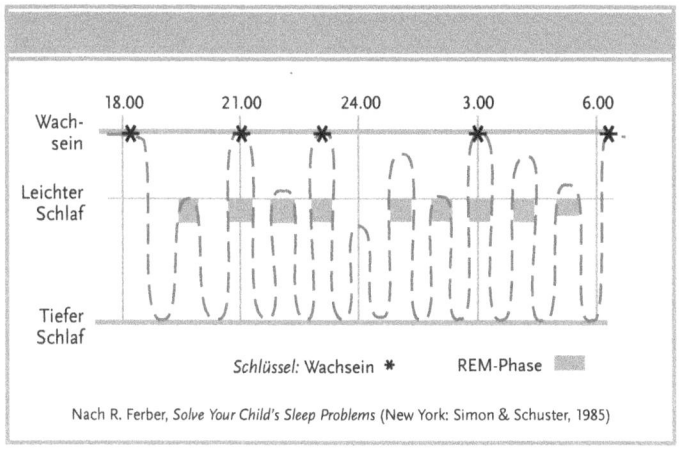

Nach R. Ferber, *Solve Your Child's Sleep Problems* (New York: Simon & Schuster, 1985)

REM-Schlaf pro Tag. Warum ist die REM-Phase bei Babys so viel länger als bei uns? Niemand weiß das ganz genau, aber laut einer Theorie brauchen sie viel mehr Zeit, um den Tag zu verarbeiten, weil so viele Erfahrungen neu für sie sind. Es ist, als ob ihr Gehirn sagen würde: »Wow! So viele neue Dinge, und ich möchte mich an *alles* erinnern!« Im Vergleich dazu ist das meiste von dem, was ein Erwachsener am Tag erlebt, so sehr von Routine geprägt, dass unser Gehirn es sozusagen im Schnelldurchlauf verarbeitet, als ob es sagen wollte: »Das kann ich alles überspringen, weil ich es schon kenne.«

Der Schlaf ist offensichtlich keine Wachzeit, aber auch kein »Koma«. Während wir schlafen, nehmen wir viele Dinge um uns herum wahr. Es fällt uns beispielsweise nicht schwer, mitten in der Nacht das Telefon klingeln zu hören, und auch wenn man am Rand des Bettes schläft, fällt man selten heraus.

Auch Babys nehmen während des Schlafs einen kontinuierlichen Zustrom von Informationen aus der Umgebung wahr. Deshalb erleben sie die extreme Stille Ihres Zuhauses möglicherweise als irritierende Unterstimulation.

Die Wellen des ruhigen und aktiven Schlafs, durch die sich Ihr Baby bewegt, sind in größere Zyklen von tiefem und leichtem Schlaf eingebettet. Diese Zyklen wiederholen sich, wie die Gezeiten, während der Nacht immer wieder und dauern jeweils etwa 60 Minuten. Babys mit guter Statuskontrolle und gemäßigtem Temperament halten auch die Leichtschlafzyklen durch beziehungsweise schlafen direkt wieder ein, wenn sie einmal aufwachen. Aber Babys mit geringen Selbstberuhigungsfähigkeiten und schwierigem Temperament fällt es oft schwer, während der Leichtschlafzyklen den Schlafzustand beizubehalten. Während dieser Phasen sind sie so nahe am Wachzustand, dass Stimuli wie Hunger, Blähungen oder Geräusche sie aufwecken oder sogar zu einem Schreianfall führen.

Schlafen leicht gemacht: Wie Sie Ihrem Baby mit den fünf »S« helfen weiterzuschlafen

Wenn es um das Schlafen geht, sind Sie und Ihr Baby ein Team, und Sie müssen beide flexibel sein, damit die Sache funktioniert. Aber wie jede Mutter weiß, sind Sie während der ersten vier bis sechs Monate das Teammitglied, das am häufigsten nachgibt. Sie setzen neue Prioritäten, verschieben Aufgaben und versuchen nach dem Zeitplan Ihres Babys zu schlafen.

Aber verzweifeln Sie nicht. Es gibt fünf Methoden, Ihrem Baby während dieser ersten Monate einen besseren Schlafrhythmus nahezubringen: die fünf »S«. Mit diesen Empfindungen aus dem Mutterleib sorgen Sie dafür, dass der Beruhigungsreflex Ihres Babys aktiviert bleibt. Wenn Sie sie während der Nacht anwenden, können sie sogar bewirken, dass Ihr Baby bis zum Tagesanbruch ruhig schläft.

1. *Strammes Einwickeln*. Strammes Einwickeln verhindert, dass Ihr Baby sich versehentlich selbst ins Gesicht schlägt oder zusammenzuckt. Durch einfaches Einwickeln können Sie die zusammenhängenden Schlafphasen Ihres Babys von drei auf vier bis sechs Stunden verlängern. Denken Sie daran, dass die Decke stramm sitzen muss, wenn sie die ganze Nacht hindurch halten soll.

Karens Sohn Connor war drei Monate alt (und wog acht Kilo!), hatte aber immer noch Schwierigkeiten damit, mehr als drei Stunden am Stück zu schlafen.

»Wenn ich Connor nach dem Stillen hinlegte, kämpfte er und krümmte sich mehr als eine halbe Stunde lang, bis es ihm schließlich gelang einzuschlafen. Er war seit seinen ersten Lebenstagen nicht mehr eingewickelt worden, aber Dr. Karp schlug uns vor, es nochmal zu versuchen.

Es überraschte mich, dass er nicht nur das Einwickeln (nach kurzem Widerstand) akzeptierte, sondern sich auch sofort beruhigte und einschlief. Das Einwickeln verlängerte auch tagsüber seine Nickerchen von 15 Minuten auf ein bis zwei Stunden am Vormittag und am Nachmittag.

Ich war von dieser Verbesserung begeistert, bis eine Freundin vorbeikam und mich darauf hinwies, dass ich Connor immer noch zu locker einwickelte. Sie zeigte mir, wie ich ihn strammer einpacken konnte, und von da an schlief er nachts acht Stunden durch!«

2. *Seitenlagerung.* Die Rückenlage ist eindeutig die sicherste Schlafposition für Ihr Baby. Die Seitenlage sollten Sie nur dann anwenden, wenn Ihr Baby sehr schlecht schläft, und selbst dann müssen Sie darauf achten, dass es fest eingewickelt und durch eine (zusammengerollte und durch Klebeband gesicherte) Decke daran gehindert ist, auf den Bauch zu rollen. Bitte wenden Sie sich an Ihren Arzt, falls Sie noch Fragen haben.
3. *Schhhh.* Die meisten Babys schlafen besser, wenn in der Nähe ihres Bettchens ein kontinuierliches weißes Rauschen zu hören ist. Dieses Geräusch, das sie an den Mutterleib erinnert, übertönt andere ablenkende Geräusche und hat eine stark einlullende Wirkung. Wie für das stramme Einwickeln gilt auch für das weiße Rauschen im Kinderzimmer, dass es den Schlaf Ihres Babys um ein bis zwei Stunden verlängern kann.
4. *Schaukeln.* Die Bewegungen einer Schaukel (und in geringerem Maß auch einer Wippe) können den Schlaf Ihres Babys tagsüber und nachts verbessern. Nicht alle Babys müssen schaukeln, um gut schlafen zu können, aber ich kenne viele Eltern, deren Babys während ihrer ersten vier Lebensmonate nur dann gut schlafen, wenn sie die ganze Nacht schaukeln.
5. *Saugen.* Saugen an der Brust oder an einem Schnuller kann Ihrem Baby helfen einzuschlafen, aber es hilft ihm nicht wirklich, im Tiefschlaf zu bleiben.

Selbst Babys, die nie die fünf »S« kennengelernt haben, können von ihrer schlafverbessernden Wirkung profitieren. Machen Sie sich keine Sorgen, wenn sich Ihr Baby am Anfang dagegen wehrt. Wenn Sie geduldig insistieren, werden Sie über Ihren Erfolg staunen.

Ihr schlafendes Baby von den fünf »S« entwöhnen

Alle Kinder müssen irgendwann lernen, aus eigener Kraft einzuschlafen und auch weiterzuschlafen, wenn sie mitten in der Nacht aufwachen. Nach meiner Erfahrung können die meisten Babys dies mit drei Monaten lernen und sollten schläfrig, aber noch halb wach in ihre Wiege gelegt werden.

Ich weiß, dass Eltern von Säuglingen unter drei Monaten von manchen Babybuchautoren davor gewarnt werden, in der Nacht Schlafhilfen wie die fünf »S« zu verwenden, da die Babys dadurch verwöhnt und extrem abhängig werden könnten. Dem kann ich nicht energisch genug widersprechen! Bevor Ihr Baby zur Welt kam, war es neun Monate lang jede Sekunde des Tages von ganz ähnlichen Empfindungen eingehüllt, wie sie von den fünf »S« erzeugt werden. Darum schlafen alle Babys mit ein paar »S« während der langen Nacht besser und länger. Aber keine Sorge: Wenn Ihr Baby drei bis vier Monate alt ist, können Sie es mühelos entwöhnen.

Das erste »S«, dem Sie es entwöhnen sollten, ist meiner Meinung nach das Saugen. Ich bin dafür, dass sich Babys schon mit einem Monat daran gewöhnen einzuschlafen, ohne etwas im Mund zu haben. Verstehen Sie mich nicht falsch: Es ist nichts dagegen einzuwenden, dass Ihr Baby beim Saugen an Ihrer Brust, an der Flasche oder an einem Schnuller einschläft, aber ein oder zwei Minuten, nachdem es eingeschlafen ist, sollten Sie es – nur ein klein wenig – aufwecken, während Sie es hinlegen. Dadurch kann es lernen, aus eigener Kraft einzuschlafen. (Trösten Sie es durch »Schhhh«-Laute und Wiegen, wenn es zu weinen beginnt.)

Auch die Tatsache, dass Schnuller so oft herausfallen und deswegen keine gute Schlafhilfe sind, spricht dafür, Ihr Baby dem Einschlafschnuller zu entwöhnen. Das Einwickeln haben Sie unter Kontrolle und können dafür sorgen, dass Ihr Baby die ganze Nacht hindurch eingewickelt bleibt, aber über den Schnuller haben Sie keine Kontrolle.

Das nächste »S«, das ich nach und nach einschränke, ist das Schaukeln. Wenn Ihr Baby zwei bis drei Monate alt ist, können Sie die Schaukelgeschwindigkeit auf den niedrigsten Wert setzen. Schläft Ihr Baby damit immer noch gut, können Sie es ein paar Tage später in der unbeweglichen Schaukel schlafen lassen. Wenn es dann immer noch gut schläft, können Sie es in sein Bettchen legen.

Als Nächstes lassen viele Eltern das Einwickeln weg. Versuchen Sie, nach vier Monaten Ihr Baby stramm einzuwickeln – und dabei einen Arm freizulassen. Es sollte an seinen Fingern saugen und sich selbst beruhigen können. Wenn es damit noch genauso gut schläft, versuchen Sie, es ohne Einwickeln hinzulegen. Wird es jedoch wieder öfter wach, gehen Sie einen Schritt zurück, und nehmen Sie das Einwickeln wieder auf.

Lassen Sie als Nächstes das »Schhhh« weg. Sie können die Lautstärke des weißen Rauschens über einen Zeitraum von zwei Wochen allmählich verringern, bis es so leise ist, dass sie es ausschalten können.

Im Allgemeinen kommen meine kleinen Patienten mit drei oder vier Monaten ohne ihre Schaukeln und mit drei bis sechs Monaten ohne Einwickeln aus (eine Handvoll braucht es bis zum Alter von neun Monaten). Mit drei bis zwölf Monaten können sie in einem ruhigen Zimmer schlafen. (Der »Schhhh«-Laut entfällt als Letztes, weil er so einfach zu erzeugen, so wirkungsvoll und so leicht zu kontrollieren ist.)

Geben Sie Ihrem Baby ein Diplom, wenn es die ganze Nacht ohne ein »S« auskommt. Es hat die Abschlussprüfung des vierten Trimesters bestanden und ist bereit für das Abenteuer des Lebens!

Die Wahrheit über feste Schlaf- und Essenszeiten

Unerfahrene Eltern sind sich oft im Unklaren darüber, ob sie für ihr Baby feste Schlaf- und Essenszeiten einführen sollten. Sind feste Zeiten wichtig oder überflüssig? Auch hier gibt es mehr als eine richtige Antwort.

Kleinkinder lieben feststehende Abläufe. Sie fühlen sich sicher und geborgen, wenn sie genau wissen, was passieren wird. In ein oder zwei Jahren wird es wahrscheinlich ein Zubettgehritual geben – »Schmusedecke«, warme Milch und ein Gutenachtlied –, mit dem Sie Ihr süßes Kind jede Nacht in den Schlaf begleiten.

Ebenso können flexible Ess-/Schlafzeiten für Babys und ihre Eltern hilfreich sein. Das gilt besonders dann, wenn Sie Zwillinge oder ältere Kinder haben, wenn Sie außer Haus arbeiten und/oder allein erziehend sind.

Bevor Sie versuchen, für Ihr Baby feste Schlaf- und Essenszeiten einzuführen, sollten Sie sich klarmachen, dass feste Zeiten ein relativ neues Konzept sind. In früheren Zeiten fütterten Mütter ihre Babys nicht nach der Sonnenuhr. Und vielen Müttern von heute erscheint es falsch, ihr Baby in ein vorgegebenes Schema zu pressen.

Ich sage nicht, dass es falsch ist, für Ihr vier Wochen altes Baby einen Zeitplan aufzustellen. Sie müssen nur verstehen, dass Babys sich erst während der letzten hundert Jahre an unsere uhrgesteuerten Abläufe anpassen mussten und dass viele einfach zu unreif dafür sind.

Die Fähigkeit Ihres Babys, sich einem festen Rhythmus zu unterwerfen, ist davon abhängig, wie gut es die Befriedigung seiner Bedürfnisse aufschieben kann. Manche Babys lassen sich leicht ablenken, aber andere brauchen Monate, bis sie die Forderung ihres Gehirns nach Milch oder Ruhe vorübergehend ignorieren können. Die Eltern solcher Babys müssen ihren Wunsch nach festen Schlaf- und Essenszeiten zurückstellen, bis ihre Babys dazu bereit sind.

Wenn Sie also nach ein oder zwei Monaten für Ihr Baby einen festen Rhythmus einführen wollen, beginnen Sie am besten damit, dass sie tagsüber die Zeit zwischen den Mahlzeiten auf drei Stunden ausdehnen. Wenn es schon nach weniger als zwei Stunden hungrig ist (und Sie es auf keine andere Weise beruhigen können), sollten Sie den Zeitplan natürlich vergessen und es füttern. Außerdem sollten Sie es aufwecken und füttern, wenn es länger als vier Stunden nicht nach Nahrung verlangt. Babys, die tagsüber zu lang ohne Nahrung auskommen, wachen meist nachts öfter auf.

Die Wahrheit über feste Schlaf- und Essenszeiten

Der nächste Schritt zur Einführung eines Zeitplans besteht darin, Ihr Baby daran zu gewöhnen, ohne eine Brustwarze im Mund einzuschlafen. Spielen Sie nach einer Mahlzeit eine Weile mit ihm, bevor Sie es zum Schlafen hinlegen. Dadurch lernt es, dass es aus eigener Kraft einschlafen kann. Wenn es sofort einschläft, nachdem sein Magen mit warmer Milch gefüllt ist, ruckeln Sie es ein wenig, bis es die Augen öffnet. Dann legen Sie es hin und lassen es wieder in den Schlaf sinken. Mit etwas Geduld wird Ihr Baby im Lauf der nächsten ein bis zwei Monate die Fähigkeit entwickeln, ohne Hilfe einzuschlafen.

Die meisten Säuglinge finden nach ein oder zwei Monaten automatisch einen festen Rhythmus. Aber wenn Sie mit einer berechenbaren Routine nicht so lange warten wollen, versuchen Sie ruhig, einen festen Zeitplan einzuführen.

> **Das Abendritual**
>
> Es ist leichter, feste Rhythmen einzuführen, wenn Sie jeden Tag dasselbe Muster einhalten. Führen Sie dieses Geborgenheit vermittelnde Abendritual ein, wenn Ihr Baby einen Monat alt ist:
> - gedämpftes Licht,
> - warmes Bad,
> - liebevolle Massage mit erwärmtem Öl,
> - warme Milch,
> - kuscheliges Einwickeln,
> - ein leises Gutenachtlied und
> - leises weißes Rauschen im Hintergrund.
>
> Innerhalb kurzer Zeit wird die ständige Verbindung dieser Erfahrungen mit der Schlafenszeit Ihres Babys eine geradezu hypnotische Wirkung zeigen. Sobald Sie mit dem Ritual beginnen, wird Ihr Baby bereits denken: »Oh, ich fühl mich schon schläfrig!«

Wenn Ihr kleines Baby sich jedoch dagegen wehrt, einen festen Rhythmus auferlegt zu bekommen, empfehle ich Ihnen, schnell und liebevoll auf seine Bedürfnisse zu reagieren. Sie können es ja eine Woche später noch einmal mit dem Zeitplan versuchen. Schließlich ist es Ihre Aufgabe als Eltern, sich an die Bedürfnisse des Babys anzupassen, nicht umgekehrt.

Noch ein paar hilfreiche Schlaftipps

Hier noch einige Dinge, die Sie tun können, um Ihrem Baby zu einem längeren Schlaf zu verhelfen:

Ihr Baby tagsüber mehr füttern
Mit folgenden Schritten können Sie am Ende des vierten Trimesters dafür sorgen, dass Ihr Baby tagsüber mehr trinkt und nachts länger schläft:
- Wecken Sie es zu einer Mahlzeit, wenn es länger als vier Stunden schläft.
- Füttern Sie es in einem ruhigen Zimmer, damit es nicht abgelenkt wird und sich weigert zu trinken.
- Geben Sie ihm »gehäufte« Mahlzeiten (am Nachmittag und frühen Abend alle zwei Stunden eine Mahlzeit, um es mit Kalorien aufzuladen).
- Wecken Sie es um Mitternacht für eine weitere Mahlzeit.

Was Ihrem Baby nicht zu einem besseren Schlaf verhilft, ist eine Reismahlzeit zur Schlafenszeit. Es stimmt zwar, dass bestimmte Fertignahrungen für die Nacht einem Stillbaby zu längerem Schlaf verhelfen, aber wissenschaftliche Studien haben wiederholt gezeigt, dass Reisnahrung diesen Zweck nicht erfüllt. Warum sollte sie auch? Aus ernährungswissenschaftlicher Sicht ist es nicht nachvollziehbar, weshalb ein Baby mit 100 bis 170 Gramm Milch (mit all ihrem Fett und Protein) hungrig bleiben, aber mit ein paar Löffeln Reisstärke die ganze Nacht zufrieden sein sollte.

Wenn Sie irgendeinen Zweifel daran haben sollten, dass Ihr

Baby genug Nahrung bekommt, bitten Sie Ihren Arzt, es zu wiegen, um festzustellen, ob es gedeiht.

Ihr Baby tagsüber im Arm halten und wiegen
Eltern erhalten oft den Rat, ihr Baby tagsüber wach zu halten, damit es müde wird und in der Nacht länger schläft. Das klingt zwar logisch, aber ein müdes Baby wach zu halten, führt oft dazu, dass es missmutig und übermüdet ist und in der Nacht sogar *schlechter* schläft. Sie sollten Ihr Baby tagsüber nicht nur schlafen lassen, sondern auch dafür sorgen, dass es während des Schlafs in Bewegung ist (in einer Schaukel, einer Wippe oder an Ihrem Körper in einem Tragetuch). Nach meiner Erfahrung sind Babys, die tagsüber viel getragen (mit Berührung und Bewegung versorgt) werden, nachts oft ruhiger (weniger hungrig nach dieser Art von Stimulation).

Das Licht dämpfen
Wenn Sie gegen Abend in Ihrer Wohnung für gedämpftes Licht sorgen, erhält Ihr Baby auch das Signal, dass es Zeit zum Schlafen ist. Schwaches Licht beruhigt das Nervensystem eines Babys und bereitet es auf die Entspannung vor. Auf vielen Säuglingsstationen ist es üblich, abends das Licht zu dämpfen und Brutkästen von Frühgeborenen abzudecken, um den Lichteinfall zu verringern und den Babys zu helfen, sich auf den Tag-/Nacht-Rhythmus ihrer Eltern einzustellen.

 Mabel, Mutter von vier Töchtern, weckte meine Neugier, als sie erwähnte, dass ihre Lieblingstheorie über die Ursachen von Drei-Monats-Koliken mit Elektrizität zu tun habe! Sie erklärte:

»Ich habe bemerkt, dass meine Kinder stärker stimuliert sind und schwerer einschlafen, wenn unsere Wohnung abends hell erleuchtet ist. Ich glaube, dass das künstliche Tageslicht, das wir mithilfe von Elektrizität schaffen, ihnen vorgaukelt, dass es immer noch Zeit zum Spielen ist. Unsere Kinder schlafen immer besser, wenn wir das Licht dämpfen oder Kerzen verwenden.«

Gemeinsames Schlafen: »Ich bin gerade vertrieben worden – kann ich bei euch schlafen?«

> Siehe, wenn du dich nun zu deinen Vätern legst ...
> 5. Moses 31,16

Seit den frühen Tagen der Menschheit haben Eltern mit ihren Babys zusammen geschlafen, um sie zu schützen, zu wärmen und in der Nacht bequemer füttern zu können. In Japan schläft ein Baby traditionell zwischen den Eltern, sicher wie in einem Tal, das von zwei hohen Bergketten geschützt wird. Dort wird nicht infrage gestellt, ob Mutter und Baby die ganze Nacht zusammen sein sollten. Sie werden als zwei Teile einer Person betrachtet und sollten daher so selten wie möglich getrennt sein. Diese Eltern würden es für eine unfaire Härte halten, ihr Baby allein schlafen zu lassen.

Bis Ende des 19. Jahrhunderts schliefen auch in der westlichen Welt Kinder im Bett ihrer Eltern. Aber um die Jahrhundertwende wurden Eltern vor dem gemeinsamen Schlafen gewarnt, weil es angeblich dazu führte, dass Krankheiten übertragen wurden, dass Kinder verwöhnt wurden oder erstickten. Also bekamen Babys ihr eigenes Bettchen und später ihr eigenes Zimmer. Heute sehen wir den Schlaf unserer Kinder als eine Zeit des ungestörten Alleinseins, in der sie lernen können, unabhängig von anderen zu werden. Mit den Kindern das Bett zu teilen, gilt als Opfer oder schlechte Angewohnheit. (Merkwürdigerweise machen viele dieser Eltern tagsüber gemeinsam mit ihren Babys ein Nickerchen, ohne diese Bedenken zu haben.)

Diese ablehnende Haltung gegenüber dem gemeinsamen Schlafen ändert sich allmählich. Während das Stillen wieder beliebter wird, erkennen Mütter, wie bequem es ist, das Baby ganz nahe bei sich zu haben. In den USA wurden außerdem durch die Zuwanderung von Menschen nichteuropäischer Abstammung die verschiedensten kulturellen Traditionen eingeführt – von denen die meisten das gemeinsame Schlafen von Eltern und Kindern befürworten.

Allerdings passt das gemeinsame Schlafen, wie so viele prähistorische Sitten, nicht immer zu den Bedürfnissen und dem Lebensstil moderner Eltern. Eine Mutter in meiner Praxis sagte: »Ich kann nicht mit meinem vier Wochen alten Baby in einem Bett schlafen, weil ich mir die ganze Zeit seinetwegen Gedanken mache.« Andere Eltern sind frustriert, weil Babys, die im Bett der Eltern schlafen, in der Nacht öfter aufwachen. Meine Krankenschwester Dana Entin erklärt die häufigen nächtlichen Mahlzeiten, die im Bett der Eltern schlafende Babys fordern, damit, dass die Versuchung so groß sei. »Wenn ich ein Stück Schokoladentorte bei mir im Bett hätte, würde ich auch die ganze Nacht aufwachen und ein wenig daran herumknabbern!«

Gemeinsames Schlafen

Sie brauchen sich nicht schuldig zu fühlen, wenn Sie sich dagegen entscheiden, Ihr Baby in Ihrem Bett schlafen zu lassen. Wie Shakespeare geschrieben hat: »Dir selbst sei treu.« Sie müssen Ihr Baby nicht zu sich ins Bett nehmen, um gute Eltern zu sein. Sie haben die wunderbare Alternative, Ihr Baby kuschelig eingewickelt in einer Wiege oder einem Bettchen schlafen zu lassen.

Wenn es sich jedoch für Sie richtig anfühlt, das Baby bei sich im Bett zu haben, sollten Sie Ihrem Instinkt vertrauen. Das gemeinsame Schlafen ist eine natürliche Fortsetzung der Erfahrung im Mutterleib. Ihr Baby genießt Ihre körperliche Nähe, und sie hilft ihm, seinen Atem, seine Temperatursteuerung und sein Schlafmuster anzupassen. Außerdem ist es nach der Schwangerschaft auch eine abrupte Veränderung für *Sie,* nur durch das Babyphon mit Ihrem Baby verbunden zu sein. Eine Mutter, die den ganzen Tag außer Haus arbeitete, sagte mir, dass das gemeinsame Schlafen mit dem Baby eine Möglichkeit für sie sei, etwas von der Zeit nachzuholen, die sie tagsüber nicht mit ihm verbringen konnte.

Solange Sie und Ihr Baby sich dabei wohlfühlen, sollten Sie diese schöne und kurze Zeit genießen. Falls Sie vorhaben, das Baby wieder aus Ihrem Bett zu »verbannen«, gelingt dies am einfachsten, wenn es etwa vier oder fünf Monate alt ist – bevor es sich allzu sehr an dieses Schlafritual gewöhnt hat. Sie können das gemeinsame Schlafen auch noch später beenden, aber im Allgemeinen fällt Ihrem Baby die Umstellung umso schwerer, je länger Sie damit warten.

Ein weiterer Pluspunkt des gemeinsamen Schlafens ist möglicherweise die Vermeidung des plötzlichen Kindstods. Wissenschaftler wie James McKenna von der Notre Dame University sind der Auffassung, dass der leichtere Schlaf von Babys, die im Bett der Eltern schlafen, das Risiko des plötzlichen Kindstods verringert.

Schadet das gemeinsame Schlafen der Gesundheit Ihres Babys?

1999 gab die amerikanische Verbraucherschutzorganisation CPSC eine beunruhigende Warnung bezüglich der Gefahren des gemeinsamen Schlafens an Eltern heraus. Sie berichtete über durchschnittlich 64 Todesfälle pro Jahr (bei Kindern unter zwei Jahren), die dadurch verursacht seien, dass ein Baby im

Bett eines Erwachsenen schlief. Ihre Schlussfolgerung lautete, dass Eltern niemals einen Säugling zu sich ins Bett nehmen sollten.

Diese Empfehlung schießt leider über das Ziel hinaus. Schließlich würde auch niemand davon abraten, Auto zu fahren, um die 10 000 tödlichen Verkehrsunfälle pro Jahr zu verhindern. Natürlich besteht eine konstruktivere Antwort auf tödliche Verkehrsunfälle darin, vorsichtiger zu fahren. Ebenso lassen sich die meisten Todesfälle von Babys im Bett der Eltern durch ein paar vernünftige Sicherheitsmaßnahmen verhindern. Beispielsweise hätten 80 Prozent der von der CPSC angeführten Todesfälle durch Ausfüllen der Zwischenräume um das Bett und den Verzicht auf Wasserbetten und die restlichen 20 Prozent durch Verwendung von Bettchen, die direkt am Elternbett befestigt werden, vermieden werden können.

Neun Wege, die Sicherheit Ihres Babys beim gemeinsamen Schlaf zu gewährleisten

Eltern, die ihr Baby bei sich schlafen lassen, *müssen* es auf folgende Weise schützen:
1. Vermeiden Sie Kissen, Spielsachen oder lose Bettdecken, die Ihr Baby ersticken könnten.
2. Legen Sie Ihr Baby niemals auf einem Wasserbett schlafen.
3. Füllen Sie Zwischenräume zwischen Matratze und Wand oder Matratze und Kopfende des Bettgestells aus, in denen der Kopf Ihres Babys eingeklemmt werden könnte.
4. Befestigen Sie ein Babybettchen direkt an Ihrem Bett.

5. Schlafen Sie mit Ihrem Baby nicht auf dem Sofa.
6. Lassen Sie Ihr Baby die ganze Nacht hindurch eingewickelt, sodass es sich nicht in eine gefährliche Position manövrieren kann.
7. Lassen Sie Ihr Baby nur auf dem Rücken schlafen.
8. Geben Sie das Rauchen auf! Das Risiko des plötzlichen Kindstods ist höher, wenn Mütter rauchen.
9. Gehen Sie immer nüchtern zu Bett.

Fragen zu den fünf »S«: Was Eltern über das Schlafen wissen wollen

1. *Jedesmal, wenn ich mein schlafendes Baby hinlege, ist es innerhalb von Minuten wieder wach und schreit. Weshalb?* Auch wenn Ihr Baby schläft, wenn Sie es hinlegen, nimmt es doch noch etwas von seiner Umgebung wahr. Für Ihr Baby ist der Unterschied zwischen Ihren Armen und dem stillen, unbeweglichen Bettchen zu groß.
Versuchen Sie Ihrem Baby mithilfe der fünf »S« den Übergang in seine Wiege zu erleichtern. Einwickeln, weißes Rauschen und Schaukeln ermöglichen einen sanfteren Wechsel von Ihren Armen zum Bettchen und können bewirken, dass Ihr Baby in der Nacht ein- oder zweimal weniger aufwacht.
2. *Sollte ich mein Baby ein Bäuerchen machen lassen und riskieren, es aufzuwecken, wenn es nach einer Mahlzeit eingeschlafen ist?* Ja, Sie sollten es aufstoßen lassen, damit es nicht im Schlaf spuckt, und auch seine Windel wechseln, um einem Windelausschlag vorzubeugen. Nach einer Mahlzeit fühlen sich

die meisten Babys ein wenig »betrunken« und schlafen schnell wieder ein, besonders, wenn Sie die fünf »S« verwenden.

Es ist übrigens auch eine gute Idee, den Po Ihres Babys zur Nacht etwas einzucremen, um seine Haut vor Urin oder Stuhl zu schützen.

3. *Ich frage mich, ob ich mein Baby bei heißem Wetter zu warm einpacke. Woran erkenne ich, dass es in der Nacht überhitzt ist?* Es ist ganz einfach zu erkennen, ob Ihr Baby zu warm eingepackt ist: Fassen Sie seine Ohren und seine Zehen an. Wenn sie rot, schweißnass oder sehr heiß sind, ist ihm zu warm. Wenn sie kalt und bläulich verfärbt sind, ist ihm zu kalt. Wenn sie sich »frisch« (nicht heiß, nicht kalt, aber eher kühl) anfühlen, ist seine Körpertemperatur genau richtig.

Selbst an den heißesten Sommertagen ist das Einwickeln gut für Ihr Baby. Ziehen Sie ihm nur eine Windel an, und wickeln Sie es in eine ganz leichte Baumwolldecke ein.

Talias Großmutter fertigte für den Sommer ein paar extraleichte Decken, indem sie ein Betttuch in vier Teile zerschnitt und die Ränder säumte.

4. *Kann es sein, dass ein Baby schwer einschläft, weil es gerade einen Wachstumsschub hat?* Ja. Babys wachsen während der ersten Monate extrem schnell und verdoppeln innerhalb von sechs Monaten ihr Gewicht. Bei manchen Babys findet dieses Wachstum sanft und gleichmäßig statt, bei anderen schubweise. Mitten in einem Wachstumsschub wacht Ihr Baby möglicherweise häufiger auf und schreit nach einer Mahlzeit.

5. *Schläft mein Baby besser, wenn es an beiden Brüsten trinkt, oder wenn es nur an einer trinkt, sodass es die »Nachmilch« bekommt?*
Im Gegensatz zu Fertignahrung, bei der es zwischen dem ersten und dem letzten Tropfen keinen Unterschied gibt, verändert sich die Zusammensetzung der Muttermilch während einer Mahlzeit erheblich. Die Milch, die während der ersten fünf Minuten fließt, ist reich an Protein und Antikörpern, und sie ist wässriger, um den Durst Ihres Babys zu stillen. Wenn die Brust (nach zehn bis fünfzehn Minuten) fast leer ist, ist die Milch, die heraustropft, sehr gehaltvoll. Dieses cremige, süße Dessert heißt auch »Nachmilch«.

Manche Experten raten Müttern, während einer Stillmahlzeit nicht die Brust zu wechseln. Sie befürchten, dass das Baby nicht genug Nachmilch bekommt, wenn es auf jeder Seite nur wenige Minuten trinkt. Und die Nachmilch betrachten sie als natürliche Voraussetzung dafür, dass sich das Baby zufrieden und schläfrig fühlt (so wie wir nach einer schweren Mahlzeit etwas benommen sind).

Andere Experten glauben, dass Babys mehr Milch bekommen, wenn die Mütter während einer Mahlzeit die Brust wechseln. Sie raten Müttern, etwa sieben Minuten auf einer Seite zu stillen und dann, wenn diese Brust ihre schnell fließende frühe Milch freigegeben hat, auf die andere Seite zu wechseln, die noch voll ist und darauf wartet, geleert zu werden.

Ich empfehle meinen Patientenmüttern Folgendes: Finden Sie durch Experimentieren heraus, was für Sie und Ihr Baby am besten ist. Wenn es mit einer Brust tagsüber zwei Stunden lang zufrieden ist und nachts vier Stunden durchschläft, dann brauchen Sie nicht zu wechseln. Aber wenn es zu oft nach Nahrung verlangt und zu langsam zunimmt, geben Sie ihm sieben Minuten eine Brust, und lassen Sie es anschließend noch zehn bis fünfzehn Minuten oder länger an der anderen saugen (dann bekommt es genügend frühe Milch aus beiden Brüsten und gehaltvolle Milch auf der zweiten Seite).

6. *Warum wacht mein Baby immer bei Tagesanbruch auf?* Auch wenn Babys schlafen, fühlen, hören und sehen sie! Bei vielen Babys wirkt das frühe Tageslicht, das durch ihre geschlossenen Augenlider und ihre dünne Schädeldecke dringt, wie ein Wecker. Glücklicherweise können diese Babys durch dichte Vorhänge, die die ersten Sonnenstrahlen abhalten, weißes Rauschen, das die ersten Geräusche des Tages (wie Hundegebell, Autos und Nachbarn) übertönt, oder durch Umlagern in das Elternbett dazu gebracht werden, noch ein wenig länger zu schlafen.

Eltern, denen es nicht gelingt, ihre Babys zum Weiterschlafen zu bewegen, müssen sich oft von ihrem warmen Bett verabschieden und mit ihren kleinen »Hähnen« zu einem Morgenspaziergang aufbrechen. (Ob Sie es glauben oder nicht – diese Spaziergänge können später einmal zu Ihren kostbarsten Erinnerungen an die Babyzeit Ihres Kindes gehören.)

7. *Ist es falsch, wenn sich mein Baby daran gewöhnt, in der Traghilfe zu schlafen?* Es ist fast unmöglich zu *verhindern,* dass Ihr Baby einschläft, wenn Sie es in einem Tragetuch oder einer anderen Traghilfe spazieren tragen. Denn bei einem Spaziergang mit der Traghilfe genießt es drei seiner Lieblingsempfindungen: ruckelnde Bewegung, kuscheligen Körper-

kontakt und das rhythmische, beruhigende Geräusch Ihres Atems. Diese Traghilfen sind eine großartige Möglichkeit, unseren Babys eine schöne Erinnerung an das vierte Trimester zu gönnen.

Also machen Sie sich keine Gedanken darüber, dass es schlechte Gewohnheiten annehmen könnte. Nach dem vierten Trimester kann Ihr Baby sich allein beschäftigen und sich leicht daran gewöhnen, mit weniger Körperkontakt auszukommen – wenn Sie das wirklich wollen. (Viele Eltern mögen die Traghilfe so, dass sie ihr Baby immer länger am Körper tragen wollen.)

8. *Ist es in Ordnung, mein Baby auf meiner Brust schlafen zu lassen?* Im Allgemeinen empfehle ich diese Position nicht. Ich bekam einmal mitten in der Nacht einen Anruf von einem Elternpaar, weil das vier Wochen alte Baby von der Brust des Vaters gerutscht und gegen die Wand neben dem Bett gefallen war. (Das erschöpfte Duo hatte zu diesem Zeitpunkt tief geschlafen.) Glücklicherweise verletzte sich das Baby dabei nicht, aber ein solcher Fall hätte schwere Folgen haben können.

Die Elternperspektive: Memoiren von der Matratze

> Wir taten alles Menschenmögliche, um ihm zu einem natürlichen Schlaf zu verhelfen. Wir schwangen ihn in Decken, fuhren ihn in Wägelchen herum, gingen stundenlang mit ihm im Zimmer auf und ab und so weiter, aber es war erstaunlich, wie wenig Schlaf er bei alldem bekam. Er sah immer hellwach aus, als ob er überhaupt keinen Schlaf brauchte.
>
> G. L. Prentiss, *The Life and Letters of Elizabeth Prentiss*, 1822

Die arme Elizabeth Prentiss hätte von den Eltern lernen können, deren nachfolgende Berichte zeigen, wie sie aus den nächtlichen Erfahrungen mit ihren Babys gelernt haben:

Debra und Andrew wickelten ihre Zwillinge Audrey und Sophia von ihren ersten Lebenstagen an ein. Durch das stramme Einwickeln wurde der Nachtschlaf der Kinder verlängert. Noch mit vier Monaten waren die Zwillinge gern eingewickelt. Es half ihnen, nachts acht Stunden durchzuschlafen. Debra, Andrew, Audrey und Sophia

Als unsere Tochter Eve vier Wochen alt war, wurde sie wacher, und die Welt um sie herum machte sie unruhiger. Wenn sie nicht trank oder schlief, schrie sie – manchmal untröstlich. Eines Abends schrie sie so viel, dass ihre Nase verstopfte und sie zu schnupfen begann. Ich rief in Dr. Karps Praxis an. Während ich mit der Krankenschwester Luise sprach, wiegte ich Eve in meinen Armen und stützte mich dabei auf dem Wäschetrockner ab. Das Geräusch, die Vibrationen und die Wärme des Trockners beruhigten sie, sodass ich ein paar Minuten reden konnte.

Während der nächsten zwei Wochen bekam ich eine gewisse Übung darin, die fünf »S« anzuwenden, die mir Schwester Luise an jenem Abend erklärt hatte, und Eve schenkte uns jede Nacht sechs bis acht Stunden ununterbrochenen Schlaf. Als sie sechs Monate alt war, wickelten wir sie nachts immer noch ein, ließen dabei aber einen Arm frei, sodass sie an ihren Fingern saugen konnte.

Shari, Michael, Hillary, Noah und Eve

Didi und Richard waren von Camerons nächtlichem Aufwachen im Ein-Stunden-Rhythmus erschöpft. Sie versuchten, ihn tagsüber länger wach zu halten in der Hoffnung, dass er nachts besser schlafen würde, aber er schien davon nur übermüdet zu werden und schrie noch mehr. Nachts versuchten sie, ihn mit einem Bad, dem Staubsauger oder einer Autofahrt zu beruhigen, was auch eine Zeit lang funktionierte, aber sobald die »Unterhaltung« beendet wurde, begann Cameron wieder zu schreien.

Dann entdeckten sie, dass ihr Sohn gern stramm eingewickelt neben einem Gerät für weißes Rauschen, das laut aufgedreht war, in der Schaukel saß. Da seine Eltern ihn nicht in der Schaukel lassen wollten, legten sie ihn in sein Bettchen, sobald er eingeschlafen war. Cameron schlief auf diese Weise besser, wachte aber immer noch alle drei bis vier Stunden auf.

Schließlich entdeckten Didi und Richard zufällig, mit welcher Methode sie Cameron zu einem längeren Schlaf verhelfen konnten. Eines Nachts, als er in der Schaukel saß, schliefen seine erschöpften Eltern ein und ließen ihn die ganze Nacht mit weißem Rauschen in der Schaukel. Was für ein Unterschied! Mit dieser Unterstützung schlief er sechs Stunden durch – und nach einer kurzen Mahlzeit weitere drei Stunden!

Als Wyatt zwei Monate alt war, stellten seine Eltern, die Krankenschwester Lise und der Arzt Aaron, fest, dass er nachts eingewickelt und bei weißem Rauschen fünf Stunden, aber in einem stillen Raum und mit freien Armen nur drei Stunden schlief.

Lise berichtete: »Ich war froh, dass unser Sohn sich eingewickelt so wohl fühlte, machte mir aber immer noch Sorgen darüber, dass er ›abhängig‹ davon werden könne und später Schwierigkeiten haben würde, nicht eingewickelt zu schlafen. Also legte ich ihn nicht eingewickelt zu Bett, sobald er drei Monate alt war.

Alles schien in Ordnung zu sein, bis Wyatt vier Monate alt wurde. Aus heiterem Himmel begann er, nachts wieder alle zwei Stunden aufzuwachen und zu brüllen! Eine Freundin sagte mir, dass er wohl Zähne bekomme, aber Tylenol half nicht. Mein Mann vermutete, dass er einen Wachstumsschub durchmache, aber Reisnahrung half auch nicht. Bei Wyatts Vier-Monats-Vorsorgeuntersuchung berichtete ich Dr. Karp von meiner Frustration und Erschöpfung. Er schlug vor, die Arznei und die Reisnahrung wegzulassen und es wieder mit Einwickeln und weißem Rauschen zu versuchen. Ehrlich gesagt, dachte ich, dass Wyatt schon zu groß für das Einwickeln sei, aber in meiner Verzweiflung versuchte ich es trotzdem.

In den nächsten zwei Nächten schaffte er es, statt fünfmal aufzuwachen und zu schreien, nur noch einmal aufzuwachen, zu trinken und anschließend bis sechs Uhr morgens weiterzuschlafen! Er liebte das Wasserfallgeräusch unseres Geräts. Ich ließ es eine Stunde lang laut und dann den Rest der Nacht bei mittlerer Lautstärke laufen. (Es half auch mir zu schlafen!) Es funktionierte so gut, dass ich damit weitermachte, bis ich eines Abends, als Wyatt sechs Monate alt war, das Einwickeln wegließ und trotzdem wunderbar und tief schlafen konnte!«

Lise, Aaron, Wyatt und Rachel

Das magische sechste »S«: Süße Träume

Ich hätte es nie geglaubt, aber das Einwickeln war der Schlüssel zu allem. Unser erster Sohn Eli wehrte sich nie gegen das Eingepacktwerden, aber Benji kämpfte mit aller Macht dagegen an. Andererseits ließ er sich nur dann mit Wiegen, Schnuller und »Schhhh«-Lauten beruhigen, wenn er stramm eingewickelt war.

Nachdem wir die fünf »S« ein paar Tage geübt hatten, konnte ich Benji problemlos einige Stunden hinlegen. Mit sechs Wochen ist er jetzt – also zu einem Zeitpunkt, zu dem die Probleme am schlimmsten sein müssten – ein ziemlich unproblematisches Baby. Er macht tagsüber lange Nickerchen und schläft nachts sieben bis neun Stunden (nur von einer sehr kurzen Mahlzeit unterbrochen).

Tagsüber lasse ich ihn in der Schaukel (auf höchster Geschwindigkeit) schlafen und drehe das Gerät für weißes Rauschen ziemlich laut auf.

Ich lasse ihn ziemlich oft schlafen, weil ich festgestellt habe, dass Ben überstimuliert wird und sich nur schwer wieder beruhigen kann, wenn er tagsüber zu lange Wachperioden hat. Wenn er also unleidlich wird, lege ich ihn in die Schaukel und gebe ihm die Mutterleiberfahrungen.

Ich empfehle diese Methode allen Eltern mit »schwierigen« Babys. Ich weiß nicht, wie es mir heute psychisch ginge, wenn ich ihn immer noch den ganzen Tag herumtragen und die ganze Nacht wiegen würde. Es hat für mich und Benji und auch für meine anderen beiden Männer, Steve und Eli, alles verändert!

Wendy, Steve, Eli und Benji

SCHLUSS-
FOLGERUNG

*Das
Licht am Ende
des Tunnels*

Ihr Baby ist endlich bereit, geboren zu werden!

> Er fängt jetzt an, uns auch ein wenig zu lieben.
> Francie über den vier Monate alten Jackson

Bei ihrer Geburt war Esmé ein pummeliges, süß duftendes Baby, das seine ganze Konzentration brauchte, um seiner Mutter in die Augen zu schauen. Mit vier Monaten konnte sie jedem im Raum ein breites Grinsen schenken, als ob sie sagen wollte: »Bin ich nicht toll?«

Hurra! Nachdem es monatelang die Welt nur verschwommen wahrgenommen und viel geschlafen hat, verkündet Ihr vier Monate altes Baby jetzt mit seinem Lachen und Gurren der Welt: »Die Proben sind vorbei ... Ich bin bereit für die Premiere!«

Es ist drei Monate her, seit Sie die Nabelschnur durchtrennt haben, aber jetzt – endlich – ist Ihr Baby *wirklich* bereit, geboren zu werden! Es hat den Übergang vom Mutterleib zur Welt gut überstanden und ist nicht mehr in seinem unreifen Körper gefangen. Dank seiner schnell zunehmenden Koordinationsfähigkeit hat es jetzt viele neue Möglichkeiten zur Verfügung, unangenehme Befindlichkeiten zu überwinden, ohne schreien zu müssen.

Bitte unterschätzen Sie nicht, was Ihr Baby in seinem kurzen Leben erreicht hat. Es ist wirklich erstaunlich. Im Grunde hat es Jahrmillionen der Evolution in nur neunzig Tagen durchlaufen. Am Anfang war es völlig hilflos, aber jetzt ist es im Begriff, die wichtigsten Fähigkeiten unserer Spezies zu beherrschen – seine Hände zu benutzen und soziale Kontakte herzustellen. Mit seinen entspannten und offenen Händen kann es jetzt seine Rassel (oder Ihre Nase) festhalten, und wie Esmé lernt es bereits, mit seinem bezaubernden zahnlosen Lächeln jeden, der ihm begegnet, für sich einzunehmen!

Wie bei einem Kind am ersten Schultag sprudelt das zufriedene Gebrabbel aus Ihrem rundwangigen vier Monate alten Baby heraus. Zweifellos ist es jetzt bereit, zu lernen und Freundschaften zu schließen. Und als direkte Folge seiner wachsenden Neugier werden Sie wahrscheinlich feststellen, dass es plötzlich nicht mehr auf dem Bauch liegen will. Während Neugeborene die Bauchlage mögen, weil sie beruhigend ist und ihnen hilft, die chaotische Welt um sie herum zu ignorieren, will Ihr vier Monate altes Baby auf dem Rücken liegen, damit es die Umgebung sehen kann. Jetzt ist es an diesem Chaos *interessiert* ... es ist bereit zu spielen.

Nicht nur Ihr Baby ist für dieses nächste Kapitel des Lebens bereit. Sicher sind auch Sie bereit für ein wenig mehr Spiel ... und Ruhe. Während der letzten drei Monate haben Sie selbstlos Schmerzen, Müdigkeit und Angst ertragen. Jetzt gehören *Sie* zu den erfahrensten Eltern weit und breit, und Sie haben genug gelernt, um einen höheren Abschluss in »Baby-ologie« zu erhalten. Ich hoffe, dass dieses Buch ein nützlicher Teil Ihrer Ausbildung war, indem es Ihnen geholfen hat, die Welt durch die Augen Ihres Babys zu sehen und die uralten Techniken der Babyberuhigung zu erlernen.

Endlich *gibt* es ein Licht am Ende jenes Tunnels, mit dem das vierte Trimester vergleichbar ist, und dieses Licht ist glücklicherweise kein entgegenkommender Zug, sondern ... ein herrlicher Regenbogen. All Ihre Liebe und Ihre harte Arbeit haben sich ausgezahlt, und das wahre Vergnügen kommt jetzt erst. Herzlichen Glückwunsch! Ihr Baby ist jetzt auf dem besten Weg, *das glücklichste Baby der Welt zu werden!*

Anhang A
Warnsignale: Wann Sie den Arzt rufen sollten

Glücklicherweise sind die meisten Kolikbabys nicht physisch krank. Vielmehr leiden sie unter einer Art »Heimweh« – sie versuchen mit dem Leben außerhalb des Mutterleibs zurechtzukommen.

Aber wie können Sie erkennen, wann das Schreien Ihres Babys *wirklich* ein Zeichen von Krankheit ist?

Hier finden Sie eine Liste von zehn Warnsignalen, anhand derer Ärzte entscheiden, ob das Schreien eines Babys auf eine Krankheit hindeutet, sowie Beschreibungen von zehn medizinischen Störungen, auf die diese Warnsignale hinweisen können.

Die zehn Warnsignale, nach denen Ihr Arzt Sie fragen wird

Wenn Sie sich wegen Ihres Babys Sorgen machen, sollten Sie natürlich immer Ihren Arzt um Rat fragen. Er wird Ihnen in diesem Fall wahrscheinlich folgende zwei Fragen stellen, um herauszufinden, ob Ihr Baby Drei-Monats-Koliken oder etwas Ernsteres hat:
1. Wächst Ihr Baby gut und verhält es sich sonst ganz normal?
2. Hat Ihr Baby längere ruhige Phasen?

Wenn Sie eine dieser Fragen mit Nein beantworten, wird Ihr Arzt Sie fragen, wie sich Ihr Baby verhält, wenn es nicht schreit. Er sucht nach folgenden zehn Warnsignalen:

1. *Ständiges Jammern* (stundenlanges Stöhnen und schwache Schreie).
2. *Besonders schrilles Schreien* (anders als alle Schreie, die Sie bisher von Ihrem Baby kennen).
3. *Wiederholtes Erbrechen bzw. grünes oder gelbes Erbrochenes* (mehr als 30 Gramm pro Erbrechen und mehr als fünfmal pro Tag).
4. *Stuhlveränderungen* (Verstopfung oder Durchfall, insbesondere mit Blutbeimengung).
5. *Unruhe bei den Mahlzeiten* (Krümmen, Durchbiegen des Rückens, Schreien während des Trinkens oder unmittelbar danach).
6. *Anomale Temperatur* (eine rektale Temperatur über 37,85 °C oder unter 36 °C).
7. *Unleidlichkeit* (ständiges Schreien – fast ohne ruhige Phasen dazwischen).
8. *Lethargie* (das Baby schläft innerhalb eines Zeitraums von acht bis zwölf Stunden doppelt so lang wie sonst, wirkt apathisch und saugt nicht gut).
9. *Hervorgewölbte Fontanelle* (auch bei aufrechter Haltung).
10. *Wenig Gewichtszunahme* (weniger als 14 Gramm pro Tag).

Die zehn gesundheitlichen Störungen, die Ihr Arzt in Betracht zieht

Wenn ein Arzt ein Baby vor sich hat, das gravierende Symptome zeigt, versucht er festzustellen, ob sie auf eine der folgenden ernsten, aber *sehr, sehr* seltenen und therapierbaren Störungen hindeuten. (Abgesehen von Babys, die wegen Nahrungsmittelunverträglichkeiten oder Magensaftrückfluss schreien, sind weniger als ein Prozent der Babys, die anhaltend schreien, von den unten aufgeführten Problemen betroffen.)

1. *Infektionen: Von Ohrinfektionen bis zur Blinddarmentzündung.* Man könnte meinen, dass der einfachste Weg, um festzustellen, ob bei einem Baby eine Infektion vorliegt, darin besteht, seine Temperatur zu messen. Aber viele kranke Neugeborene bekommen kein Fieber. Also sollten Sie, auch wenn bei Ihrem schreienden Baby kein Fieber besteht, an die Möglichkeit denken, dass seine Unruhe Zeichen einer Infektion sein könnte, wenn es länger als ein paar Stunden apathisch oder unleidlich ist. Rufen Sie sofort Ihren Arzt. Er kann auf Folgendes untersuchen:

- *Ohrinfektion.* Das Baby kann einfach unruhig und aufgeregt sein. Babys in diesem Alter ziehen bei Ohrinfektionen nur selten an ihren Ohren.
- *Harnwegsinfektion.* Das Baby kann schlecht riechenden Urin haben, aber meist ist dies nicht der Fall.
- *Hirnhautentzündung (Meningitis).* Das Baby hat eine vorgewölbte Fontanelle, es erbricht sich, ist apathisch und wird im Verlauf von nur ein oder zwei Tagen zunehmend unleidlich.

> **Schmerzen im Po: Kann ein zu enger After zu einem Darmverschluss führen?**
>
> Im Jahr 100 n. Chr. vertrat der Arzt Soranus die Auffassung, dass ein enger After den Darm eines Babys verschließen könne, was zu schmerzhaften Krämpfen führe. Er empfahl, zur Linderung des Schreiens den After zu dehnen. Während der nächsten Jahrhunderte befolgten Ärzte seinen Rat und steckten ihren Finger in den After schreiender Babys. Heute wissen wir, dass dieses Problem extrem selten ist und wahrscheinlich nie Drei-Monats-Koliken verursacht.

- *Blinddarmentzündung.* Bei Babys extrem selten. Mögliche Zeichen sind eine harte Bauchdecke, schlechter Appetit und ständige Unleidlichkeit.
- *Darminfektion.* Ein Baby mit »Darmgrippe« erbricht sich, hat Durchfall und hatte normalerweise Kontakt zu einem erkrankten Verwandten.

2. **Bauchschmerzen:** *Vom Darmverschluss bis zum Magensaftrückfluss.* Manche Störungen im Bereich der Verdauungsorgane sind mit Schmerzen verbunden und können bei zehn bis fünfzehn Prozent der Kolikbabys die Ursache des Schreiens sein. Sie sind hier in der Reihenfolge abnehmenden Schweregrads aufgelistet:

- *Darmverschluss.* Dies ist ein extrem seltener medizinischer Notfall, der direkt nach der Geburt oder Wochen später auftreten kann. Die Babys leiden an wellenartig auftretenden, krampfartigen Schmerzen mit Erbrechen und/oder Stuhlverhaltung. Bei Darmverschluss ist das Erbro-

> **Schreien vor, während und nach einer Mahlzeit**
>
> ♦ *Unmittelbar vor einer Mahlzeit:* Hunger, Durst, schwieriges Temperament.
>
> ♦ *Während einer Mahlzeit:* gastrokolischer Reflex, zu langsamer oder zu schneller Milchfluss, unangenehmer Beigeschmack der Milch, Magensaftrückfluss.
>
> ♦ *Unmittelbar nach einer Mahlzeit:* noch nicht gestillter Hunger, gastrokolischer Reflex, Luft im Magen, Stuhldrang, Saugbedürfnis, Nahrungsmittelallergie, Magensaftrückfluss.

chene oft gelb oder grün gefärbt. (Während der ersten Lebenstage kann das Erbrochene eines Stillbabys ebenfalls gelb sein, weil dies die Farbe des Kolostrums, der Vormilch, ist. Aber wenn das Erbrochene Ihres Babys gelb ist, sollten Sie nie davon ausgehen, dass es wegen Ihrer Milch ist. Suchen Sie sofort einen Arzt auf, um sicher zu sein, dass es nicht auf eine schwerwiegendere Erkrankung hindeutet.)

♦ *Magensaftrückfluss.* Diese Schmerzursache liegt bei etwa ein bis drei Prozent aller unruhigen Babys vor.

♦ *Nahrungsmittelunverträglichkeit.* Bei fünf bis zehn Prozent der Kolikbabys verbessert sich die Situation durch eine Umstellung der Ernährung, was darauf schließen lässt, dass bei ihnen diese Störung vorliegt. Neben dem Schreien kann sie zu Erbrechen, Durchfall, Ausschlag oder Schleim-/Blutbeimengungen im Stuhl führen. (Eine ausführliche Besprechung von Reflux und Nahrungsmittelunverträglichkeiten finden Sie in Kapitel 4 und 14.)

3. *Atembeschwerden:* Von verstopften Nasenlöchern bis zu übergroßer Zunge. Die häufigste Form von Atembeschwerden ist durch verstopfte Nasenlöcher verursacht. Babys können nicht durch den Mund atmen, außer wenn sie schreien. Deshalb geraten Babys, die von Geburt an enge Nasenlöcher haben oder deren Nase wegen einer Allergie oder Erkältung zugeschwollen ist, so außer sich.

   Wenn Sie prüfen wollen, ob die Nase Ihres Babys frei ist, legen Sie die Spitze Ihres kleinen Fingers eng an eines seiner Nasenlöcher und verschließen es so für ein paar Sekunden. Es sollte durch das offene Nasenloch problemlos atmen können. Wiederholen Sie den Test auf der anderen Seite.

   Wenn Ihr Baby nicht durch die Nase atmen kann oder bei diesem Test sehr unruhig wird, sollten Sie Ihren Arzt konsultieren. Wenn das Nasenloch durch Schleim blockiert zu sein scheint, fragen Sie ihn, wie Sie den Schleim am besten entfernen können. Und bemühen Sie sich, Staub, Schimmel, Sprays, Parfüm, Zigarettenrauch und andere Substanzen, die zu einer verstopften Nase führen können, aus Ihrer Wohnung zu entfernen.

   Sehr selten haben Babys Atembeschwerden, weil ihre Zunge zu groß für ihren Mund ist und in der Rückenlage in den Rachen zurückfällt. Dieses Problem ist von Geburt an erkennbar, da die Zunge immer ein wenig aus dem Mund herausragt.

4. *Erhöhter Hirndruck.* Wenn der Druck im Kopf eines Babys steigt, verursacht dies auch folgende Symptome:
   - Unleidlichkeit und Schreien wegen der Kopfschmerzen.
   - Erbrechen.

- Ungewöhnlich schrilles Schreien.
- Vorgewölbte Fontanelle (auch in aufrechter Haltung).
- Geschwollene Venen auf der Stirn.
- Zu schnell wachsender Kopf (Ihr Arzt sollte den Kopfumfang Ihres Babys bei der Vorsorgeuntersuchung messen).
- Sonnenuntergangsphänomen (starren mit weit geöffneten Augen, wobei ein halbmondförmiger Anteil des Weißen im Auge oberhalb der Iris zu sehen ist).

Wenn Ihr Baby die oben beschriebenen Symptome zeigt, sollten Sie sofort Ihren Arzt aufsuchen.

5. *Schmerzen an der Haut: Ein Faden oder Haar ist eng um einen Finger oder Zeh oder den Penis gewickelt.* In früheren Zeiten führte plötzliches schrilles Schreien bei einem bislang ruhigen Baby dazu, dass Eltern nach einer offenen Sicherheitsnadel in der Windel suchten. Heute ist das dank nadelfreier Windeln nicht mehr nötig. Jetzt sollten Eltern, die einen abrupt einsetzenden, schrillen Schrei hören, nach einem Haar oder Faden suchen, der eng um den Finger, Zeh oder Penis ihres Babys gewickelt ist. Dieses Problem erfordert sofortiges ärztliches Eingreifen. (Oft trägt der Arzt in diesem Fall ein wenig Enthaarungscreme auf.)

6. *Schmerzen im Mund: Von Soor bis zum Zahnen.* Soor, eine Hefepilzinfektion im Mund, ist leicht zu erkennen, weil dabei ein milchig-weißer Belag auf den Lippen und in der Mundhöhle entsteht, der sich nicht wegwischen lässt. Soor kann auch zu einem pickligen roten Ausschlag im Windelbereich und/oder juckenden roten Brustwarzen bei einer stillenden Mutter führen.

- *Soor* führt selten dazu, dass ein Baby sehr unruhig wird,

kann jedoch gelegentlich wegen der gereizten Mundschleimhaut Schreien verursachen. Glücklicherweise ist er leicht zu behandeln, und das Baby erholt sich schnell davon.
- ♦ Viele Eltern fragen, ob das Schreien ihres Babys durch *Zahnen* verursacht sein kann. Das ist sehr unwahrscheinlich, weil bei zwei Monate alten Babys Zähne etwa so selten vorkommen wie bei Hühnern. Wenn Sie aber davon überzeugt sind, dass Ihr Baby Zahnprobleme hat, geben Sie ihm schmerzstillende Tropfen. (Fragen Sie Ihren Arzt nach der richtigen Dosierung.) Sie helfen nicht gegen Koliken, aber gegen leichte Zahnungsschmerzen.

7. *Nierenschmerzen: Blockierung der Harnorgane.* Eine Blockierung der Niere ist eine sehr seltene Ursache anhaltenden Schreiens, die jederzeit (tagsüber oder nachts) auftreten kann. Im Gegensatz zu den klassischen Drei-Monats-Koliken, die sich nach einiger Zeit bessern, wird Schreien, das auf Nierenschmerzen zurückzuführen ist, zunehmend schlimmer.

8. *Augenschmerzen: Vom Glaukom bis zu Hornhautverletzungen.* Augenschmerzen, die ebenfalls sehr selten sind, können von einem Glaukom (hohem Augeninnendruck), einer Verletzung der Hornhaut oder einem kleinen Partikel (beispielsweise einer Wimper), das unter dem Augenlid des Babys steckt, herrühren. Ihr Arzt sollte diese Störungen in Betracht ziehen, wenn Ihr schreiendes Baby rote, tränende Augen hat und Tag und Nacht Schmerzen zu haben scheint.

9. *Überdosierung: Von überschüssigem Natrium bis zu Vitamin A.* Anhaltendes, heftiges Schreien kann auch dadurch verur-

sacht sein, dass ein Baby zu viel Natrium (Salz) aufgenommen hat, weil beispielsweise Fertignahrung nicht ausreichend mit Wasser verdünnt wurde. In seltenen Fällen kann auch bei einer stillenden Mutter nach der ersten Woche so wenig Milch produziert werden, dass die Muttermilch zu salzig wird. Bei diesen Babys ist die Diagnose leicht zu stellen, weil sie Gewicht verlieren, wenn sie keine anderen Flüssigkeiten bekommen, und den ganzen Tag sowohl unleidlich als auch apathisch sind.

Überschüssiges Vitamin A ist eine extrem seltene Ursache für das Schreien bei Babys. Es kommt nur dann vor, wenn Babys hohe Dosen Vitamin A oder Fischöl als Nahrungsergänzung erhalten.

10. *Sonstige Ursachen: Von Migräne bis zu Herzinsuffizienz*. Einige außerordentlich seltene Störungen, die als Ursache für untröstliches Schreien von Säuglingen angeführt werden, sind Knochenfrakturen, Zuckerunverträglichkeit bei Babys, die mit Obst oder Obstsaft gefüttert werden, Migräne, Schilddrüsenüberfunktion und Herzinsuffizienz. Die betroffenen Babys schreien nicht nur drei Stunden am Tag, sondern verhalten sich immer auffällig.

Anhang B
Überlebenshandbuch für
frisch gebackene Eltern

Die zehn wichtigsten Überlebensregeln
für Eltern von Neugeborenen

Nachdem wir so ausführlich über die Befindlichkeiten von Babys gesprochen haben, wollen wir nun über Ihre sprechen! Alle frisch gebackenen Eltern wissen, dass man zehn verschiedene Meinungen zu hören bekommt, wenn man fünf Menschen um Rat fragt. (Eigentlich braucht man überhaupt nicht zu fragen.) Obwohl Sie *mich* also nicht nach meiner Meinung gefragt haben, bekommen Sie meine Liste von zehn Überlebenstipps, die Ihnen helfen, nicht verrückt zu werden und die ersten Lebensmonate Ihres Babys etwas leichter durchzustehen.

1. Vertrauen Sie sich selbst: Sie sind das jüngste Glied
in einer endlosen Kette der besten Eltern der Welt

> Vertrauen Sie sich selbst. Sie wissen mehr,
> als Sie glauben.   Dr. Benjamin Spock

Als Leslie noch mit ihrem vier Tage alten Sohn Gabriel im Krankenhaus lag, sagte sie mir: »Ich bin sonst so ein Optimist, aber ich hatte Träume, in denen ich ihn fallen ließ oder irgendwo vergaß. Mein Mann macht schon Witze darüber, dass ein spezieller Alarm (›Vorsicht, unerfahrene Eltern!‹) losgehen wird, wenn wir mit Gabriel nach Hause fahren!«

Wenn es Ihnen wie den meisten unerfahrenen Eltern geht, fühlen Sie sich manchmal wie ein Bundesligaprofi und manchmal wie ein blutiger Amateur. Das kann einen ganz schön beuteln! Und die widersprüchlichen Empfehlungen verschiedener Babyexperten können die Verwirrung noch vergrößern.

Aber bevor Sie das Vertrauen in sich verlieren, sollten Sie an Folgendes denken: Sie sind Teil einer endlosen Kette erfolgreicher Eltern, die bis zum Anbeginn aller Zeiten zurückreicht. Sie und Ihr Baby haben überlebt, weil Sie von den besten Müttern, den beschützendsten Vätern und den stärksten Kindern der Welt abstammen. Deshalb ist Dr. Spocks Rat an Eltern, sich selbst zu vertrauen, so zutreffend.

Verlassen Sie sich auf Ihre Gefühle. Entspannen Sie sich und denken Sie daran, dass alles, was Ihr Baby von Ihnen braucht, Milch und Ihre stärkende Liebe ist. Und alles, was *Sie* wirklich brauchen, ist Geduld, Unterstützung, ein paar Informationen und vielleicht hin und wieder eine Massage.

2. Erwarten Sie nicht zu viel

> Du wirst sehen: Ein Baby zu haben, ist, als ob du in deinem eigenen Bett einschläfst und in Zimbabwe aufwachst!
> Sonya zu ihrer Tochter Denise – einen Monat, bevor Denise Aidan zur Welt brachte

Elternschaft ist mit allen möglichen Missverständnissen und Überraschungen verbunden. Und das größte Missverständnis besteht vielleicht darin zu glauben, dass man von dem Augenblick an, in dem das Baby zur Welt kommt, genau wissen wird, was zu tun ist. Selbst nach der Geburt ihres dritten Kindes bemerkte Beth: »Das Einzige, worauf ich am Ende meiner ersten Schwangerschaft wirklich vorbereitet war, war das Ausfüllen von Formularen und das Einkaufen von Umstandskleidern!«

Der Umgang mit Kindern erfordert einige praktische Erfahrung (besonders wenn es um schwierige Babys geht). Und doch sind viele Paare, die heute ein Baby erwarten, noch nie auch nur mit einem Neugeborenen in Berührung gekommen. Trotz dieser mangelnden Erfahrung erwarten sie, dass sie sofort in der Lage sein werden, sich um das Baby zu kümmern *und* den Haushalt zu bewältigen *und* einem Beruf nachzugehen *und* ein Liebespaar zu sein.

Leider haben diese unrealistischen Erwartungen in unserer Kultur zumindest während der letzten fünfzig Jahre zugenommen. Wenn Sie während der Schwangerschaft gewarnt wurden, dass Ihr Leben nie wieder so wie vorher sein würde, haben Sie es wahrscheinlich mit einem Achselzucken abgetan. Wenige werdende Eltern glauben, dass *ihr* Baby schwierig sein wird. Bei den meisten Frauen unterscheidet sich die Schwangerschaft kaum von ihrem gewohnten Leben, sodass sie sich in einer falschen Sicherheit wiegen. Vor der Entbindung kann man noch in der Badewanne liegen und denken: »Ich bin vorbereitet. Ich habe die Sache im Griff.« Alles geht so automatisch, dass viele Frauen fälschlich glauben, die Betreuung des Neugeborenen werde genauso selbstverständlich sein. Wie Sie jetzt wissen, sieht die Wirklichkeit völlig anders aus. Erst nach der Geburt Ihres Babys erkennen Sie, welche Anforderungen auf Sie zukommen. Plötzlich kommt Ihnen dieses ausgedehnte heiße Bad, das Sie sich einen Monat vor der Entbindung gegönnt haben, wie ein Urlaub in der Karibik vor.

Die zehn wichtigsten Überlebensregeln für Eltern von Neugeborenen

Eine andere Erwartung, die der Wirklichkeit möglicherweise nicht standhält, ist die, dass man sein Baby vom ersten Augenblick an liebt. Natürlich verlieben sich viele Eltern *tatsächlich* sofort in ihr Neugeborenes, aber es ist eine der selten ausgesprochenen Wahrheiten bezüglich der Elternschaft, dass viele frisch gebackene Mütter und Väter *nicht* gleich von Liebe überwältigt sind. Eigentlich ist es einleuchtend, dass es einige Zeit dauern kann, bis man sich verliebt. Schließlich erleben die wenigsten von uns Liebe auf den ersten Blick.

Und das ist noch nicht alles. Sie werden bald feststellen, dass sich auch in Ihrem Gehirn etwas verändert hat. Gedächtnisschwund ist ein weiteres Zeichen dafür, dass Ihr Leben vorübergehend außer Kontrolle ist. Eine junge Mutter sagte mir, sie vermute, dass bei der Entbindung ein Teil ihres Gehirns zusammen mit der Plazenta herausgekommen sei.

Viele Mütter haben das Gefühl, dass sie durch die Geburt zu völligen »Schwachköpfen« werden – und in gewisser Weise trifft das zu! Durch das Stillen wird im Körper eine große Menge Prolaktin ausgeschüttet, was – zusammen mit anderen massiven hormonellen Veränderungen im Körper – wahrscheinlich die Ursache für diese neue Vergesslichkeit ist. Außerdem werden Sie feststellen, dass sich Ihr Denkvermögen durch Erschöpfung noch um das Zehnfache verschlechtert. Klares Denken ist bei anhaltendem Schlafentzug sehr schwer aufrechtzuerhalten.

Seien Sie also geduldig und rücksichtsvoll mit sich selbst. In wenigen Monaten werden Sie wieder festen Boden unter den Füßen haben und werden vor allem Ihr Baby besser als irgendeinen anderen Menschen auf der Welt kennen!

3. Nehmen Sie jede Hilfe an, die Sie bekommen können

Als ich von Florida nach Kalifornien zog, war ich froh, unabhängig von meiner Familie zu sein. Aber als mein Baby zur Welt kam, vermisste ich sie auf eine Weise, wie ich es bisher nicht gekannt hatte. Plötzlich wollte ich meine Familie um mich haben.

Kathleen, Mutter der zwei Monate alten Ella Rose

In keiner anderen geschichtlichen Epoche wurde von Müttern und Vätern erwartet, dass sie sich *ganz allein* um ihr Baby kümmerten. Das Konzept der Kernfamilie – eine Mutter und ein Vater sind für alles zuständig – ist eines der neuesten und riskantesten Experimente der Menschheit, das erst seit zwei oder drei Generationen erprobt wird. (Das sind nur 60 von den 60 000 Jahren, seit denen es den modernen Menschen gibt.) In der Vergangenheit konnte ein Paar jederzeit von seiner Familie und der größeren Gemeinschaft, in der es lebte, Hilfe erwarten und sich später auch dafür revanchieren.

Sharon, Mutter von Noah und Ariel, arbeitete zu Hause und lebte tausend Kilometer von ihrer Familie entfernt, ohne Babysitter oder Kindermädchen. Sharon war bestrebt, für das Wohlergehen ihrer Kinder zu sorgen – auch wenn sie selbst sich kaum noch auf den Beinen halten konnte. Sie fühlte sich nach ihren eigenen Worten wie eine alte Tomatenpflanze, deren Früchte prall und reif aussehen, obwohl sie selbst kraftlos und schwach ist.

Ich ermutige die Eltern meiner kleinen Patienten immer, sich Hilfe zu holen und kein schlechtes Gewissen zu haben, wenn sie darum bitten – oder dafür bezahlen. Lassen Sie sich von Freunden eine tiefgefrorene Mahlzeit bringen, beim Putzen helfen oder Ihr Baby betreuen, während Sie ein Nickerchen machen. Während Sie sich so verausgaben, um Ihr neugeborenes Baby zu betreuen, sollten *Sie* sich von einem unterstützenden Netzwerk betreuen lassen – Sie können sich später revanchieren.

Die zusätzlichen »Hände« einer Nichte, einer Nachbarin, eines Kindermädchens (oder der Schaukel) sind weder ein Luxus noch ein Zeichen Ihres Versagens. Es ist das äußerste Minimum, auf das junge Mütter zu allen Zeiten zurückgreifen konnten.

4. Setzen Sie die richtigen Prioritäten: Sollten Sie sich eine Pause gönnen oder den Abwasch erledigen?

> Bei den wenigen Gelegenheiten, bei denen mein weinendes Baby vor mir einschlief, nutzte ich die Zeit für mich! Ich genoss ein Schaumbad, entspannte mich mit einem Drink, las ein Buch und betete, dass sie noch ein bisschen länger schlafen würde.
>
> Frances Wells Burck, *Handbuch Baby*

Wie gesagt möchte ich Sie ermutigen, sich helfen zu lassen, aber wenn Sie keine Hilfe bekommen können, brauchen Sie sich auch keine Sorgen zu machen: Ihr Job ist machbar – solange Sie die richtigen Prioritäten setzen. Es wird eine Zeit kommen, in der Sie alles erreichen können, was Sie wollen, aber das ist nicht die Zeit nach der Geburt eines Babys.

Eine Ihrer obersten Prioritäten sollte Folgendes sein: Versuchen Sie nicht, zu viel zu tun. Beispielsweise ist die Woche nach der Entbindung nicht die richtige Zeit, um aus größerer Entfernung anreisende Verwandte aufzunehmen. Wie meine Mutter zu sagen pflegte: »Sei nicht aus Dummheit höflich!« Ein paar Gratulanten sind in Ordnung, aber nur wenn sie gesund und hilfsbereit sind. Besucher, die nicht kochen oder sauber machen können, nehmen nur Ihre kostbare Zeit in Anspruch und, schlimmer noch, *sie können Keime in Ihre Wohnung bringen*.

Menschen, die von Ihnen abgewiesen werden, mögen Sie paranoid nennen, aber Sie hatten nie bessere Gründe, neurotisch und übermäßig beschützend zu sein!

> **Ruhephasen: Was junge Eltern am dringendsten brauchen**
>
> > Manchmal ist das Dringendste und Wichtigste, was man tun kann, ... ein Nickerchen zu machen.
> > Ashley Brilliant
>
> Als Teenager waren wir verrückt danach, die ganze Nacht aufzubleiben. Jetzt werden wir verrückt, *wenn* wir die ganze Nacht aufbleiben!
>
> Die extreme Müdigkeit, unter der frisch gebackene Eltern leiden, kann zu Depressionen, Reizbarkeit, dem Gefühl der Unzulänglichkeit und einer verzerrten Wahrnehmung der Umwelt führen. (In manchen Ländern wird Schlafentzug als Foltermethode eingesetzt!)
>
> Also machen Sie ein Nickerchen, wenn Ihr Baby schläft, legen Sie sich hin, wenn Ihre Mutter zu Besuch kommt, und wie immer Sie es auch anstellen müssen – ruhen Sie sich aus!

Es kann auch ganz sinnvoll sein, einige wichtige Daten zu Ihrem Baby auf den Anrufbeantworter zu sprechen und allen mitzuteilen, dass Sie in den nächsten Wochen nicht zurückrufen werden. Natürlich können Sie dann immer noch zurückrufen, wenn Sie es wollen, aber durch diese Maßnahme schaffen Sie sich genügend Freiraum, um Dinge zu erledigen, die eine noch höhere Priorität haben, wie beispielsweise ein heißes Bad nehmen.

5. Seien Sie flexibel: Es ist viel besser nachzugeben, als zu zerbrechen

> Man muss einfach akzeptieren, dass man an manchen Tagen die Taube und an anderen die Statue ist. Roger Anderson

Es mag Zeiten im Leben geben, in denen Kompromisslosigkeit bewundernswert ist – die Zeit nach der Geburt eines Babys gehört *nicht* dazu. Deshalb glaube ich, dass auf den offiziellen Autoaufklebern für junge Eltern der Slogan »Sei flexibel – oder stirb!« stehen sollte.

Entscheiden zu können, welche Betreuungs- und Erziehungsmethoden einem *selbst* sinnvoll erscheinen und beim *eigenen* Kind funktionieren, ist Teil des Vergnügens und der Verantwortung der Elternschaft. Aber es ist auch wichtig, einmal getroffene Entscheidungen über den Haufen werfen und wieder von vorn anfangen zu können, wenn es nicht so funktioniert, wie man es sich vorgenommen hatte.

Wenn Sie ein Mensch sind, der es bisher genossen hat, alles im Griff zu haben, immer pünktlich zu sein und in einer makellos aufgeräumten und geputzten Wohnung zu leben, werden Sie für diese neue Flexibilität etwas Übung brauchen – und tief durchatmen müssen. Aber Sie können das Ganze auch mit Humor nehmen, weil der Augenblick kommen wird, in dem Ihre Milch Flecken in Ihrer Lieblingsbluse hinterlässt und Ihr kleiner Liebling seine Windelfüllung auf Ihrem weißen Sofa ablädt!

Wenn Sie können, legen Sie Ihre Liste der zu erledigenden Dinge für einige Monate beiseite. Akzeptieren Sie, dass Ihre

Uhr vorübergehend vom Zeitmessinstrument zum reinen Wandschmuck geworden ist. Und seien Sie darauf gefasst, dass es eine Zeit lang keinen wirklichen Unterschied mehr zwischen Tag und Nacht geben wird.

Sie haben sich auf die Sache eingelassen, also lassen Sie los, und öffnen Sie sich dem Staunen, der Ehrfurcht und Freude eines der größten Abenteuer im Leben!

6. *Erkenne dich selbst: Wie fühlen Sie sich, wenn Ihr Baby schreit?*

Können Sie gelassen denken: »Es muss einen schlechten Tag haben«, wenn Ihr Baby Ihnen ins Gesicht schreit, oder denken Sie: »Oh, Gott, ich mache etwas falsch!«, oder: »Ich verdiene es nicht, Mutter zu sein!«, oder gar: »Was bildet es sich eigentlich ein?«.

Zweifellos kann das Schreien Ihres Babys eine Welle beunruhigender Gefühle auslösen, die ihre Wurzeln in der Vergangenheit haben. Vielleicht erinnern Sie sich plötzlich an zornige, kritisierende oder höhnische Stimmen, die vor langer Zeit gegen Sie gerichtet waren. Und Sie fühlen sich vielleicht zornig oder in die Defensive gedrängt. Selbstverständlich steht das Schreien Ihres Babys in keinem Zusammenhang mit Ihren traumatischen Kindheitserinnerungen. Es ist noch viel zu klein, um zornig zu sein oder Sie kritisieren oder manipulieren zu können. Aber Erschöpfung und Stress können Ihrem Verstand manchmal einen Streich spielen und diese unschuldigen Schreie wie schmerzhafte Angriffe klingen lassen.

Auch das gehört zum Elternsein. Wenn solche Gefühle in Ihnen hochkommen, fassen Sie sich ein Herz, und sprechen

Sie mit Ihrem Partner oder einem anderen Menschen, dem Sie wirklich am Herzen liegen, darüber. Je mehr Sie über die schmerzlichen Erfahrungen der Vergangenheit und aktuelle Ängste sprechen, desto klarer wird Ihnen, dass das Schreien Ihres Babys in keinerlei Zusammenhang mit diesen alten Erfahrungen steht.

7. Schaukeln Sie die Wiege nicht zu heftig: Babys, Frustration und Kindesmisshandlung

David fühlte plötzlich eine Welle von Zorn über sich hinwegfegen wie ein heißer Wind. Nach wochenlangem Kolikgebrüll seiner Zwillinge Sam und Ben wurde er so wütend, dass er mit der Hand die Tür durchschlug. »Ich war so frustriert und erschöpft, dass ich keine Kontrolle mehr über mich hatte. Ich würde meine Jungen nie verletzen, aber zum ersten Mal in meinem Leben konnte ich verstehen, wie Eltern zu solchen Verzweiflungstaten getrieben werden.«

Kaum etwas macht uns zufriedener, als wenn es uns gelingt, unser schreiendes Baby zu beruhigen, aber wenn alles, was wir tun, fehlschlägt, gibt es kaum etwas, bei dem wir uns schlechter fühlen.

Denken Sie daran, dass der Schrei eines Babys einen Staubsauger übertönen kann. Darum ist es so schwer zu ertragen, wenn es an Ihrer Schulter liegt und direkt neben Ihrem Ohr brüllt. Das Schreien löst in Ihrem Nervensystem »Alarmstufe Rot« aus, sodass Ihr Puls rast, Ihr Magen sich zusammenkrampft und Sie den dringenden Wunsch haben, das Schreien zum Stillstand zu bringen. Dieses Schreien kann fast unerträglich werden, wenn es in Kombination mit Erschöpfung, Depression, finanziellen Belastungen, hormonellem Chaos, familiären Konflikten oder eigenen Misshandlungserfahrungen auftritt. Wenn diese Stressfaktoren zusammentreffen, können sie manchmal dazu führen, dass selbst liebevolle Eltern ihr Kind misshandeln.

Ein recht sanftmütiger Vater erzählte mir, dass er einmal über sich selbst schockiert gewesen sei, als ihm die Schreie seiner Tochter mitten in der Nacht »an die Nerven gingen« und er plötzlich die Wiege »ein bisschen zu heftig« schaukelte. »Ich hatte das Gefühl, ein schrecklicher Vater zu sein. Meine kleine Marlo war so unglücklich, aber nichts von dem, was ich tat, schien ihr zu helfen. Ich fühlte mich so unzulänglich.«

Sehr frustrierend ist es für Eltern auch, wenn eine Beruhigungstechnik, die sonst immer funktioniert hat, plötzlich keine Wirkung mehr zeigt. Es ist, als ob man am helllichten Tag, wenn man es am wenigsten erwartet, überfallen wird.

Aber wie verzweifelt Sie auch sein mögen – denken Sie immer daran, dass zwischen Gefühlen und Handlungen ein großer Unterschied besteht. Wenn Sie erschöpft sind, dürfen Sie so lange Sie wollen Witze darüber machen, dass Sie Ihr Baby jemandem vor die Tür legen, aber selbstverständlich dürfen Sie diese Fantasie nicht in die Tat umsetzen.

Was sollten Sie tun, wenn Sie das Gefühl haben, kurz vor dem kritischen Punkt zu sein?

- ♦ Schaffen Sie sich Erleichterung, indem Sie Hilfe im Haushalt und bei der Babybetreuung in Anspruch nehmen.
- ♦ Betätigen Sie sich körperlich, um Ihre Energie zu kanalisieren: Graben Sie ein Loch, schlagen Sie Nägel ein, schlagen Sie auf das Sofa ein, schreien Sie in ein Kissen, weinen Sie

in ein Handtuch, oder gehen Sie einfach hinaus und laufen Sie eine Runde!
- ♦ Sprechen Sie mit jemandem: einer Freundin, einem Verwandten oder auch mit der Telefonseelsorge.

8. Bewahren Sie sich Ihren Sinn für Humor

> Es gibt Zeiten, in denen man als Eltern das Gefühl hat, den Mund zu füttern, der einen beißt.
> Peter de Vries

> Normal sind nur die Familien, die man nicht sehr gut kennt.
> Joe Ancis

> Babys sind immer schwieriger, als man gedacht hat ... und wunderbarer.
> Charles Osgood

> Es ist nicht einfach, seine Probleme nacheinander anzugehen, wenn sie sich nicht in einer Reihe aufstellen.
> Ashley Brilliant

Kinder aufzuziehen ist eine ständige Abfolge von Aufgaben und Herausforderungen. Sie wollen keine Fehler machen, aber Sie machen welche. Denken Sie daran, dass es Perfektion nur im Wörterbuch gibt. Vergessen Sie also die Würde ..., vergessen Sie gute Organisation ..., gehen Sie sanft mit sich um ... und *lachen Sie, so viel Sie können!*

Lachen ist genau das, was dieser Arzt verordnet. Leihen Sie lustige Filme aus, oder schauen Sie sich Wiederholungen von *Mr. Bean* an. Versuchen Sie sich vorzustellen, wie Kleopatra ihr Baby Bäuerchen machen lässt und ein Schwall Erbrochenes *ihren* Rücken hinunterläuft.

Lachen Sie über Ihre Frisur, lachen Sie über Ihr Baby, lachen

Sie über Ihre unordentliche Wohnung. Lachen Sie darüber, dass Sie jetzt zu den Frauen gehören, die Sie früher gemieden haben – jenen Frauen, die auf Partys in hitzige Diskussionen über Bäuerchen und die Farbe vom Babystuhl geraten.

9. Kümmern Sie sich um Ihren Partner
(er/sie könnte eines Tages noch nützlich für Sie sein)

Als Curtis, Cheryls und Jeffs zweites Kind, vier Wochen alt war, sagte Jeff: »Wir hatten noch nicht einmal Sex.« Worauf Cheryl erwiderte: »Was erwartest du? Jede erotische Zone meines Körpers tropft, ist wund oder pulsiert!«

Die Betreuung eines Neugeborenen ist so anstrengend, dass ein Elternteil leicht das Gefühl bekommen kann, hundertzehn Prozent zu geben (stimmt meistens), während der Partner nur fünfundsiebzig Prozent gibt (meistens falsch).

- »Ich arbeite den ganzen Tag und bade trotzdem noch das Baby, wenn ich nach Hause komme« gegen »Ich kümmere mich den ganzen Tag um das Baby und mache ihm trotzdem das Abendessen und kratze ihm den Rücken«.
- »Sie hat es wirklich gut: Sie kann den ganzen Tag zu Hause herumhängen, fernsehen und es sich mit dem Baby gemütlich machen« gegen »Er hat es wirklich gut: Er geht zur Arbeit und sieht andere Leute«.

In Wahrheit ist die Betreuung eines Neugeborenen eine gemeinsame Anstrengung. Es gibt so viel zu tun, dass die einzige Möglichkeit, alles zu erledigen und trotzdem Freunde zu bleiben, darin besteht, es als Team zu tun.

Die Welt Ihres Babys ruht auf Ihnen beiden. Deshalb möchte es Sie nie sagen hören: »Ich habe alles für dich aufgegeben. Ich habe dir sogar Vorrang vor meiner Beziehung zu deinem Vater/deiner Mutter gegeben.« Wenn Ihr Baby dazu in der Lage wäre, würde es Ihnen sogar sagen: »Macht euch meinetwegen keine Sorgen. Mir geht es gerade sehr gut, aber später werde ich euch wirklich brauchen. Tut jetzt einfach irgendetwas, das euch Spaß macht, schaut euch einen Film an ..., aber bitte kümmert euch um euch selbst.«

Die Babybetreuung ist nur eine Hälfte Ihres Jobs. Die andere Hälfte besteht darin, sich gegenseitig Zuwendung zu geben. Väter müssen ihre Frauen unterstützen und lieben, Mütter müssen ihre Männer stärken und ihnen Zärtlichkeit geben, und beide müssen etwas großzügiger miteinander umgehen und scharfe Kritik vermeiden. (Natürlich werden Sie und Ihr Partner in vielen Situationen unterschiedlich reagieren. Sie sind eigenständige Individuen mit einer ganz besonderen Lebenserfahrung.)

Nehmen Sie sich die Zeit, miteinander spazieren zu gehen, sich zehn Minuten zu massieren, sich den Rücken zu kratzen oder sich sexuelle Befriedigung zu schenken. Versuchen Sie, Ihren Partner nie als etwas Selbstverständliches zu betrachten, und gehen Sie nie wütend zu Bett. Diese ersten Monate sind der schwierigste Teil des ersten Jahres, aber die gute Nachricht ist, dass Ihre Ehe aus dieser Zeit gestärkt hervorgehen kann, wenn Sie zusammenarbeiten.

Für Väter: Achten Sie Ihre Frau – die große Göttin der Schöpfung. Können Sie sich vorstellen, wie peinlich es Ihnen wäre, wenn

Ihre Fruchtblase mitten in einer geschäftlichen Besprechung platzen würde? Während sich im Leben eines werdenden Vaters neun Monate lang kaum etwas verändert, wird seine Frau auf eine nahezu surreale Weise körperlich und geistig gedehnt. Seien wir doch ehrlich: Jeder Mann, der die Geburt seines Kindes miterlebt hat, weiß, welches Geschlecht wirklich das schwächere ist.

Mütter sind große Heldinnen! Wenn es um das Babymachen geht, steuern wir Männer gerade mal ein Spermium bei, während unsere Frauen im Grunde *einen Hundeschlitten von Alaska zum Golf von Mexiko ziehen*. Von Ihren 23 Chromosomen abgesehen, hat Ihr Baby jedes einzelne Molekül durch den Körper Ihrer Frau erhalten. Es ist beinahe so, als ob an jeder Zelle ein kleines Schild hängen sollte, auf dem steht: »Von Mama kontrolliert.«

Und nach der Geburt Ihres Kindes trägt Ihre Frau eine weitere schwere Verantwortung auf ihren Schultern. Während Sie zur Arbeit gehen, kümmert sie sich zu Hause um tropfende Brüste, wunde Brustwarzen, ein Übergewicht von fünfzehn Kilo und einen hysterischen, rotgesichtigen kleinen Menschen, der sie anbrüllt – und das mit wenig oder ganz ohne Training.

Und dann ist da noch der Sex (oder eben nicht)! Möglicherweise sind Sie jetzt an Sex interessiert, nachdem Sie schon während der letzten Schwangerschaftsmonate enthaltsam leben mussten. Aber für viele frisch gebackene Mütter ist Sex das Letzte, was ihnen in den Sinn kommt. Frauen haben nach der Entbindung oft das Gefühl, dass ihre Beckenregion »erschöpft« ist, und obwohl sie aussehen mögen, als ob sie sich gerade einer Brustvergrößerung unterzogen haben, fühlen sie sich wahrscheinlich nicht sehr erotisch. (Denken Sie daran, dass der Busen jetzt für das Baby da ist.)

Wie sollten Sie sich verhalten? Setzen Sie neue Prioritäten. Denken Sie daran, dass noch niemand auf dem Sterbebett gesagt hat: »Ich bedauere nur, dass ich nicht mehr Zeit im Büro verbracht habe.« Jetzt ist die Zeit, in der Ihre Frau Ihre Aufmerksamkeit, Ihre Unterstützung und Ihre Zärtlichkeit am meisten braucht. (Es ist kein Zufall, dass Wissenschaftler herausgefunden haben, dass der wichtigste Faktor für erfolgreiches Stillen die Unterstützung des Ehepartners ist.) Bringen Sie Ihrer Frau Blumen mit, wickeln Sie das Baby und geben Sie ihr Gelegenheit, mit Freundinnen auszugehen – das ist die Art von Unterstützung, die sie braucht!

Wirklich helfen können Sie Ihrer Frau auch, indem Sie das Beruhigen des Babys übernehmen. Männer können Babys großartig beruhigen, wenn sie die Kuscheltherapie kennengelernt haben. Frank, Bauarbeiter und Vater des zwei Monaten alten Kolikbabys Angela, sagte dazu: »Ich finde es wunderbar, dass ich mein Baby innerhalb von Sekunden beruhigen kann.«

Für Mütter: Achten Sie Ihren Partner – den Mann, der die Sache ins Rollen gebracht hat. Ja, es stimmt: Sie *mussten* bisher die ganze harte Arbeit machen und die »schwere Last tragen«, und Sie sind so beschäftigt, dass Sie kaum Zeit zum Pinkeln finden – aber ein frisch gebackener Vater zu sein, ist auch nicht ganz einfach.

Denken Sie daran, dass Ihr Mann von den erfolgreichsten Höhlenmenschen der Welt abstammt und wahrscheinlich Erwartungen in Dinosauriergröße an sich stellt. Auch wenn Män-

Die zehn wichtigsten Überlebensregeln für Eltern von Neugeborenen

ner ihre Frauen heute nicht mehr vor Säbelzahntigern schützen müssen, fühlen doch die meisten einen enormen Druck, sich draußen in der Welt dem Konkurrenzkampf zu stellen, um ihre Familie zu ernähren.

Wenn Ihr Mann wenig sagt, sollten Sie nicht denken, dass er keine so tiefen Gefühle wie Sie hegt. Männer, denen schreiende Babys gezeigt wurden, reagierten darauf schweigsamer als ihre Frauen, zeigten aber denselben starken Anstieg bei Schweißabsonderung, Herzfrequenz und Blutdruck.

Zweifellos sind viele junge Väter beim Umgang mit Babys so nervös wie damals, als sie ein Mädchen zum Abschlussball einluden. Also seien Sie geduldig mit Ihrem Liebsten. Seien Sie zur Stelle, wenn er Sie braucht, aber eilen Sie nicht sofort zu Hilfe, wenn er alles Mögliche ausprobiert, um herauszufinden, wie er das Baby beruhigen kann – erinnern Sie ihn einfach an die fünf »S«. Er spürt, dass Sie ihm vertrauen, und fühlt sich großartig, wenn er es allein schafft. Dann empfindet er sich nicht als Außenseiter, sondern als wichtiger Spieler im Team.

10. Ignorieren Sie die Depression nicht: der ungebetene Gast

Meine ganze Welt wurde auf einmal schwarz. Meine Gefühle wechselten zwischen Schuld, Wut, Verzweiflung und so großer Angst, dass ich dachte, ich würde den Verstand verlieren. Ich hatte schreckliche Fantasien, in denen ich mich selbst verletzte, um ins Krankenhaus gebracht zu werden und von alldem wegzukommen.

Ich hatte das Gefühl, dafür bestraft zu werden, dass ich dachte, ich könne eine gute Mutter sein. Ich hatte das Gefühl, dass ich es nicht verdiente, ein Kind zu haben ... und ich weinte stundenlang.

Louisa, Mutter der drei Wochen alten Georgia

So schockierend es klingen mag – bei etwa vierzig Prozent aller frisch gebackenen Mütter wird in den Tagen und Wochen nach der Geburt ihres Babys die Freude durch negative Gefühle getrübt. Vielleicht haben Sie bei sich selbst schon bemerkt, dass Ihnen manchmal nach Weinen zumute ist, dass Sie sich Sorgen machen, dass Sie erschöpft sind, aber nicht einschlafen können – all dies können Zeichen einer Wochenbettdepression sein.

Kurz nach der Entbindung können Frauen drei Stufen der Depression erleben: den *Baby-Blues* (leichte Weinerlichkeit, Ängstlichkeit und Schlaflosigkeit), echte *Wochenbettdepression* (eine schwerere Form von Traurigkeit) und *Wochenbettpsychose* (eine schwerwiegende, seltene Störung, die mit Halluzinationen, unzusammenhängenden Äußerungen und bizarrem Verhalten einhergeht).

Der Baby-Blues. Der Baby-Blues beginnt normalerweise einige Tage nach der Geburt des Babys und dauert mehrere Tage. Niemand weiß genau, weshalb er auftritt, aber manche Wissenschaftler sind der Auffassung, dass er durch die dramatischen hormonellen Veränderungen nach der Geburt verursacht wird. Der Baby-Blues kann durch all die anderen Stressfaktoren im Leben einer frisch gebackenen Mutter – und ein Baby, das sehr viel schreit – noch verstärkt werden.

Der Baby-Blues ist so verbreitet, dass viele Ärzte ihn als normale Begleiterscheinung einer Entbindung betrachten. Dennoch können die Erschöpfung, die Angstgefühle und die unerwartete Trauer in der Zeit, in der sie durchlebt werden, sehr beunruhigend sein.

Sarah rief mich an, weil sie sich niedergeschlagen und zurückgewiesen fühlte. Sie wusste mit ihrer vier Wochen alten Tochter Julie nicht mehr weiter. Sarah berichtete: »Sie ist die ganze Zeit unruhig und fordernd. Ich fühle mich meiner Freude beraubt. Mir graut vor ihrem Schreien, weil ich nie weiß, ob es fünf Minuten oder vier Stunden dauern wird! Und zu allem Überfluss leide ich auch noch unter Schlaflosigkeit. Ich habe von Natur aus einen leichten Schlaf, aber jetzt bin ich so auf Julies Schreien ausgerichtet, dass ich nur noch ganz kurz schlafen kann. Ich habe Angst, bin erschöpft ... stehe kurz vor einem Zusammenbruch.

Als ich beobachtete, wie gelassen mein Babysitter mit Julie umging, drängte sich mir der Gedanke auf, dass ich mit meinen ungeschickten Versuchen, sie zu beruhigen, alles nur noch schlimmer machte.«

Ich bat Sarah und Tom, in meine Praxis zu kommen, damit ich ihnen die Kuscheltherapie zeigen konnte. Ich hoffte, dass Sarahs Probleme hauptsächlich auf Erschöpfung zurückzuführen sein würden, befürchtete aber auch, dass sie den Baby-Blues haben könnte. Nachdem ich ihnen die fünf »S« gezeigt hatte, legte ich Sarah nahe, sich einen Termin bei einem Psychologen geben zu lassen, falls die Techniken nicht helfen würden. Glücklicherweise führte die Kuscheltherapie zu einer deutlichen Verbesserung der Situation. Sarah beherrschte die Beruhigungstechniken sehr schnell und erreichte damit auch, dass Julie länger schlief. Sie begann sich als bessere Mutter zu fühlen.

»Gestern konnte ich mein Baby innerhalb von fünf Minuten beruhigen! Ich war so stolz auf mich! Innerhalb einer Woche ist Licht in das Dunkel gekommen und mein Leben hat sich völlig verändert.«

Echte Wochenbettdepression. Einer der am wenigsten diskutierten Aspekte einer Geburt ist die Depression. Während der ersten Wochen nach der Entbindung – einer Zeit, die eigentlich die glücklichste ihres Lebens sein sollte – haben etwa fünf Prozent der Mütter (die Schätzungen reichen von drei bis 20 Prozent) starke Trauer- und Angstgefühle. Wenn leichte Traurigkeit nach der Geburt eines Kindes als Baby-Blues bezeichnet wird, dann sollte diese schwerere Form der Depression »Baby-Black-and-Blues« heißen, weil sie einen gewalttätigen Angriff auf die psychische Gesundheit einer Frau darstellt.

Über diese Frauen brechen Emotionen herein, die sie regelrecht umwerfen und ihnen das Gefühl geben, in Traurigkeit, Scham, Zorn, Unruhe, Schmerz, Angst, Apathie, Erschöpfung und Hoffnungslosigkeit zu ertrinken. Es kann eine Mutter ihre gesamte Energie kosten, sich ein belegtes Brot zu machen. Oft haben die Betroffenen Fantasien, in denen sie sich selbst oder ihr Baby verletzen. Diese Symptome können zu jedem Zeitpunkt nach der Entbindung auftreten und von einigen Wochen bis zu mehreren Monaten anhalten.

Eine Frau, die diese Gefühle hat, kann so empfindsam werden, dass sie beim kleinsten Anlass denkt: *»Jede andere Frau wäre eine bessere Mutter als ich«*, oder: *»Sicher weint das Baby, weil es mich hasst.«* Welche Unterstützung sie auch von ihren Angehörigen erhält, sie fühlt sich völlig orientierungslos und ist der Meinung, dass keiner von ihnen wirklich verstehen kann, was in ihr vorgeht.

Dieses schwarze Loch saugt Optimismus und Selbstvertrauen einer Frau auf. Gleichzeitig halten die Scham und die Isolation, die mit der Wochenbettdepression einhergehen, die meisten dieser Mütter davon ab, sich ihrem Arzt anzuvertrauen.

Aber die Depression *ist* eine medizinische Störung. Obwohl sich diese Mütter oft für ihren Zustand verantwortlich fühlen, bräuchten sie nicht mehr Schuldgefühle zu haben als beispielsweise jemand, der an Allergien leidet. Wie bei der milderen Version, dem Baby-Blues, hält man ein vorübergehendes hormonelles Ungleichgewicht für die Ursache der Wochenbettdepression. Auch sie wird durch Stressfaktoren wie Erschöpfung, finanzielle Belastungen, familiäre Probleme und Koliken verschlimmert.

Wenn Sie davon betroffen sind, sind Sie nicht allein. Viele Frauen haben das erlebt, was Sie durchmachen. Glücklicherweise gibt es einige hoch wirksame Behandlungsmethoden, die

Ihnen helfen können, sich besser zu fühlen. Bitte wenden Sie sich an Ihren Arzt. Möglicherweise liegt bei Ihnen gar keine Wochenbettdepression vor – bei Schilddrüsenunterfunktion nach der Entbindung treten ähnliche Symptome auf. Und falls Sie tatsächlich unter Wochenbettdepression leiden, kann Ihnen mit einer von einem Dutzend Behandlungsformen – von Medikamenten über Hypnose und Lichttherapie bis hin zur Psychotherapie – hervorragend geholfen werden.

Wochenbettpsychose. Diese schwerwiegende Reaktion auf die physischen, emotionalen und hormonellen Veränderungen im Zusammenhang mit der Geburt eines Kindes kann eine von tausend Frauen (meist innerhalb von zwei Wochen nach der Entbindung) betreffen. Typischerweise hören und sehen diese jungen Mütter Dinge, die von anderen Menschen nicht wahrgenommen werden. Ihre Äußerungen werden irrational und kreisen um bizarre Nebensächlichkeiten. Sie können die Nahrung verweigern und in hektische Aktivität verfallen oder völlig verwirrt sein.

Die Wochenbettpsychose ist therapierbar, aber es handelt sich um einen absoluten medizinischen Notfall! Wenn Sie glauben, dass Sie oder eine Frau, die Sie kennen, an dieser äußerst ernsten Störung leiden, nehmen Sie *sofort* medizinische Hilfe in Anspruch.

Informationen zu allen Formen der Wochenbettdepression sowie Adressen von Selbsthilfegruppen finden Sie im Internet unter: www.schatten-und-licht.de

Register

A

Abendritual 318
Abendstunden 63, 73, 81, 126
Abhängigkeit
– Einwickeln 176f.
– vom Schnuller 263
Abpumpen, Muttermilch 296
Aktivität, hektische (Mutter) 372
Alkohol 201
Allergieauslöser 290
Allergien 75ff., 80 *siehe auch* Nahrungsmittelallergien/-unverträglichkeiten
Altersgruppen, Unterschiede 132–135
– Tabelle 134f.
Ängste/Angstgefühle, mütterliche 86, 369f.
Apathie 370
Arme (Baby)
–, einschlafende 206
– Lagerung 206
Arzneimittel, krampflösende 72
Arzt 343–349
– Warnsignale, medizinische 341f.
Atembeschwerden 346
Atemwege, Baby 159
Atmen, erschwertes 249
Aufstoßen, Tipps 66
Aufstoßposition 66
Aufwachen bei Tagesanbruch, Baby 329
Augenschmerzen 348
Auswirkungen, schädliche
– Schaukeln 249

Autofahrten 150
Azteken 112

B

Baby(s)
– Drei-Wort-Vokabular 49–53
– erwärmen 287ff.
– hinlegen, schlafendes 326
–, nervöses/zappliges 190f.
–, sensible 100f.
–, temperamentvolle 101f.
–, unruhige (Bedürfnisse) 52
Baby-Blues 369f.
Babymassage, perfekte 283–286 *siehe auch* Massage
Babyschaukeln 244–249
– Nutzung, optimale (Tricks) 246–249
Babyschlaf 306–310 *siehe auch* Schlaf(en)
Babystuhl, normaler 69
Babytröstens, Prinzipien des 27–35
Bad, warmes 287
Bänder, Schnuller 260
Bauch, leichter Druck auf 63, 73, 81, 126
Bauchlage *siehe* Seiten-/Bauchlage
Bauchschmerzen 65, 71, 344f.
Bäuerchen 326
Bedürfnisse, Babys 114f.
Befriedigung, sexuelle 364 *siehe auch* Sex
Belastungen, finanzielle 361, 371
Bentyl 72
Beruf 352

Beruhigung des Babys, Lagerung 203–206
Beruhigungsexperiment 271
Beruhigungsgeräusche 220
Beruhigungsmethoden der !Kung San 140
Beruhigungsmittel 201
Beruhigungsreflex 31, 35, 121, 148–151, 210, 228, 311
– Aktivierung/Auslösung 32, 151–159, 198, 241, 255
– und die fünf »S« 144–165
Beruhigungstechniken, traditionelle 32
Berührung
–, angenehme 168
– Trimester, viertes 281ff.
Bewegungen, rhythmische 227–252
Blähungen 55, 63, 65, 71, 73f., 123, 126, 310 siehe auch »Darmgase«
»Blickvermeidung« 100
Blinddarmentzündung 344
»Böser Blick« 59f.
Brustkrebsrisiko, Mutter 142
Brustwarze, Verwechslung 260

C

Chaos, hormonelles 361 siehe auch Körper- Veränderungen, hormonelle
Charakterzüge siehe Persönlichkeit, Baby
Chiropraktik 302f.

D

»Dampf ablassen« 60ff.
»Darmgase« 67f. siehe auch Blähungen
Darminfektion 344
Darmkrämpfe 301
Darmverschluss 344f.
Dauer, Einwickeln 188
Daumenlutschen 265f.
Decke, warme 287
Demokratie, Fehler der 174
Depressionen 25, 357, 361, 368–372
Diabetes 142
Disziplin, Baby 62
»Dreierregel«, Schreimuster der 56f.
Drei-Wort-Vokabular, Babys 49–53
»Dummys« siehe Schnuller

E

Eheprobleme 47
Eingeweide, »überaktive« 65ff., 70f.
Einkommens, Verlust des 84 siehe auch Probleme, finanzielle
Einsamkeit 47
Einschlafen 317
»Einwickelmusik« 240
Einwickeln 150
Einwickeln 314f.
Einwickeln(, strammes) 34, 37f., 73, 150, 152ff., 166–192, 276, 311
– Befürchtungen, elterliche 175–177
– DUDU-Rap 180
– Fakten 170
– Faltung 181ff.
– Fehler, häufigste 184ff.
– Historie 173
– Vorbereitungen 179f.
– Vorfahren 172ff.
– Vorteile 167ff.
Embryonalhaltung 198
Entspannung 320
Erbrechen 346

Erfahrung, mangelnde 84
Erfahrungsberichte, Babyfront (Eltern)
– Einwickeln, strammes 194ff.
– Saugen 266ff.
– Schaukeln 251f.
– Schhhh-Laute 224ff.
– Schlafen 331–334
– Seiten-/Bauchlage 207f.
Ernährung(, falsche)
– Änderung 37
– Milchbildung 295
Ernährungsplan, flexibler 120
Ernährungsprobleme, Baby 292ff.
Ernährungsreflexe 146f.
Erschöpfung 35, 61, 359f., 369ff.
– Milchbildung 295
Erwartungen 351–354
Essenszeiten, feste 315–318
Evolution, Anpassung/Modifikation 111

F

Fähigkeiten, geistige (Baby) 88f.
Fallreflex *siehe* Moro-Reflex
Fertigmilchprodukte/-nahrung 68, 74, 142f., 290ff., 297, 319
Festigkeit, Einwickeln 188
Flaschenkinder, Milchüberangebot 297
Flaschennahrung, Babys
– Stuhlgang 69
Flexibilität 358f.
Fliegerhaltung 204f.
Flüstern 160
Fontanelle, vorgewölbte 347
Fötale Reflexe 147
Fötus 28f., 109, 132, 149, 211
Fragen/Antworten

– Einwickeln, strammes 186–191
– Saugen 261–266
– Schaukeln 249f.
– Schhhh-Laute 222ff.
– Schlafen 326–330
– Seiten-/Bauchlage 206f.
Freiheit, Kinder 191
Frühgeborene 63, 72, 80, 86, 94, 104, 124f., 189, 249
– Wirkung von Massage 282
Frustration 25f., 62, 275, 360ff.
Füttern 150
– Schreien 63

G

Gebärmutter 108f.
Geburt, Situation nach 22–25, 132
Gefangensein, Gefühl von (Baby) 176
Gefühle, elterliche
– Babyschreien 46ff.
Gegenstände im Bett, weiche 201
Gehirnentwicklung, Babys 142
Gehirnunreife, Babys 87–95, 122f.
Geräusche 310
– Art und Dauer 222
– Lautstärkenvergleich (Diagramm) 211
Geräuschquellen als Schhhh-Laut-Ersatz 219ff.
Gesang 150
Geschwindigkeitsstufe, Babyschaukeln 248
Gesundheit, Baby
– Schlafen, gemeinsames 324f.
Gewichtszunahme, Baby 294
Gewohnheit, Saugen 255
Glaukom 348
Greifen, Reflex 147

H

Halten 150
Hände frei lassen/frei bewegliche
– Einwickeln 177, 263
Harnorgane, Blockierung 348
Harnwegsinfektion 343
Hauptaufgaben, Mütter/Väter 23
Haushalt 352
Haut, Schmerzen 347
Herumtragen, Baby 117
Herzinsuffizienz, Baby 349
Herz-Lungen-Steuermechanismen,
  Baby 88
Hilfe annehmen 354f.
Hilflosigkeit(, Gefühl von) 48, 116
Hirndruck, erhöhter 346f.
Hirnhautentzündung (Meningitis)
  343f.
Hirschsprung-Krankheit 293
Hoffnungslosigkeit 371
Homöopathie 302f.
Hormonschwankungen 47, 84
Hornhaut, Verletzungen 348
Humor, Sinn für 362f.
Hunger 190, 254f., 261, 270, 310
– Schreien 51
Hypothyreose 293

IJ

Im-Arm-Halten 63, 73, 81, 126,
  320
Immunsystem 75, 142, 159
Indonesien 202
Infektionen 343f.
Intelligenz 282
Intensität, Beruhigungsaspekt 159–
  162
Juckreiz, Einwickeln 191

K

Kalziumbedarf, Babys 291
Kernfamilie, Konzept der 354
Kinder
– Freiheit 174, 191
– verwöhnen 285
Kindesmisshandlung 25, 360ff.
Kindheitserinnerungen,
  traumatische 359
Kindstod, plötzlicher 200f., 256,
  324
– Schnuller 262
Knochenfrakturen 349
Koffein 77f.
Kolikanzeichen 63f.
Kolik-Elefant der Koliktheorien
  122f.
Koliken 54–64, 371
– Erkennung 55ff.
– Ursache 57f.
Koliktheorien 64–105
–, überlieferte 59f.
Konflikte, familiäre 361
Kontakte, zu viele/zu wenige 84
Kopf (Baby), Lagerung 206f.
Kopfschmerzen 346
Kopfumfang, Babys 113
Körper
– Veränderungen, hormonelle 354
  siehe auch Chaos, hormonelles
Krämpfe *siehe* Schreianfälle in Wellen
Kräutertees zur Beruhigung 301f.
Kuhmilch 76f., 79, 290
Kulturen, primitive 27
!Kung San, Kalahari 202, 257
– Babybetreuung 138–141
Kuscheln 35
Kuscheltherapie 33–40, 269–279
– Übung 279

L

La Leche League 142
Lachreflex 44
Langsamkeit, Babygehirn 164
Lappen, Grönland 202
Lautäußerungen, Babys
– Deutung 51f.
Lautstärke, optimale 221 *siehe auch* Intensität
Lautstärkenvergleich, Geräusche (Diagramm) 211
Lebensmittel meiden, blähende 67
Lebensmittelallergien 123 *siehe auch* Nahrungsmittelallergien/-unverträglichkeiten
Licht dämpfen 320
Liebe 23, 62, 119
Lolly-Lutschen 256

M

Magen-Dickdarm-Reflex *siehe* Reflex, gastrokolischer
Magensaftrückfluss (»Sodbrennen«) 78f., 80, 123, 270, 345
– Aufstoßen 299
– Ernährungstipps 299f.
– Kuhmilchprodukte vermeiden 300
–, Maßnahmen bei 298f.
– Medikamente zur beschleunigten Magenleerung 300
– Position, wirkungslose 298f.
– Position, wirkungsvolle 299
– Reismehl 299
– Säurehemmer 300
Mahlzeit
–, heftiges Wiegen nach 249
– Schreien 345
Massage, Koliktherapie 280ff.
Medikamente *siehe auch* Arzneimittel, krampflösende
– Milchbildung 297
–, stimulierende 77
Meningitis *siehe* Hirnhautentzündung
Menschen
– Entwicklung 110 *siehe auch* Evolution, Anpassung/Modifikation
–, Überleben der (Diagramm) 137
Migräne 349 *siehe auch* Kopfschmerzen
Milchbildung/-fluss 86
– anregen 295ff.
–, zu starke(r) 297
Milchdrüsen anregen, Tees 296
»Milchshake«, Bonus-Technik 233
Minderwertigkeitsgefühle 48
Misshandlungen 236
Moro-Reflex (Fallreflex) 147f., 154, 158, 168, 199, 234
Motorische Fähigkeiten, Babys 134
Müdigkeit
– Eltern 47, 84, 265, 357
– Schreien, Baby 51
Mund, Schmerzen 347f.
Musik *siehe* »Einwickelmusik«
»Musikantenknochen« 206
Muskelkontrolle, begrenzte (Baby) 89
Mütter 366ff.
–, ängstliche/deprimierte/nervöse 81–87
– Hauptaufgaben 23
Mutterbrust 157
Mutterleib, Nachahmung Bedingungen im 124, 127, 141
– Methoden 150
Muttermilch 297
– Überangebot 297
Mütze, warme 287f.

N

»Nachmilch« 328
Nacht-Schlafrhythmen *siehe* Tag/
   Nacht-Schlafrhythmen
Nacht, Schreien ausschalten 192f.
Nägelkauen 256
Nahrungsmittel
–, blähende 75
–, stimulierende 77f.
Nahrungsmittelallergien/-unverträg-
   lichkeiten 74, 270, 289–292, 345
   siehe auch Lebensmittelallergien
Nahrungsverweigerung, Mutter
   372
Natrium (Salz), überschüssiges
   348f.
Neid 85
Nierenschmerzen 348
Niesen, Reflex 146

O

Ohrinfektionen 343
– Schnuller 262
Osteopathie 302f.
Ovarialkrebsrisiko, Mutter 142

P

Partner, Streitigkeiten 84
Partnerschaft, Pflege der 363–368
Persönlichkeit, Baby 96f.
Physiologische Merkmale, Babys
   135
Plazenta 109
Po, Schmerzen im 344
Prioritäten (setzen) 356f., 366
Probleme, familiäre 371
Pygmäen, Zaire 203

R

Rapid Eye Movement *siehe* REM-Pha-
   se, Schlaf 308
Ratschläge, unaufgeforderte 26
Rauchen 201 *siehe auch* Zigaretten-
   rauchen
Rauschen, weißes 38, 150, 210, 217,
   248 *siehe auch*
   Schhhh-Geräusch/-Laut
– Entwöhnung 222ff.
Reflex, gastrokolischer (Magen-Dick-
   darm-Reflex) 70f., 125f.
Reflexe, Baby 88, 145–168
Reflux, gastro-intestinaler (Baby)
– Anzeichen 78f.
Reizbarkeit 357
REM-Phase, Schlaf 308f.
Restreflexe 147
Rückenlage 312
Ruhephasen, Eltern 357
Rütteln 234–237
– Schädlichkeit 235f.

S

»S«, die fünf 32f., 39f.
– Entwöhnung 313ff.
–,– Weiterschlafen mit den 310–313
– Kombination 272–275
– Reaktion des Babys, verzögerte
   (Gründe) 162–165
– Übung 248
Salz *siehe* Natrium, überschüssiges
Sauberkeit, Schnuller 260
Saugen 35, 157ff., 193, 253–268,
   278f., 312f.
– Gründe für Wirksamkeit 254ff.
– Reflex 147
Säugling, Schlafmuster 306

Säuglingsbotulismus 293
Scham 370
Schaukeln 35, 37, 150, 156f., 193, 227–252, 278, 312, 360ff.
– Gründe für Wirksamkeit 228
Schaukelregeln, drei 232–235
Scheibenwischer (Beruhigungstechnik) 241–244
– Anfängerversion 244
Schhhh-Empfindlichkeit (Baby) testen 219
Schhhh-Geräusch/-Laut (Beruhigungslaut) 35, 37, 63, 73, 81, 126, 155f., 193, 209–226, 277, 312, 314f. *siehe auch* Rauschen, weißes
– Anwendung, richtige 216f.
– Gründe für Wirksamkeit 210ff.
– Historie 214
Schilddrüsenproblem, Milchbildung 295
Schilddrüsenüberfunktion, Baby 349
Schilddrüsenunterfunktion, Mutter 372
Schlaf/Schlafen 305
–, aktiver (REM-Schlaf) 308f.
–, gemeinsames (mit Baby) 321–325
– in Tragehilfe 329f.
–, ruhiger 308
Schlafentzug, Eltern 357
Schlafförderung, Einwickeln 187
Schlaflieder, Tempo 237–240
Schlafplan, flexibler 120
Schlafposition Baby(, sichere) 200, 312, 330
Schlaftipps 318ff.
Schlafzeiten, feste 315–318
Schlafzyklen, Babys (Diagramm) 309
Schleudertrauma, Baby 236
Schließmuskel entspannen 292
Schluckauf 52, 73

Schmerzen 58, 63, 68, 87, 123, 125, 344, 346ff., 370
– Milchbildung 295
Schnelligkeit, Schaukeln 250
Schnuller (»Dummys«) 37, 150, 255f., 258f., 294, 314
– abschaffen 261
– Tücken 259ff.
Schnullerformen 258
Schnullern 266
–, erfolgreiches (Tipps) 258f.
Schreianfälle
– in Wellen (Krämpfe) 63, 125
– Lösungsversuche (Checkliste) 24
Schreien von Babys(, schrilles) 24, 42–48, 51
– ausschalten 192f.
– Gefühle, elterliche 46ff.
– Intensität 161
– Mahlzeit 345
– Reflex 146
Schreimuster, »Dreierregel« 56f.
Schreireflex 43–46
Schreiten, Reflex 147
Schreizyklen, Babygehirn 164f.
Schuldgefühle 48, 371
Schulterhaltung 205f.
Schütteltrauma, Baby 236f.
Schwierigkeiten, finanzielle 47
Schwindelgefühle, Schaukeln/Scheibenwischer 250
Seiten-/Bauchlage 34, 154, 192, 197–208, 276f.
– Wirkung, beruhigende (Gründe) 198ff.
Seitenlagerung 312
Selbstberuhigungsfähigkeiten 121, 124
Selbstberuhigungsmethode 255
Selbsterkenntnis 359f.

Selbstkritik 85
Selbstvertrauen 25, 84f., 286
Sensorische Fähigkeiten, Babys 134
Sex 365 *siehe auch* Befriedigung, sexuelle
Sicherheit, Baby
– Schlafen, gemeinsames 325f.
Sicherheitsreflexe 146
Sinn für Bewegung 228
Sinneskontrolle, begrenzte (Baby) 89
Situation, nachgeburtliche 22–25
Socken, warme 289
»Sodbrennen« *siehe* Magensaftrückfluss
Sojamilch 76, 79, 290
Sonnenuntergangsphänomen 347
Soor 347f.
Soziale Fähigkeiten, Babys 134
Spaziergänge 150, 286f.
Statuskontrolle, Baby 89–92, 123f., 310
Steinzeit 113
Steinzeitbabys 43f.
Steinzeitmütter 214
Steinzeitweisheit 136ff.
Stillbaby 319
– Stuhlgang 69
Stille 93, 156, 212
Stillen 141ff., 322
–, häufiges 263f.
– Schnuller 262
Stillhaltung, umgekehrte 204
Stillproblem, Identifizierung 295
Stirnvenen, geschwollene 347
Störungen, medizinische 343–349
Straffheit, Einwickeln 188
Streitigkeiten, Partner 84
Stress 47, 256, 286, 359
Stressfaktoren 84

Stuhlgang 63
–, Kampf mit (Baby) 270
Suchen, Reflex 146f.
Süßungsmittel, Schnuller 260

T

Tag-/Nachtrhythmus 320
Tag/Nacht-Schlafrhythmen (Diagramm) 307
Tanzen 150
Temperament (Baby) 95–105, 123
–, einfaches 98f.
– Fragen zur Einschätzung 103
–, schwieriges 99f.
Temperamentabweichung, Baby/Eltern 105
Trauer(gefühle), unerwartete 369f.
Traumata, emotionale 48
Träume 304–334
Trimester
–, das (fehlende/vergessene) vierte 28–31, 35, 39, 106–128, 131–143
–,– als Ursache der Koliken 121–128
–,– Definition 107–121
–,– Ende 319
–,– Erleben der Eltern 115ff.
–, die ersten drei 108ff.

U

Übelkeit, Schaukeln/Scheibenwischer 250
Überforderung
– junger Mütter, Gründe 82f.
– durch weißes Rauschen (Baby) 224
Überhitzung 189f., 288, 327
Überlebensregeln, Eltern 350–372
Überlebensstrategie, Babys 42–48

Überstimulation, Baby 92f., 123f.
– Schreien 52
Umgebung erforschen 177
Unleidlichkeit/Schreien wegen Kopfschmerzen 346
Unreife, Babygehirn 163f.
Unruhe 370
Unterstimulation, Baby 93f., 123f.
Unzulänglichkeitsgefühle 83ff., 357
Uterusbedingungen, Nachahmung der 30f.

V

Väter 364ff.
– Hauptaufgaben 23
– Verpackungskünstler 185
Verdauung, Funktionsweise (Baby) 70
Verdauungsbeschwerden, Schreien 52
Verdauungsprobleme/-störungen 74f., 123
–, leichte 65–73
–, schwere 79ff.
–, starke 73–81
Vergesslichkeit 354
Verletzlichkeit 116
Verstopfung 65, 68, 123, 291, 293
Verstoßung aus »Paradies« 110–114
Vertrauen 350f. *siehe auch* Selbstvertrauen
Verunreinigung, chemische (Gummisauger) 260
Verwöhnen
– Babys 118–121, 176f.
– Fötus 264
Verzweiflung, elterliche 61
– Punkt, kritischer 361f.
Vitamin A, überschüssiges 348f.

W

Wachheit, Zustand ruhiger (Baby) 91
Wachheitsgrad, Baby 89
Wachstumsschub 327
Wachzeit, Baby 308
»Wackelkopf«-Methode 238f.
Wahrnehmung der Umwelt, verzerrte 357
Wahrnehmungsfähigkeit, ausgeprägte (Babys) 100f.
Wärmflasche, warme 288f.
Warnsignale, Arzt 341f.
Wasser lassen 294
Wasserbetten 201, 265, 325
Weinen des Babys, unstillbares 84
Wiederholungen, rhythmische 94
Wiegen 63, 73, 81, 126, 150, 320
–, sanftes 160
Wimmern, Baby 50
Wirksamkeit, »Schhhh« 224
Wirkungslosigkeit, Schaukeln 250
Wissenschaft, Fehler der 173
Wochenbettdepression, echte 370ff.
Wochenbettpsychose 372
Wohlfühlposition, Baby 154, 197–208
Wortschatz, Babys 46

Z

Zahnen/Zähne 265, 348
Zärtlichkeit 119, 121, 139, 281f.
Zeiten, unruhige (Diagramm) 56
Zeitpunkt, Einwickeln 186f.
Zigarettenrauchen 256 *siehe auch* Rauchen
Zorn 370
Zuckerunverträglichkeit 349
Zuwendung 62

10 "Sprünge" in 20 Wochen – Die phänomenalen Entwicklungsschritte eines Babys

"Die Bibel aller Eltern."
ELTERN

Ein unverzichtbares Buch für alle jungen Eltern. Ein Ratgeber im besten Sinn des Wortes: aktuell, praxisnah und mit viel Humor geschrieben.

mosaik
www.mosaik-verlag.de

448 Seiten
978-3-442-39075-5
auch als E-Book erhältlich

Praxistipps für junge Eltern

Der zuverlässige Ratgeber für alle dringenden Elternfragen

Mit seinem Bestseller „Oje, ich wachse" hat Prof. Frans X. Plooij allen Eltern einen unschätzbaren Wissensschatz an die Hand gegeben. Nun gibt er hilfreiche Ratschläge für den Alltag mit Baby und beantwortet die meistgestellten Fragen. Seine praktischen Tipps und fachkundigen Erklärungen geben Selbstvertrauen und helfen, die Entwicklung des eigenen Babys gelassen und liebevoll zu unterstützen. Mit vielen praktischen Entwicklungsübersichten.

mosaik
www.mosaik-verlag.de

192 Seiten

978-3-442-39196-7

Die Elternschule

Die DVD-Serie von Bestsellerautor Dr. Harvey Karp

Das glücklichste Baby der Welt

Endlich Hoffnung: eine einfache Methode zur Beruhigung schreiender Babys

Es ist kein Wunder und keine Magie, der „Beruhigungsreflex" ist der natürliche „Aus" Schalter für das Schreien Ihres Babys. Erfahren Sie, wie Sie den Reflex mit Hilfe der „fünf S" auslösen können. Diese DVD präsentiert Ihnen eine erstaunliche Methode, die schon seit Jahrhunderten von vielen Eltern genutzt wird: Mit den „fünf S" können Sie Ihrem Kind die wohltuenden Empfindungen aus dem Mutterleib zurückgeben und so seinen Beruhigungsreflex aktivieren.

Das glücklichste Kleinkind der Welt

Die Rettung naht: Sie werden nie mehr hilflos einem schreienden Kind gegenüberstehen!

Lernen Sie einen neuen außergewöhnlich effektiven Weg, mit kleinen Kindern zu kommunizieren. In den letzten 30 Jahren hat Dr. Karp seine bemerkenswerten Methoden Millionen Eltern erfolgreich vermittelt. Lernen Sie:

- Die Wut Ihres Kindes innerhalb von Sekunden zu lindern
- 60-90% der Trotzanfälle zu vermeiden
- eine respektvolle und innige Beziehung zu Ihrem Kind aufzubauen

 Weitere Informationen erhalten Sie unter **www.dieelternschule.de**